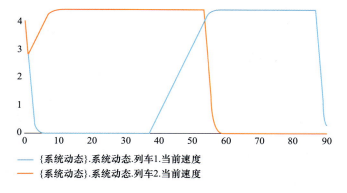

➤ 图 3.15 两个列车接近联锁系统时的速度

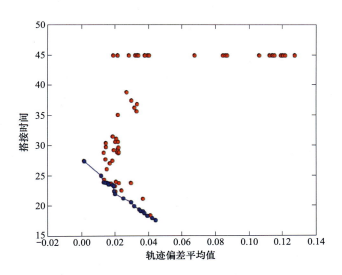

➤ 图 3.18 直线跟踪机器人的设计空间探索结果图

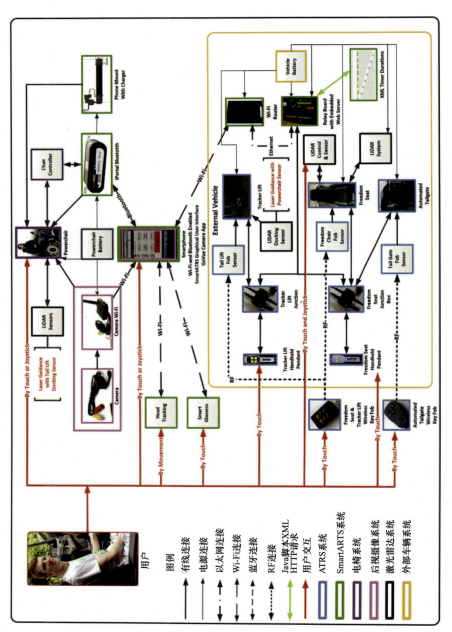

图 8.3 SmartATRS 系统架构图

注：组件交互用黑色和黄色线表示（打印版本中为浅灰色线），用户交互用红色线表示（打印版本中为深灰色线）

智能交通先进技术译丛

交通信息物理系统

【英】利皮卡·德卡（Lipika Deka）
【美】马什鲁尔·乔杜里（Mashrur Chowdhury） 著

国汽（北京）智能网联汽车研究院有限公司
国家智能网联汽车创新中心 组译

王 博 于中腾 邵 雯 董 宇
黄阿琼 冀 健 李晨鑫 王 鲲 译

机械工业出版社

交通系统不仅受物理世界的影响，信息空间的影响对其也变得越来越重要。信息空间收集物理对象（如传感器、交通管理中心、信号灯、车辆控制器等）的关键数据，也可以向这些物理对象提供反馈信息，通过这种无缝连接与配合，最终提高交通的安全性、可靠性和机动性。交通设施（道路、桥梁、隧道和铁路等）和交通工具（汽车、货车、轮船、列车等）通过与信息空间进行交互配合，可以为用户提供高效优质的服务，信息空间将在未来交通系统中发挥更加重要的作用。我们将基于物理世界和信息空间深度融合而形成的新型交通系统定义为交通信息物理系统（TCPS）。

交通信息物理系统将广泛应用于智能交通系统和智慧城市，有助于提高交通的安全性、高效性、可持续性和机动性，让人们有更好的交通体验，加速推动社会进步。

本书旨在让相关研究人员和学生对交通信息物理系统形成系统全面的认识，为他们在开展规划设计、系统开发和运营维护等具体工作时提供帮助。

本书可以作为TCPS、交通系统或智能交通系统专业的本科高年级或研究生的教材使用，也可以作为交通领域开展研究的参考书。

序 言

我很荣幸能为这本应时新书——《交通信息物理系统》作序。

当今社会正处于一个令人非常兴奋的交通转型的风口,伴随着新的数字和计算技术、传感器和物联网时代的到来,全视全知的智能交通系统正在成为现实,与此同时也带来了自动驾驶、电动汽车等关键新技术的迅猛发展,并通过移动服务推动交通领域向新商业模式演变。

支撑这些演变转型的基础是构建能够感知、分析、理解进而管理控制未来交通系统和交通运输网络的信息物理系统。令我非常欣慰的是,本书解决了这一问题,并向利益相关者、从业人员和研究机构对以下问题做了明确:信息物理系统意味着什么?这样的系统未来将如何发展?

本书为我们提供了关于信息物理系统基本构成单元的认知,包括支撑这一系统的体系架构、交通设施、数据管理、建模与数据处理、实时控制,以及隐私安全保护等诸多方面,这些对于未来的信息物理系统实施者都是极为有用的参考资料。为了未来能够进行验证,本书还考虑了实现这一系统所需的教育、技能等支撑条件,以及与终端用户交互的人为因素。

本书的一大特色是涵盖了许多交通方式的研究案例。书中表明,正是有了基本的数字化数据和通信架构,我们最终才能将交通视为一个系统,而不是一个连接松散的组合。此外,我们还能够了解不同领域不同模式的成功案例与最佳实践。

交通信息物理系统

英国政府推出了"未来移动性大挑战"项目,并设立产业战略挑战基金来支持关键交通技术研发,本书在提供行业信息方面发挥了非常重要的作用,同时为解决交通信息物理系统的诸多基本问题提供参考指南。本书还高度肯定了英美两国在共同实现这一目标、分析研究问题方面所做的努力,并详细地阐释了交通行业面临的中长期挑战。

Phil Blythe

英国纽卡斯尔大学智能交通系统终身教授

英国交通部首席科学顾问

2018 年 2 月

前言

交通不再受到物理世界的限制，信息空间正在快速成为交通生态系统的内在组成部分。信息空间采集传感器、交通管理中心、系统控制物理单元的重要数据，在需要时控制系统单元（如交通信号灯和车辆制动器），并提供反馈或信息，从而使交通生态系统能够提供安全、可靠、移动和环境等方面的服务。交通基础设施（公路、桥梁、隧道、水路和铁路等）和交通方式（轿车、货车、轮船和列车等）正在与信息空间相互融合，并提供越来越高效的服务。在未来10年乃至更长的时间里，信息空间的重要性将呈指数级增长。在交通领域中，信息空间与物理世界间的紧密结合被称为交通信息物理系统（Transportation Cyber-Physical Systems，TCPS）。

显然，交通互联网就在我们身边，为此，交通专业的学生和专业人员做好准备了吗？仅仅了解交通系统物理单元的知识，无法真正地使学生或专业人员具备应对的能力。鉴于此，我们开始着手整理这本关于交通信息物理系统的书。本书由来自大西洋两岸的作者联合撰写，以帮助我们的学生和专业人员成为未来交通信息物理系统的规划者、设计者、研发者、操作者和维护者。交通信息物理系统所承诺的安全性、高效性、可持续性、移动性等，将推动我们未来社会的发展进步。

不久的将来，交通信息物理系统将成为全球交通系统运营和商业实践的主流。智能交通系统将满足未来智慧城市和地区的需要，人们将会充分感受到网联交通系统所带来的好处。在交通信息物理系统中，交通将成为社会生产力和可持续性发展的推动者和加速器。

本书可作为交通信息物理系统、交通系统或者智能交通系统专业高年级

交通信息物理系统

本科生及研究生课程的基本教材或补充教材,也可作为在交通相关领域工作的多学科专业人员的参考资料。我们很高兴能够加入未来交通信息物理系统的创新之旅,创新会让我们的生活变得更加美好。我们希望本书能为未来网联世界的交通事业做出贡献。

Lipika Deka

Mashrur Chowdhury

目 录

序 言
前 言
第1章 交通信息物理系统及其对未来出行的重要性 ……………… 1
  1.1 交通信息物理系统简介 ……………………………………… 1
  1.2 交通信息物理系统示例及其组件 …………………………… 4
      1.2.1 航空交通信息物理系统 ……………………………… 5
      1.2.2 铁路交通信息物理系统 ……………………………… 8
      1.2.3 道路交通信息物理系统 ……………………………… 11
      1.2.4 水路交通信息物理系统 ……………………………… 13
  1.3 未来交通信息物理系统：环境和社会效益 ………………… 15
      1.3.1 交通信息物理系统的环境效益 ……………………… 15
      1.3.2 交通信息物理系统的社会效益 ……………………… 16
  1.4 交通信息物理系统面临的挑战及本书章节安排 …………… 17
  练习 ……………………………………………………………… 21
  参考文献 ………………………………………………………… 22
第2章 交通信息物理系统架构 …………………………………… 24
  2.1 概述 …………………………………………………………… 24
      2.1.1 网联 …………………………………………………… 26
      2.1.2 开放/开源 ……………………………………………… 26
      2.1.3 不确定性 ……………………………………………… 26
  2.2 背景 …………………………………………………………… 27
      2.2.1 架构分析和设计语言 ………………………………… 27
      2.2.2 质量属性 ……………………………………………… 29
      2.2.3 模拟/数字模型 ………………………………………… 30

2.2.4　框架 ·· 31
　2.3　典型信息物理系统体系架构 ······································ 32
　2.4　架构模型的分类 ·· 34
　　　2.4.1　结构 ·· 37
　　　2.4.2　标称和误差行为建模 ···································· 38
　2.5　现有模式中存在的问题 ·· 40
　　　2.5.1　移动性/机动性 ·· 40
　　　2.5.2　敏捷开发 ·· 41
　2.6　新兴架构 ·· 42
　　　2.6.1　物联网 ·· 42
　　　2.6.2　云计算架构 ·· 43
　　　2.6.3　智慧城市架构 ·· 45
　2.7　案例研究 ·· 48
　　　2.7.1　软件架构 ·· 50
　　　2.7.2　智慧城市应用质量属性 ·································· 51
　　　2.7.3　移动应用面临的挑战 ···································· 52
　2.8　结论 ·· 52
　练习 ·· 53
　参考文献 ·· 53
第3章　交通信息物理系统协同建模和仿真 ································ 55
　3.1　简介 ·· 55
　3.2　交通信息物理系统工程 ·· 56
　　　3.2.1　移动性新概念 ·· 57
　　　3.2.2　信息物理系统与交通 ···································· 57
　　　3.2.3　跨学科的交通信息物理系统 ······························ 58
　3.3　基于模型的信息物理系统工程背景 ································ 58
　3.4　面向信息物理系统工程的集成工具链 ······························ 60
　　　3.4.1　协同建模基础 ·· 60

3.4.2　建立用于协同建模的工具链 ……………………………………………… 62
　　3.4.3　建模技术 …………………………………………………………………… 64
3.5　联合仿真实例：铁路联锁系统 ………………………………………………………… 67
　　3.5.1　预置条件 ……………………………………………………………………… 67
　　3.5.2　联锁系统的挑战 ……………………………………………………………… 68
　　3.5.3　精确的列车运动仿真和挑战 ………………………………………………… 68
　　3.5.4　基于协同模型的分布式联锁设计 …………………………………………… 70
　　3.5.5　多学科协同建模 ……………………………………………………………… 71
　　3.5.6　运行联合仿真 ………………………………………………………………… 76
　　3.5.7　设计空间探索 ………………………………………………………………… 80
　　3.5.8　硬件在环仿真 ………………………………………………………………… 82
3.6　结论和未来方向 ………………………………………………………………………… 83
练习 ……………………………………………………………………………………………… 84
参考文献 ………………………………………………………………………………………… 84

第4章　实时控制系统 ……………………………………………………………………… 87
4.1　引言 ……………………………………………………………………………………… 87
4.2　实时控制系统中的组件 ………………………………………………………………… 88
　　4.2.1　典型的实时控制系统 ………………………………………………………… 88
　　4.2.2　自动驾驶汽车实时控制系统的结构 ………………………………………… 91
　　4.2.3　电子控制单元 ………………………………………………………………… 92
　　4.2.4　自动驾驶汽车的传感器 ……………………………………………………… 92
　　4.2.5　执行器 ………………………………………………………………………… 103
4.3　自动驾驶汽车实时控制系统 …………………………………………………………… 103
　　4.3.1　感知模块 ……………………………………………………………………… 104
　　4.3.2　导航与行为分析模块 ………………………………………………………… 108
　　4.3.3　运动规划与控制模块 ………………………………………………………… 109
　　4.3.4　交通信息物理系统中的自动驾驶车辆协同 ………………………………… 117
4.4　结论及未来方向 ………………………………………………………………………… 118

练习	119
参考文献	120

第5章 交通信息物理系统安全和隐私 … 123

- 5.1 引言 … 123
- 5.2 基本概念 … 124
  - 5.2.1 威胁 … 125
  - 5.2.2 敌人 … 125
  - 5.2.3 机密性、完整性和可用性 … 127
  - 5.2.4 风险 … 128
  - 5.2.5 攻击树 … 130
  - 5.2.6 杀伤链 … 132
  - 5.2.7 信息安全控制 … 133
  - 5.2.8 机密性、完整性和可用性的扩展 … 134
- 5.3 交通信息物理系统的威胁和漏洞 … 135
  - 5.3.1 威胁的场景 … 135
  - 5.3.2 攻击面 … 136
  - 5.3.3 对传感器和 Wi-Fi 的依赖 … 138
- 5.4 交通信息物理系统的安全模型 … 139
  - 5.4.1 挑战 … 140
  - 5.4.2 信息安全架构 … 142
  - 5.4.3 态势感知 … 143
  - 5.4.4 安全控制 … 144
  - 5.4.5 隐私 … 145
  - 5.4.6 测试和验证 … 147
  - 5.4.7 新兴的标准 … 148
- 5.5 交通信息物理系统中的信息安全控制 … 149
  - 5.5.1 嵌入式系统安全 … 149
  - 5.5.2 访问控制、加密和标识 … 150

5.5.3 代码签名 ············· 151
5.5.4 设备认证 ············· 151
5.5.5 嵌入式防火墙 ········· 151
5.5.6 嵌入式硬件安全模块 ··· 152
5.5.7 入侵容限和错误容限 ··· 152
5.5.8 遥测和消息源 ········· 153
5.5.9 其他技术 ············· 153

5.6 案例：网联汽车 ·················· 154
    5.6.1 关键利益相关方 ········ 154
    5.6.2 系统和组件架构 ········ 155
    5.6.3 自动驾驶的演进 ········ 157
    5.6.4 威胁和漏洞 ············ 158
    5.6.5 降低威胁 ·············· 159
    5.6.6 小结 ·················· 161

5.7 新兴技术 ·························· 161
    5.7.1 软件定义网络 ·········· 161
    5.7.2 虚拟化 ················ 162
    5.7.3 大数据 ················ 163
    5.7.4 人工智能和机器学习 ···· 163
    5.7.5 区块链 ················ 164

5.8 总结和展望 ······················ 164
练习 ································ 166
参考文献 ····························· 166

第 6 章 交通信息物理系统基础设施 ·········· 169
6.1 交通信息物理系统基础设施概述 ······ 169
6.2 数据基础设施组网 ·················· 172
6.3 数据采集和摄取 ···················· 175
    6.3.1 交通信息物理系统数据源的挑战 ··· 175

6.3.2　数据代理基础设施 ………………………………………………………… 176
6.4　数据处理引擎 ……………………………………………………………………… 177
　　6.4.1　用于交通信息物理系统的批处理引擎 …………………………………… 178
　　6.4.2　流处理引擎 ………………………………………………………………… 182
6.5　服务层 ……………………………………………………………………………… 184
6.6　作为代码的交通信息物理系统基础设施 ………………………………………… 185
　　6.6.1　作为代码的交通信息物理系统云基础设施 ……………………………… 185
　　6.6.2　作为代码的物联网基础设施 ……………………………………………… 187
6.7　发展方向 …………………………………………………………………………… 188
6.8　总结和结论 ………………………………………………………………………… 188
练习 ………………………………………………………………………………………… 188
参考文献 …………………………………………………………………………………… 189

第 7 章　信息物理系统中的数据管理问题 …………………………………………… 191
7.1　信息物理系统：一个跨学科的融合 ……………………………………………… 191
7.2　信息物理系统多样性 ……………………………………………………………… 193
7.3　数据管理问题 ……………………………………………………………………… 194
　　7.3.1　数据管理系统选择 ………………………………………………………… 194
　　7.3.2　数据质量问题 ……………………………………………………………… 197
　　7.3.3　决策过程中的人类认知偏差 ……………………………………………… 198
　　7.3.4　数据管理中的网络安全问题 ……………………………………………… 200
7.4　信息物理系统的数据库系统 ……………………………………………………… 203
　　7.4.1　基于集群的分布式计算 …………………………………………………… 204
　　7.4.2　宽松的数据一致性需求 …………………………………………………… 207
　　7.4.3　哈希功能 …………………………………………………………………… 208
　　7.4.4　哈希树 ……………………………………………………………………… 209
　　7.4.5　一致性哈希 ………………………………………………………………… 209
　　7.4.6　内存映射文件、分布式文件系统和向量时钟 …………………………… 210
　　7.4.7　数据分区、复制、版本控制和压缩 ……………………………………… 211

  7.4.8 Elasticsearch：一个搜索和分析引擎 212
  7.4.9 Elasticsearch 系统架构 212
 7.5 信息物理系统的数据分析 216
  7.5.1 数据分析的类型 216
  7.5.2 描述性分析 216
  7.5.3 诊断分析 217
  7.5.4 预测分析 217
  7.5.5 规范分析 217
  7.5.6 数据分析资源和工具 218
 7.6 当前的趋势和研究问题 218
 参考文献 219

第 8 章 交通信息物理系统中的人为因素：SmartATRS 案例研究 221
 8.1 引言 221
 8.2 相关人为因素方法 223
  8.2.1 人为因素集成 223
  8.2.2 以人为中心的设计 224
  8.2.3 可用性评估 225
  8.2.4 交互模式 226
 8.3 案例研究 226
  8.3.1 需求 228
  8.3.2 系统架构 229
  8.3.3 用户界面设计 231
  8.3.4 风险分析 231
  8.3.5 任务分析、可用性、评估和工作量度量 233
 8.4 讨论 241
 8.5 结论和展望 244
 练习 245
 参考文献 246

第 9 章　交通信息物理系统专业教育体系·················249
9.1　引言·················249
9.2　背景·················252
9.2.1　学术学科·················252
9.2.2　交通运输系统·················254
9.2.3　对交通信息物理系统工程师的需求·················255
9.3　信息物理系统人才需求·················255
9.4　信息物理系统知识与技能·················256
9.4.1　信息物理系统课程建议·················256
9.4.2　信息物理系统知识图谱·················259
9.4.3　抗解问题·················263
9.4.4　信息物理系统学科重点课程·················263
9.5　课程机制·················264
9.6　结语·················266
参考文献·················267

第 10 章　交通信息物理系统的研究挑战和跨大西洋合作·················271
10.1　引言·················271
10.2　预测背景·················272
10.3　动态复杂系统·················275
10.4　研究的主要挑战·················276
10.4.1　信息物理系统的安全性·················277
10.4.2　信息物理系统测试·················278
10.4.3　人-交通信息物理系统的交互·················280
10.4.4　交通信息物理系统验证·················281
10.4.5　用于控制的大数据分析和机器学习·················283
10.4.6　交通信息物理系统的操作范例·················283
10.4.7　研究挑战总结·················284
10.5　交通信息物理系统研究人员的技能·················284

10.6 监管环境……285
10.7 合作机遇……286
10.8 结论……286
致谢……287
参考文献……287

第 11 章 交通信息物理系统的未来——智慧城市……292
11.1 什么是智慧城市……292
11.2 智慧城市主要特征……294
11.2.1 智慧/智能传感设施……294
11.2.2 大数据基础设施和数据分析能力……295
11.2.3 通信技术……296
11.3 智慧城市系统……297
11.3.1 交通系统……298
11.3.2 能源设施……303
11.3.3 公共安全……305
11.3.4 医疗……306
11.3.5 环境……307
11.3.6 其他智慧城市设施……309
11.3.7 利益相关者……310
11.4 智慧城市背景下的新兴交通服务……311
11.4.1 冬季实时路况……311
11.4.2 智能手机和出行者信息……312
11.4.3 智慧路灯……314
11.4.4 智能停车……315
11.4.5 智能路口……316
11.5 全球智慧城市发展情况……317
11.5.1 英国伦敦……317
11.5.2 韩国首尔……319

11.5.3 新加坡 ······ 320
11.5.4 美国俄亥俄州哥伦布市 ······ 321
11.6 未来研究方向 ······ 322
11.6.1 技术 ······ 323
11.6.2 相关性 ······ 323
11.6.3 互联系统的弹性 ······ 324
11.6.4 劳动力发展 ······ 325
11.7 总结 ······ 325
练习 ······ 326
参考文献 ······ 327

第 1 章
交通信息物理系统及其对未来出行的重要性

Lipika Deka [1], Sakib M. Khan [2], Mashrur Chowdhury [2], Nick Ayres [1]
1 英国莱斯特郡，德蒙福特大学计算机科学和信息学院
2 美国南卡罗来纳州，克莱姆森大学土木工程系

1.1 交通信息物理系统简介

人口老龄化、气候变化、特大城市的出现、能源需求的增加以及对智能、绿色和综合交通的全面需求，已被明确确定为我们现代社会面临的主要全球性挑战[1]。取得了巨大进展的嵌入式智能系统领域的研究和创新，有望成为解决这些重大挑战的关键技术方案。在这些系统中，传感器和执行器等物理元素与软件等信息元素协同工作，监视和启动物理过程，而相关的网络空间、记录和分析功能用于存储数据并支持决策。此外，通信和物联网的协同式迅速发展已使嵌入式系统具备了集体知识的能力而不是孤立地发挥作用。例

如，使用传感器直接记录物理数据，并使用执行器影响物理过程；如作为交通信息的传感器，智能手机收集信息非常迅速、方便，轻松地使个人和机构能够评估拥堵程度、二氧化碳排放等，从而采取近乎实时的方式实现有效的交通管理。信息物理系统（Cyber Physical System，CPS）是这样一种系统：它无缝地将计算算法和物理组件集成在一起，相互之间的通信能力远远超过了相对"不起眼"的嵌入式系统。

信息物理系统一词已被许多密切相关的方式理解和定义。特别是在大西洋两岸的使用和理解方式似乎有显著的差异。美国[2]的定义似乎同样重视信息物理系统[3]的"信息"和"物理"组成部分，而欧盟[1]的定义似乎更加强调信息物理系统的"信息"部分。

◆ 美国对信息物理系统的定义：
信息物理系统（CPS）是计算和物理过程的集成。
嵌入式计算机和网络通过反馈环路监视和控制物理过程，在反馈环路中物理过程影响计算，反之亦然。

◆ 欧盟对信息物理系统的定义：
信息物理系统是具有嵌入式软件的系统（作为设备、建筑物、交通工具、运输路线、生产系统、医疗流程、物流流程、协作流程和管理流程的一部分），其中：
- 使用传感器直接记录物理数据，并使用执行器影响物理过程；
- 评估和保存记录的数据，并积极与物理和数字世界交互；
- 通过数字通信设施（无线及/或有线、本地及/或全球）在全球网络内互相连接；
- 使用全球可用的数据和服务；
- 拥有一系列专用的、多模态的人机界面[1]。

但是，正如 Lee 所建议的那样，将信息物理系统定义为一个"连接信息和物理世界工程学传统的基本智能化问题",而不是将其与各种应用程序（如上文美国对信息物理系统的定义所建议的那样）联系起来,这样才是最合适的[4]。

信息物理系统推动了包括交通系统在内的各个领域的创新,其中,交通领域内的信息物理系统被称为交通信息物理系统（Transportation Cyber Physical Systems,TCPS）。与传统的交通系统相比,交通信息物理系统可以通过增加信息系统与物理系统之间的反馈交互,使交通系统达到更高的效率和可靠性。交通信息物理系统大致可分为三类,见表 1.1,包括：①基于基础设施的交通信息物理系统；②车路协同的交通信息物理系统；③基于车辆的交通信息物理系统。

表 1.1 交通信息物理系统实例

交通信息物理系统的类型	物理组成	信息组成	应用
基于基础设施的交通信息物理系统	交通信号、基础设施传感器（如摄像头）、交通管理中心的计算设备等	有线/无线通信、软件	实时基础设施监控、交通控制等
车路协同交通信息物理系统	车辆及其相关的传感器,例如全球定位系统、交通信号、交通管理中心的计算设备等	无线通信、软件	传输信号优先级、队列预警等
基于车辆的交通信息物理系统	车内的传感和计算设备。执行机构,如齿轮、制动器、点火器等	无线通信、软件等嵌入式电子控制单元	近距离检测、黑冰检测等

交通系统是一个与社会、贸易、政治和环境相辅相成的复杂系统,交通信息物理系统领域的发展正在提高效率,同时减少环境压力,并满足人与货不断增长的在空运、陆运和水路运输方面的社会需求。这些发展不断发生在多个领域,包括交通模型、大数据分析、实时控制和优化、验证和确认、计算机网络和网络安全。图 1.1 为交通信息物理系统概念总览,其中,启动紧急制动系统等决策是由交通信息物理系统执行器（制动器等）基于根据交通信息物理系统传感器（车辆上雷达、摄像机等）采集的数据来实现的。

交通信息物理系统

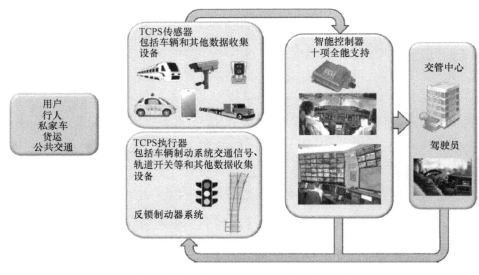

▶ 图1.1 交通信息物理系统概念总览

传统上，决策是由车辆驾驶员或交通管理中心（交管中心）决定和执行的。驾驶员/交管中心通过评估从不同传感器和他们捕获的信息中观察到的内容来做出决策，即驾驶员/交管中心充当控制器。此外，智能控制器可以在分析从监测传感器接收到的数据后评估现有的条件，然后做出决策并自动启动执行器。

本书旨在通过专家的研究成果促进交通信息物理系统加速发展以提升整个社会的安全性、可靠性和稳定性，将交通信息物理系统多学科的基础知识融入一个平台。

1.2 交通信息物理系统示例及其组件

交通信息物理系统对社会和环境的安全、保障和效益至关重要，因为其代表了一些最重要的基础设施，例如航空、铁路、公路和海洋运输系统，以及人与货物运输的组成部分。以下各节将以实例介绍不同运输方式下的交通信息物理系统，同时并不限于此处列举的组件和示例。

1.2.1 航空交通信息物理系统

航空运输将人、国家、文化联系在一起，并提供进入全球市场的机会，具有推动经济社会发展的内在能力，是所有运输方式中影响最深远的一种。客货航空运输需求持续增长，2017 年的客运量相较于 2012 年同比增长 31%[5]，为满足这一需求，预计飞机数量将在未来 20 年翻一番。由于巨大的社会经济效益和随之而来的需求增长，航空部门拥有目前最复杂的系统，包括无人机。因此，航空部门具有交通领域内最早和最先进的信息物理系统。现代航天航空系统具有将信息空间与物理空间紧密耦合的巨大潜力。这主要是由于互联网、通信网络和信息技术领域的信息技术进步，以及诸如信息可靠性、可用性、安全性、隐私以及性能参数（如带宽、吞吐量、延迟和数据量）等方面的进步，这些都是实时操作环境的强制性要求。

航空交通信息物理系统的物理要素广泛多样，其范围包括不确定的自然空域（如云、压力、降水、风暴、风、气穴、温度、太阳干扰、周围野生动植物等），基础设施和硬件（如实际的飞机及其众多的机电系统、空中控制系统、跑道、机场等）和人为因素（作为操作者和威胁），这些都是通过政策、性能目标（如安全感、安全性、隐私性、效率、碳中和）、性能参数（如速度、重量、燃料燃烧速度、空气质量、旅客吞吐量）以及航空行业内的法律、道德和现有的信息物理系统来控制和监控的[6]。

航空交通信息物理系统的示例

在欧洲，空中交通管理（Air Traffic Management，ATM）领域的信息物理系统观点的发展正在"欧洲单一天空空中交通管理研究计划"（Single European Sky ATM Research，SESAR）框架下进行，该计划是由欧盟和欧洲空中导航安全组织（EUORCONTROL）作为主要的创建机构，与空中导航服务商、科学界和不同类别的空域用户合作的项目。SESAR 的主要目标是将欧洲的空中交通管理变成一个更加模块化和自动化的系统，以实现安全且环保。图 1.2 为启用 SESAR 的综合航空交通管理系统，显示了飞行的每个阶段和 SESAR 的程序要求[6]。

交通信息物理系统

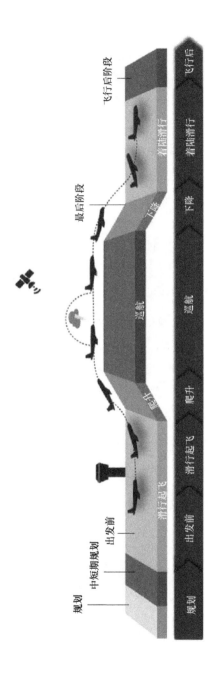

▶ 图 1.2 启用 SESAR 的综合航空交通管理系统[7]

特别是可以提出自动化风险感知，准确定位和导航、识别和减轻风险、监测、空中交通管理的所有方面（与潜在的优化和控制算法）、飞行动力学和控制，可以作为将每个阶段集成到一个完整的空中交通管理系统的典型例子。

空中交通管理系统是多个信息物理系统的组合，能够支持飞行员特别是在恶劣天气条件下进近降落的系统，实际上是空中交通管理系统的一个集成信息物理系统。大多数机场使用地面卫星导航系统来支持飞行员在恶劣天气条件下进近和着陆，以及提供精确的位置信息，从而在确保安全的同时保证其容量需求。地面卫星导航系统使用四颗全球导航卫星系统参考接收机和一个高频广播发射机系统，计算出飞机与所选进近路径的差分校正位置和偏差，从而有助于飞机在能见度较差的情况下自动安全着陆[7]。另一个例子是自动飞机碰撞预警，其中基于增强型机载避撞系统的飞机将自动改变高程。在实施增强型机载避撞系统后，将自动调整所选飞行高度进近时的垂直速度，以减少不必要的驾驶舱干扰。

与SESAR相似的是美国的"新一代航空运输系统"（Next Generation Air Transportation System，NextGen），其主要目标是通过逐步取代基于雷达的无线电通信和手动处理基于卫星技术的数据，减少天空和机场的交通拥堵。下一代系统中信息物理系统的一个突出例子是自动相关监视广播（Automatics Dependent Surveillance-Broadcast，ADS-B）取代雷达监视[8]。ADS-B技术可使一架飞机通过基于高完整性的全球定位系统技术自动准确地确定其位置，并通过专用数据链路将该位置定期向邻近机组和地面空管中心广播。该信息可帮助飞机提高态势感知能力，更准确地判断安全的自分离距离。可以看出，ADS-B技术将取代辅助雷达的任务。Sampigethaya和Poovendran[6]提出了具有自我监测和自校正飞机的综合航空交通信息物理系统的未来愿景，该系统自动优化并支持各方面的决策，包括燃油效率、着陆期间的飞越间隔、起飞及空中优化运营收入，并为乘客提供个性化体验，包括他们在飞机上或在机场所需的放松/工作环境。航空电子软件的发展为这一愿景提供支持，该软件正在从分布式和隔离的板载系统架构转变为在多核和多处理计算机上运行的更加集成的模块化航空电子架构。集成的体系结构允许一致且无缝的元素连接,模块化允许各个进程之间的清晰分离,从而在出现错误或攻击时可以实现更好的管理和隔离。模块化还支持现成的组件,例如传感器、执行器和射频识别标签,这些组件越来越经济实惠,高效且碳排放更低。航空电子软件通过机载网络向基于商用以太网的标准化飞机数据网络的转变而发展。这种软件和通信的集成并不局限于机载系统,而是通过几个专用的数据链路将机载系统集成到地面、空中和空间的机载系统[6]。

鉴于所有这些进展,图 1.3 给出了一个用于控制飞机窗户的信息物理交互的简单示例[6],目前,已有技术可以实现利用飞行控制传感器结合航班和乘客的具体情况来控制飞机窗玻璃(电致变色玻璃)透光率,进而实现自动化地优化机组操作,否则必须由中央控制器来监控或为个别乘客提供帮助服务。这些特征虽然简单,但是可以改善乘员和乘客的个人体验。

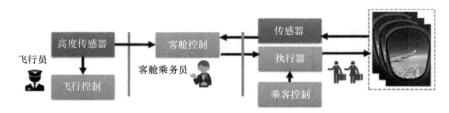

➤ 图 1.3 用于控制飞机窗户的信息物理交互

注:摘自 K. Sampigethaya, R. Poovendran《航空信息物理系统:未来飞机和航空运输的基础》,IEEE 101 论文集,2013(8):1834-1855。

尽管在航空领域取得了明显的技术进步,但仍有许多挑战尚未被征服。克服这些困难的动力来源于环境能力的提高,同时容量、安全性和效率的巨大提升潜力[9]。

1.2.2 铁路交通信息物理系统

铁路运输可以被看作是相对传统的运输方式,已知最早的类似于铁路的运输形式始于 16 世纪,主要是欧洲矿山中的货车运输方式。这些早期的"火车"是人或马,逐渐发展成蒸汽动力发动机,其次是我们今天熟悉的柴油和电动发动机。近年来,通信网络和信息技术领域的进步已经渗透到这种传统的交通工具的运营中,将其转变得更有效、可靠和安全,有望为客户提供个性化的旅程体验。

铁路交通信息物理系统的示例

铁路交通信息物理系统的组成部分可以用列车控制系统的组成部分来解释。针对欧洲列车控制系统(European Train Control System,ETCS),西门子开发了一种称为 Trainguard 的解决方案。对于 1 级应用,Trainguard 将可变轨道空位检测信息发送到车载天线。驾驶员通过显示器获取允许的速度、前面的线路曲线、速度限制和 ETCS 特定的数据。一旦列车超过最大允许速度,驾驶员就会收到警告。如果他没有反应,执行器就会主动将列车减速到允许的速度。图 1.4 显示了西门子 ETCS 的 Trainguard 组件,其中由全球移动通信系统和铁路形成的欧洲铁路数字通信系统通过"电子眼"实现列车准确位置之间的可靠通信[10]。

另一个例子,车载全球定位系统跟踪设备可以在列车运行时实时准确地跟踪列车,从而通过车站公告、网站和手机应用程序为客户提供实时列车时刻表。这种列车跟踪技术不仅有助于列车运营商更好地向乘客提供信息,还支持操作员提前规划和执行决策,以便在发生延误或紧急情况时进行实时调度变更。实时列车跟踪技术和先进的通信技术也将在不远的将来帮助列车和汽车自动地相互传递各自的位置,特别是在接近十字路口的时候[11]。

信息技术的创新不仅有助于提升铁路的营运和顾客满意度,更推动了铁路综合管理系统的发展,令铁路复杂资产得以有效管理和更新,例如,对沿线建筑物、砖石结构、排水系统、信号系统、轨道等的自动状态监测。围绕无线传感器网络已经进行了大量的开发,以实现铁路基础设施状态监测过程的自动化[12],例如铁路轨枕[13],直到最近还一直是采用较为烦琐的手动执行,导致许多故障没有得到及时发现。在这一领域内要处理的许多挑战之一是发展一个综合和全面的实时状态监测系统。这可能包括将基础设施健康监测传感器数据与全球定位系统和列车路线数据结合起来以验证轨道状况,例如,利用通过同一全球定位系统位置的几列列车监测的振动数据来验证轨道缺陷[14]。

交通信息物理系统

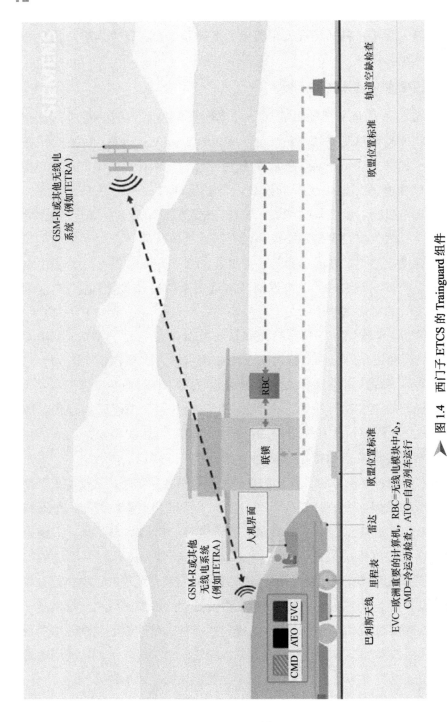

▶ 图 1.4 西门子 ETCS 的 Trainguard 组件

注：摘自 SIEMENS《欧洲列车控制系统》，http://www.mobility.siemens.com/mobility/global/en/interurban-mobility/rail-solutions/rail-automation/train-control-system/european-train-protection-system/Pages/european-train-control-system.aspx。

1.2.3 道路交通信息物理系统

道路运输已成为全球伤亡的主要制造者之一，也是温室气体排放的最大提供者之一（过去十年达到欧洲总气体排放量的17.5%）[15]，因此，道路运输部门面临着巨大的压力，面临着日益增长的需求，全球汽车数量预计将在2030年达到16亿辆。道路运输对社会、环境和经济产生巨大的影响，因此是目前信息物理系统进行重大研发投资的主要领域之一，旨在提高安全性、减少拥堵和提高道路通行能力，并同时满足严格的环境法规。我们已经看到嵌入式智能系统（车辆、基础设施、货物和管理）、V2X通信技术和应用以及自动驾驶员安全系统的重大进步。在对人和货物的私人或公共运输中这种发展也同时可见。

道路交通信息物理系统的组成部分可以用基于感知的交通事故管理系统来解释。道路交通信息物理系统包括信息物理空间中交通状况评估的三个主要过程[16]：基于传感器的感知、情境评估和执行。道路运输信息物理系统的组成如图1.5所示，基于异构多传感器数据融合产生感知。来自数据融合的交通状况信息支持评估过程。处理完信息后，可以对交通资源调度进行优化分配，以减少事故的影响或缓解交通紧急状况。

道路交通信息物理系统的示例

从用户/消费者的角度来看，移动即服务（MaaS）领域已取得了重大进展，消费者尤其是年轻一代热衷于将出行视为可以在需要时购买的服务，而对所有权的偏好较少，体现了从所有权模型到服务模型的显著变化。这种服务模式也是企业和政府在引入无人驾驶车辆时所看到的主要商业模式。MaaS的增长加速尤其归功于智能手机的大量使用以及许多愿意公开数据库的机构；消费者接受优步（Uber）的服务方式就是例子。交通信息物理系统服务的另一个例子是众多旅行规划应用程序的使用。显然，为每个人的移动需求提供个性化解决方案是该行业的重要课题，旅行规划应用程序提供适合每个人需求的定制选项，提供最环保的、距离最短的低成本路线[17]。

交通信息物理系统

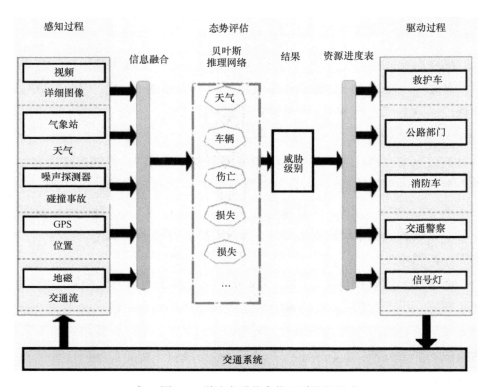

▶ 图 1.5 道路交通信息物理系统的组成

注：摘自 Y. Wang、G. Tan、Y. Wang、Y. Yi《交通事件管理中信息物理系统的感知控制体系结构》，系统体系结构期刊，2012，58（10）：398-411。

全球的交通管理者也看到了嵌入式信息空间解决方案的主要优势。例如，通过智能高速公路项目，英国高速公路正在引进主动的交通管理技术，以解决现有道路空间上的高速公路拥堵问题。智能高速公路通过包括摄像头在内的路侧传感器监控交通运行情况和事故，然后通过改变限速、激活警告标志、关闭车道或允许使用硬路肩来缓解交通拥堵。

不同车辆层面的应用可作为交通信息物理系统的例子。电动汽车的动态无线电力传输就是一个例子，当电力传输线圈能够感应到电动汽车通过时就会激活电力传输。但是，我们将看到本世纪交通信息物理系统所有模式变革中，最有希望的变化是无人驾驶汽车的研发和部署。无人驾驶汽车从车辆健康检查、考虑个人偏好和道路交通状况的出行线路规划到障碍物检测、避撞、轨迹规划以及行驶阶段的动态路径规划的各个方面，只有通过与信息空间解决方案的紧密耦合才能实现，例如智能算法、有效数据分析、V2X 通信，还有物理元素，如电子控制单元、传感器、执行器、路侧设备（如交通信号灯）以及在车内和车外的人。

交通信息物理系统的所有进步只可能随着基础设施的进步而实现，电动汽车的感应充电就是其中一个例子。伦敦交通局已经为在车站等候的公共汽车引入了无线充电，这是许多例子中的一个。

1.2.4 水路交通信息物理系统

水路运输是最古老的运输方式之一，它在城市、国家和大陆之间运送人员和货物，并决定了国家经济是否繁荣。它一直是国家间运输重型货物的主要运输方式。水路运输工具对一个国家的战略军事防御基础设施也很重要，包括水上和水下运载工具。然而，水上交通工具在正确定位、探测障碍物、避免碰撞和导航方面面临着一些最具挑战性的环境。信息物理系统技术的进步，特别是在传感器数据采集、控制和通信精度方面的进步，极大地推动了这种传输方式的发展。因此，看到海上自动驾驶船舶已经存在一段时间并不令人惊讶，船舶越来越被视为海上漂浮的计算机。

与航空、铁路和道路交通信息物理系统类似，水路交通信息物理系统可以用自己的一套传感器、控制器和执行器来描述。现代船舶配备了低成本、可靠的智能传感器，可以监测周围环境和系统性能。船舶机械系统越来越多地由软件控制。船舶控制系统可以集成电气和机械执行器，使用这些执行器可以维护安全和有效的航线。

水路交通信息物理系统的示例

各种技术正在应用于水上运输部门，包括 Wi-Fi、蜂窝网络、甚高频数据交换系统（VDES），最重要的是卫星通信。非常小的孔径终端设备的部署已经大大增加，海事通信系统如图 1.6 所示，到 2025 年带宽利用率将达到

200Gbps。这将有可能大大增加信息通信效率，从而提高车队利用率。路线选择、燃料消耗、资产管理等将在很大程度上实现自动化[18]。

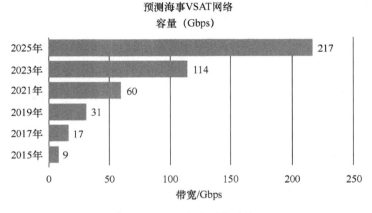

▶ 图1.6 海事通信系统

注：摘自Dnvgl《数字化的航运》，https://to2025.dnvgl.com/shipping/digitalization/。

信息物理系统在海事部门部署的一些领域如下：

1）动态定位系统利用传感器精确定位船只，并探测和定位水中的障碍物和危险，从而计算出安全的轨迹并按轨迹航行。

2）船舶管理包括监测和管理船舶的所有部件的状态（包括位置、速度），感知恶劣天气状况，并为船舶应对这些情况做好准备，监测石油储量，调整部件，优化燃料利用率。

3）推进和导航系统的远程监控，特别是适用于水下无人驾驶船舶。这尤其具有挑战性，因为全球定位系统信号很低，在一些地方甚至不存在。此外，与这类船舶的通信也不可靠。使用同步定位和绘图等技术，惯性传感器和信标可以在具有挑战性的环境中支持定位和导航。

4）其他一些领域包括岸上控制中心的船队管理、港口货物装卸自动化系统，以及考虑到航行计划、发电和推进系统的能源优化管理。传感器和控制系统也用于通过自动检测和调整来降低噪声和振动。

1.3 未来交通信息物理系统：环境和社会效益

交通是 21 世纪世界面临的所有社会和环境挑战的核心。交通在促进全球化发展的同时，有能力成为解决人口老龄化和灾害管理等挑战的推动者，并为解决污染、气候变化等问题做出贡献。这些只是交通信息物理系统影响社会和周围环境的一些例子，社会效益和环境效益是相辅相成的。

1.3.1 交通信息物理系统的环境效益

交通运输部门是化石燃料的主要消费部门，因此也是全球温室气体排放的主要提供者。据预测，到 2050 年，交通运输部门的排放量将占全球总排放量的 30%~50%。值得注意的是，道路运输业是运输业中二氧化碳排放量最多的行业，航空业紧随其后[19]。最大限度地减少化石燃料的使用，并增加所有运输部门可再生能源的使用，是解决温室气体排放的一种方法，因此包括政府在内的所有部门都正在采取措施，加速替代能源的使用，如电、氢和燃料电池。

欧洲环境署的目标是到 2030 年将使用柴油和汽油等传统燃料的汽车数量减少 50%，到 2050 年淘汰这些汽车[20]。这为交通信息物理系统提供了巨大的机会，可以影响未来交通并产生巨大的环境效益，从而有效地降低整体温室气体排放。为了实现电动汽车的全部潜力，交通信息物理系统解决方案需要体现在各个方面，比如电动汽车基础设施建设（包括智能电网的发展和充电点的优化布局），充电基础设施和车辆的硬、软件及其之间的互操作性问题，自动有效监测电池电量等技术突破性的发展，以及电动汽车充电方案调度等服务的发展等（可根据充电点的可用性和前方情况自动改变路线）。

同样，航空部门正在积极研究替代燃料来源，如生物燃料、氢电池、天然气等。这些解决方案带来了新的挑战，如设计、安全和性能方面的挑战，交通信息物理系统可以很好地为这些挑战提供有效的解决方案，从而使替代可持续燃料源的转变更加可行。

交通信息物理系统

2016年,美国人在拥堵中度过的平均时间为42h(即一个完整的工作周),纽约等城市的时间要高得多[21]。与拥堵相关的问题,如污染、更高的能源消耗、拥堵情绪愤怒,给美国的城市治理和国家发展带来了沉重的负担,如果无人看管,负担将继续加重。引入交通信息物理系统来检测和管理拥堵有望带来巨大的社会经济效益。传感器(如摄像头和感应线圈)可以检测拥堵并采取行动,通过使用变速限制或车辆改道等方式缓解拥堵。未来的交通信息物理系统解决方案着眼于对交通信号的动态控制以获得更有效的交通流,避免频繁的走走停停,并使用车路协同来控制拥堵。交通信息物理系统相对于传统技术(如对拥堵区域收费)的优势在于,部署在城市或州等大片区域的联网系统能够更宏观地优化交通流量。

1.3.2 交通信息物理系统的社会效益

交通信息物理系统预计会带来巨大的社会效益,促进无缝旅行,改善交通方便程度和提高运输安全。许多交通信息物理系统解决方案通过促进无缝旅行、改善可达性和提高安全性而使社会受益,数据源的便捷可访问性为该技术提供了支持(例如公共交通供应商提供的数据和谷歌地图等移动应用被动收集的数据);更快、更可靠和更大容量的通信网络;移动手机的普遍使用和云计算等高性能处理能力。一个对应的例子是使用智能手机的拼车应用程序正在大量涌现,这些应用程序将后台多个数据源的数据库集成到前端,为通勤者提供高效的出行解决方案。根据驾驶员的输入,系统决定最近的可用车辆并调度驾驶员。这些应用程序得益于动态更新的数据集,可以通过手机上的传感器和可用车辆上的位置传感器等进行实时数据感测来实现。

今天许多汽车制造商提供的自动制动系统或自动紧急制动系统是交通信息物理系统直接造福社会的一个恰当例子[22]。自动紧急制动系统使用全球定位系统、摄像头、雷达和激光雷达等传感器的组合来检测即将发生的碰撞,警告驾驶员采取行动或者控制汽车的制动或转向系统,要么二者同时使用以避免碰撞。类似的例子还有自动巡航控制和自动泊车系统,随着向全自动驾驶迈进,车辆的自动化程度不断提高,自动泊车系统的功能也在不断增强[23]。

随着车辆对周围环境的感知程度提高，人为失误的可能性会减少，预计与事故相关的数量和损失将会降低，从而造福于整个社会。

自动驾驶汽车的出现被设想为重新定义移动性并带来巨大的社会和环境效益。医学领域的进步使人们有可能活得更长。自动驾驶汽车将使不断增长的老年人口受益，可以把他们从家门口送到目的地而无需自己开车，使他们能够在更大的社会中继续享受生活。

1.4 交通信息物理系统面临的挑战及本书章节安排

得益于低成本、低功耗、高质量传感器的可用性、充裕的通信带宽和速度，以及不断增加的高性能计算设备，信息物理系统的发展非常迅速。然而，这是一个集成了许多领域专业知识的领域，例如控制系统、通信网络、体系结构、建模和仿真、验证和确认，以及人为因素。本书旨在解决交通信息物理系统多学科领域研究人员、开发人员和从业人员未来的教育和培训，重点是提高安全性、防护性和效率，在满足不断增加的人与货物的水陆空运输需求的同时，减小环境压力。以下小节将介绍交通信息物理系统研发的各方面挑战，对应的章节讨论了其中的一些挑战。

1. 信息物理运输系统的体系结构

考虑到所有运输模式的安全性至关重要，交通信息物理系统的体系结构设计对于任何给定应用的性能都是必不可少的。交通信息物理系统是异构元素的复杂集成，包括但不限于异构通信技术、数据或异构性信息，来自不同厂商的具有不同处理能力的多个终端设备、操作系统、安全需求、通信介质以及闭环中人员的存在。面对如此多样化的异构性，主要的挑战是设计适应性强、可扩展性和安全性的交通信息物理系统体系结构，特别是现有的面向对象的体系结构和面向服务的体系结构是基于抽象设计的，这些抽象为软件系统，而不是物理系统服务，也不适合于软件和物理紧密耦合的系统[24]。对于这种跨域不确定性信息物理系统，挑战还在于评估体系结构和开发测试平台，以便对结构保障性进行测试[25]。挑战还包括交通技术的新兴组件，这些组件是移动的（这意味着用户在所处的位置利用组件的功能），并迅速发展成为体系结构模型。一个完备统一的体系结构是交通信息物理系统整个生命周期的基础，包括从交通信息物理系统的设计、验证、安全防护到开发、部署、维护和最终退役。

第 2 章将向读者介绍一些流行的信息物理系统体系结构，包括每种体系结构增强和降低的质量属性及其分析技术。本章还将讨论用于交通信息物理系统的参考架构以及与交通信息物理系统相关的新兴架构（即物联网、云计算架构、智能城市架构），使交通工程师在开发智能交通系统时意识到一些需要考虑的问题。

2. 交通信息物理系统的协同建模与协同仿真

模型是理解和开发交通信息物理系统的基础。这些模型的模拟与仿真允许用户和开发人员在整个生命周期中研究系统行为。在多学科环境中，跨领域（不同的软件领域和不同的通信介质）的交互使得建模和仿真具有挑战性。此外，我们经常需要开发测试用例来评估模型及其与周围环境的相互作用，而无需充分了解交通信息物理系统的作用环境。一旦确定了交通信息物理系统的可靠模型，就很难找到合适的仿真方法来验证模型[26]。建模和仿真技术以及开发平台各不相同。在本章中，首先确立了在运输部门中需要使用基于多学科模型的系统工程方法，之后，将确定一些支持链接单学科、语义异构模型的新兴技术。

运输系统被认为是对安全要求最高的关键系统之一，因为任何故障都会导致人员伤亡。因此，对模型和开发的交通信息物理系统进行验证是非常必要的。第 3 章还包括通过铁路联锁系统实例说明的联合建模和仿真方法。

3. 实时控制系统

安全的实时性本身就是一个巨大的挑战，尤其是在如此多的跨域组件相互交互的情况下，需要进行严格的测试，但是这些系统将在许多未知的场景中运行，并且在大多数情况下是不确定的。另一个挑战是开发严格的容错系统，因为安全关键系统有容错的余地，这些故障可以是软件、硬件、通信或人为故障。

交通信息物理系统控制系统（如车辆控制系统）依赖于来自众多制造商的组件、各种规格的多个传感器和执行器、无线通信以及多核处理器。协调这些组件实时地成为一个统一的系统是一个挑战，第 4 章以自动驾驶汽车的案例说明和解决这些挑战。

4. 交通信息物理系统的安全与隐私

高度的连接带来严重的安全风险，并可能存在许多攻击点。一个重要的挑战是此类攻击的未知性或缺乏网络攻击分析。使用任何标准的现成组件来节省开发成本和时间，都会带来严重的安全风险。许多现有的安全解决方案忽略了系统的"物理"方面，这包括交通信息物理系统中的人员。

在第 5 章中，我们将讨论交通信息物理系统中的隐私和安全问题，特别是考虑到大量嵌入式连接传感器在不断收集数据。主题包括交通信息物理系统的入侵检测、交通信息物理系统的网络安全、人为因素和闭环系统中的人为因素及其对隐私和安全的影响。

5. 交通信息物理系统的基础设施

在交通信息物理系统中，不同运输方式和数据采集设备采集的数据可以用"大数据的五个 V"来解释：体积、多样性、速度、准确性和值。使用传统的数据库管理系统和传统的数据处理和输出系统，无法实时处理大量的异构数据。为了应对这一挑战，第 6 章讨论了现代数据基础架构的架构设计，支持开源硬件和软件技术、数据管理系统和数据传输系统。第 6 章还会讨论将基础设施作为代码，将基础设施组件视为软件系统，允许用户通过代码更快地开发、修改和删除/替换基础设施。

6. 交通信息物理系统的数据管理问题

根据机载计算能力的限制，信息物理系统需要多种数据管理解决方案。第 7 章将研究信息物理系统对数据的严重依赖所带来的挑战，并指出克服这些挑战的数据管理方法。对于交通信息物理系统，管理来自众多设备的数据需要一个特殊的数据库管理系统，该系统具有灵活和不断发展的数据模型，存储来自多个静态/动态数据源的大量数据，提供高可用性和弹性缩放数据库，提供实时和接近实时的查询响应时间，同时支持多个用户。基于这些需求，第 7 章描述了一个用于非结构化数据处理、分析和管理的 NoSQL 系统（Elasticsearch）实例。最后，第 7 章指出了信息物理系统中的新兴趋势以及与数据相关的研究问题。

7. 交通信息物理系统中的人为因素

人类行为表现出的不确定性取决于所处的环境。人的行为会因疲劳、自满和压力水平而改变，因此，在设计交通信息物理系统时，一个主要的挑战是如何将这些人为因素包括进来，这将对系统输出产生重大影响。将人与机器集成的特殊挑战是可用性、安全性和可接受性。

第 8 章将使用智能手机系统 SmartATRS 讨论交通信息物理系统中的人为因素。SmartATRS 被认为是一种交通信息物理系统，用于可用性评估，评估各种交互方法对身体能力缺陷的用户群体的适用性。本章以 SmartATRS 为基础，讨论交通信息物理系统建模、系统架构设计以及风险分析过程中的人为因素和人员在环的因素，以衡量其安全影响。

8. 交通信息物理系统作为专业的教育体系

交通信息物理系统汇集了交通工程、控制系统、通信网络、实时系统、嵌入式系统、网络安全和机械工程等多个不同学科的专业知识。从建模和仿真到开发、维护和操作这样的系统，交通信息物理系统生命周期的每个阶段都迫切需要熟练的人员。

所面临的挑战是，开发课程来填补这一技能缺口，方法是培训每一个学科的个人，同时能够欣赏和理解所有其他学科在更广泛的交通信息物理系统内的相互作用。Chowdhury 和 Dey 报告说，目前的工程专业的本科和研究生课程不足以培养未来能开发智能交通系统的交通专业人员[27]。他们的结论是，超越传统的工程教育的边界，多学科教育是必不可少的，应为交通信息物理系统做好人才储备。

成功的交通信息物理系统设计和操作需要多学科技能。本章将介绍交通信息物理系统专业的课程设计，以及更多利用跨专业知识的机会，特别是对硕士学位的资格认证。除了硕士水平资格的专业学位，第 9 章还将确定培训交通专业人员的协作和分阶段交通信息物理系统课程的策略，这将使他们在这一领域建立自己的专业能力。

9. 交通信息物理系统的研究挑战和跨大西洋合作

信息物理系统已被确定为欧洲和美国的一项研究和创新重点。这两个地区在这一领域都取得了显著的技术进步，但如果没有正式的合作，这些进步是并行的，而且在许多情况下是重复的，将导致时间和金钱的浪费，同时取得的成就也将少于大西洋联合研究团队可共同实现的成果。

第 10 章将借鉴最近完成的欧洲跨大西洋信息物理系统建模与仿真项目以促进合作研究[3]，该章还将讨论交通信息物理系统研究的主要挑战（例如，安全性、信息物理系统测试和验证、人-交通信息物理系统交互等）。

10. 未来的交通信息物理系统——智慧城市/区域

为了提高服务效率和生活质量，"智慧城市"包括了数字连接的城市基础设施和服务系统（例如，交通系统、医疗保健、公共安全），这些系统部署了各种通信技术，实时收集数据的基础设施和数据分析设备。智慧城市包括交通信息物理系统，第 11 章最后将讨论如何开发交通信息物理系统，使其能够轻松地与其他智能城市组件集成，如能源信息物理系统、民用基础设施信息物理系统、家庭/企业信息物理系统和医疗保健信息物理系统。第 11 章还将介绍交通信息物理系统的未来，包括其在发达国家和发展中国家的潜在需求和部署战略，以及智能城市部署的示例以及该领域未来的研究方向。

练 习

1. 美国和欧洲对于信息物理系统定义的主要区别是什么？
2. 交通信息物理系统如何通过为应对未来的移动性挑战做出贡献而使社会受益？
3. 采用交通信息物理系统有哪些挑战？
4. 航空、铁路、道路和海洋交通信息物理系统之间的主要区别是什么？
5. 根据图 1.1 绘制海洋交通信息物理系统的组成部分。
6. 举例说明与交通事故管理有关的道路交通信息物理系统。
7. 指出交通信息物理系统在网络安全领域至少五项研究挑战。
8. 人可以参与交通信息物理系统的哪些不同功能？您在每个功能中看到了哪些挑战？

参 考 文 献

[1] Acatech, Cyber-physical Systems. Driving Force for Innovation in Mobility, Health, Energy and Production, Springer Berlin Heidelberg, 2011.
[2] E.A. Lee, Computing Foundations and Practice for Cyber-physical Systems: A Preliminary Report, 2017.
[3] M. Henshaw, Trans-Atlantic Modelling and Simulation for Cyber-physical Systems. Deliverable D1.1: Definitional Framework, 2015.
[4] E.A. Lee, The past, present and future of cyber-physical systems: a focus on models, Sensors 15 (3) (2015) 4837−4869.
[5] IATA Press Release, India Sees Highest Domestic Market Growth in 2015, July 5, 2016 [Online]. Available: http://www.iata.org/pressroom/pr/Pages/2016-07-05-01.aspx. (Accessed on 14/04/2018).
[6] K. Sampigethaya, R. Poovendran, "Aviation cyber−physical systems: foundations for future aircraft and air transport, Proceedings of the IEEE 101 (8) (2013) 1834−1855.
[7] SESAR Joint Undertaking, SESAR Solutions Catalogue, 2017.
[8] M. Strohmeier, V. Lenders, I. Martinovic, On the security of the automatic dependent surveillance-broadcast protocol, IEEE Communications Surveys and Tutorials 17 (2) (2015) 1066−1087.
[9] H. Balakrishnan, CPS challenges in NextGen aviation, in: 2014 National Workshop on Transportation Cyber-physical System, 2014. Washington.
[10] SIEMENS, European Train Control System, [Online]. Available: http://www.mobility.siemens.com/mobility/global/en/interurban-mobility/rail-solutions/rail-automation/train-control-system/european-train-protection-system/Pages/european-train-control-system.aspx. (Accessed on 14/04/2018).
[11] GPS, "Rail," NOAA, 2015. [Online]. Available: http://www.gps.gov/applications/rail/.
[12] J.V. Hodge, S. O'Keefe, M. Weeks, A. Moulds, Wireless sensor networks for condition monitoring in the railway industry: a survey, IEEE Transaction of Intelligent Transportation Systems 16 (3) (2014) 1088−1106.
[13] Y. Li, Gould, Peter, Embedding Wireless Sensors in Railway Sleepers, 2014 [Online]. Available, http://www.macltd.com/files/downloads/MAC%20Ltd%20-%20Embedding%20Wireless%20Sensors%20in%20Railway%20Sleepers.pdf. (Accessed on 14/04/2018).
[14] K. Ishida, H. Kitabayashi, M. Nagasu, New train control and information services utilizing broadband networks, Hitachi Review 53 (1) (2004) 21.
[15] EEA, Most Carmakers Must Further Improve Carbon Efficiency by 2015, 2011 [Online]. Available, https://www.eea.europa.eu/highlights/most-carmakers-must-further-improve/. (Accessed on 14/04/2018).
[16] Y. Wang, G. Tan, Y. Wang, Y. Yi, Perceptual control architecture for cyber−physical systems in traffic incident management, Journal of Systems Architecture 58 (10) (2012) 398−411.
[17] Catapult Transport System, Mobility as a Service Exploring the Opportunity for Mobility as a Serice in the UK, July 2016 [Online]. Available, https://ts.catapult.org.uk/wp-content/uploads/2016/07/Mobility-as-a-Service_Exploring-the-Opportunity-for-MaaS-in-the-UK-

Web.pdf. (Accessed on 14/04/2018).
[18] Dnvgl, Digitization of Shipping, [Online]. Available: https://to2025.dnvgl.com/shipping/digitalization/. (Accessed on 14/04/2018).
[19] J. Fuglestvedt, T. Berntsen, G. Myhre, K. Rypdal, R.B. Skeie, Climate forcing from the transport sectors, Proceedings of the National Academy of Sciences 105 (2) (2008).
[20] E. E. Agency, Electric Vehicles in Europe, European Union, 2016.
[21] INRIX, INRIX 2016 Traffic Scorecard, INRIX, [Online]. Available: http://inrix.com/resources/inrix-2016-traffic-scorecard-us/. (Accessed on 14/04/2018).
[22] B. Chappell, Automatic Braking Systems to Become Standard on Most U.S. Vehicles, 2016 [Online]. Available, http://www.npr.org/sections/thetwo-way/2016/03/17/470809148/automatic-braking-systems-to-become-standard-on-most-u-s-vehicles. (Accessed on 14/04/2018).
[23] S. International, Automated Driving Levels of Driving Automation are Defined in New sae International Standard j3016, [Online]. Available: http://www.sae.org/misc/pdfs/automated_driving.pdf. (Accessed on 14/04/2018).
[24] E.A. Lee, Cyber-physical systems — are computing foundations adequate?, in: NSF Workshop on Cyber-physical Systems: Research Motivation, Techniques and Roadmap, vol. 2, 2006, pp. 1–9.
[25] S. Hafner-Zimmermann, M.J.D.C. Henshaw, The Future of Trans-Atlantic Collaboration in Modelling and Simulation of Cyber-physical Systems, 2017 [Online]. Available, http://www.tams4cps.eu/wp-content/uploads/2017/02/TAMS4CPS-SRAC-publication_2017.pdf. (Accessed on 14/04/2018).
[26] R. Cartwright, A. Cheng, P. Hudak, M. O'Malley, W. Taha, Cyber-physical Challenges in Transportation System Design, [Online].
[27] M. Chowdhury, K. Dey, Intelligent transportation systems-a frontier for breaking boundaries of traditional academic engineering disciplines, IEEE Intelligent Transportation Systems Magazine 8 (1) (2016) 4–8.

第 2 章
交通信息物理系统架构

John D. McGregor [1]，Roselane S. Silva [2]，Eduardo S. Almeida [2]
1　美国南卡罗来纳州，克莱姆森大学计算学院
2　巴西萨尔瓦多，巴利亚联邦大学计算机科学系

2.1　概述

交通运输系统高度复杂，并且每个系统都有一定的独特性，在设计时需要根据具体应用场景进行专门设计。为了完成系统设计，交通运输系统工程师需要与电气、物理等不同领域的专家合作，共同开展系统设计和分析工作。架构设计是系统开发设计的重要组成部分，通过架构设计可以明确系统的基本结构。交通运输系统工程师还需要参与系统的设计和评估，对交通流控制、不同交通工具的操作、人机交互等进行验证。在本章中，我们将介绍一些广泛使用的体系架构，以及架构适用性评估的相关内容。

交通运输系统与其他系统和物理世界的联系越来越紧密。系统通过传感器理解物理对象和相关系统的属性。近年来，经常用"信息-物理"一词来描述那些物理传感器和计算融合的复杂系统，这些系统通过网络与相关系统建立连接，所有连接在一起的系统的集合被定义为物联网（Internet of Things，IoT）。美国国家科学基金会将信息物理系统定义为由计算算法与物理实体无缝集成的工程系统。无缝集成的基础是严格的结构化和分析式的系统架构。这种方法相比较传统系统研发可以让系统设计问题尽早暴露。

在架构上，这些系统一般包括传感器、控制器、执行器以及相关的网络基础设施，比如互联网或云基础设施。衍生出网联车这种可以采集整车级数据的产品，以及在本地或者在云端处理分析数据并将数据存储作进一步处理的其他产品。数据和指令在各种通信渠道上传输，这就对数据分析的质量提出了较高要求，尤其是时序和安全相关的分析。选择合适的架构模型能在一定程度上提升系统的安全性和失去网络连接时的容错性。ARINC 653 对于架构分析和设计语言（Architecture Analysis and Design Language，AADL）定义了一个分区模式，针对简单故障提供隔离和保护功能。容忍通信故障需要在系统环境中进行本地存储，有选择性地删除数据以防止超出本地存储容量限制，或者在断开连接时对系统进行降级处理。

"信息物理"一词经常用于判断系统和流程设计的决策是否合理。当系统控制某个物理过程时，需要实时感知系统的运行状态，并对系统未来的行为进行预测和控制，这时候最好使用信息物理系统体系架构。只收集数据、存储数据的系统不是信息物理系统，本章不对这类系统的设计进行描述。

交通运输系统利用信息物理架构对系统进行定义，以加深对系统运行环境的了解，确保系统的计算信息状态与物理控制状态保持同步。在本章中，我们将介绍信息物理系统的一些常见架构，以及一些常用的架构分析技术。在评估信息物理系统时，可以向交通运输专业人士提出问题。

一个系统中既有模拟量又有数字量，这就需要搞清楚准确值与近似值、离散值与连续值的关系。软件工程师需要意识到物理世界中的物理对象都有自己的物理特性，比如动量，而不像信息世界中的物体可以按照要求立即停止。架构应该对系统涉及的所有实体的类型加以描述，并将这些实体划分到不同的域中，不同域之间的关联也需要进行描述。

随着架构理论和技术的发展，我们已经可以用系统化的工具和语言对架构进行推导和表达。本章采用体系结构分析和设计语言（Architecture Analysis and Design Language，AADL）及相关工具对架构进行描述和表达，并对架构的分析过程、如何满足特定应用需求等进行说明。

2.1.1 网联

按照定义，信息物理系统是联网的。每个系统通常有几种不同类型的传感器，传感器信号通过一系列协议进行传输。由于网络中断或拥塞经常发生，所以必须保证系统在数据延迟或中断时能够稳定运行。系统需要对网络入侵或攻击进行监测和拦截。这样就可能会提高系统的处理延迟，或者导致交织采样时传感器读取错误。在体系架构设计时，必须要保证这些异步信号准确有序，且能得到正确处理。

2.1.2 开放/开源

"开放"指的是向系统添加新功能的难易程度，比如即插即用，不需要对系统进行重新配置。AADL 的集成开发环境（Integrated Development Environment，IDE）是基于 Eclipse 框架结构开发设计的，新组件在安装时放置在一个特定目录里，当启动这个组件时，新的功能才能触发。

开放系统是灵活和可扩展的。这降低了开发和维护成本，并缩短了投放市场的时间。为支持新功能的实现、满足市场快速变化的需求，信息物理系统随着技术的发展而不断演进。这将带来多重效果，因为当系统被赋予新的能力时，能够支持完成更加复杂的功能。交通运输工程师需要和系统架构师一起，对系统未来的功能特性或运行条件进行预测，比如连续可用性等。

2.1.3 不确定性

系统的物理空间与信息空间之间的分界线也是系统中准确值与近似值

的分界线,传感器感知物理世界的信息并转化为数字信号,这个转化的值并不是精确值,当传感器失灵或者读数不准确时,传感器就无法准确反映环境的状态。成熟系统往往都有一套控制系统不确定性的机制。

信息物理系统的规模和复杂性是导致不确定性的另一大原因,尤其是政府使用的系统。在政府使用的系统中,政府(客户)提出了顶层宏观的需求,将这些需求进行分类并提供给系统供应商,供应商会进一步提出更为细化、专业的系统需求。这个过程就是将最原始的想法或抽象概念转化为具体、可操作的专业实施方案的过程,那么不确定性就来源于对需求的理解和转化过程,尤其是当需求不能被准确理解时就容易出现偏差或错误。

预期行为的偏差是不确定性的另一个来源。这些偏差来源于人在设计和操作时所犯的错误,比如建模时将组件进行了错误的分类,使得实际系统不能满足预期功能需求。不确定性还来自于组件之间不可预料的相互作用,当组件1的输出与组件2的输入信号的范围和要求相符时,组件2可能会产生不可预料的行为,因为组件1输入信号对组件2的影响没有经过充分的测试和评价。

本章其余部分的结构如下:2.2节介绍相关背景和概念;然后介绍广泛应用的几种信息物理系统体系架构;接下来是对一些新兴体系架构的讨论;最后,总结了当前的研究现状并对未来的研究趋势进行了展望。

2.2 背景

本节介绍一些背景和概念信息,便于理解本章内容。主要包括:①AADL,主要面向嵌入式、实时控制系统;②基于质量属性的软件质量评估方法;③介绍一些系统相关的问题,比如模拟量和数字量的区别。

2.2.1 架构分析和设计语言

AADL是一种架构描述语言,由美国汽车工程师学会(SAE)于2004年开发,可以用于信息物理系统的确认和验证。AADL是强类型定义语言,可以使用其他语言进行扩展。AADL 提供的示例中有一些是错误模型表达，规定了传播错误。语法中有一些是行为语法，如安全与保障等，这些语法表达可以通过状态机添加到架构中。

AADL 可以对软件和硬件建模。软件由过程、线程和子程序构成，而硬件往往由设备、处理器、总线和存储器等组成。通过该语言可以将软件和硬件连接在一起形成一个集成系统。图 2.1 展示了一个基于 AADL 的简单巡航控制系统。

```
system cruise_control
    features
        sensed_speed:        in data port data_types::speed;
        sensed_speed_limit:  in data port data_types::speed;

end cruise_control;


system implementation cruise_control.impl
    subcomponents
        radar:       device radar.impl;
        gps:         device gps.impl;
        camera:      device camera.impl;
        controller:  process controller.impl;

    connections
        radar_con:   port radar.data_out->controller.data_in;

end cruise_control.impl;
```

➤ 图 2.1　AADL 代码段

图 2.1 为 AADL 代码段，描述了一个巡航控制系统，它使用来自不同传感器的数据作为加速/减速决策的依据。

该系统由以下组件组成：雷达、全球定位系统、摄像机三个设备组件和一个名为控制器的过程组件，系统的连接部分定义了组件之间如何相互连接。在本示例中，雷达传感器的数据被连接到控制器的输入端。

如图 2.1 所示，AADL 中每个组件有两个定义。第一个定义是规范，明确组件的功能特性，每一个功能特性包括输入和输出的端口，端口可以是事件端口、数据端口或者事件/数据端口，每个端口都需要明确数据类型；第二个定义是规范的实现方式，一般第二个定义会放置在第一个定义之后，并且用关键字"implementation"进行表达。之所以设置两个定义,是因为往往一个规范可能会有多个不同的实现方式。

除了核心语言之外,AADL 还有语法的概念,这是一种处理特定类型行为的独立语言。行为语法超出了在正常条件下定义组件行为的结构。状态机符号用于描述对输入信号响应的逻辑流。

错误语法定义了一种基于特定域的语言,便于开发人员对系统错误进行分析,错误语法也用状态机进行描述。在产生错误的组件中,未处理的错误将通过指定的端口传播到能够处理错误的其他组件。

2.2.2 质量属性

交通运输系统的属性由功能性需求和非功能性需求共同决定,这些属性包括可靠性、可用性等。ISO 9126 标准(已被 ISO/IEC 25010 取代)对这些属性进行了分类,该标准旨在对一些常见术语进行定义,并基于实践经验给出一个可以客观量化的设计决策方法。

质量属性与权衡研究存在一定的关联,因为不同的设计决策会产生不同的系统属性,需要根据目标对不同的架构设计方案进行比较,最终选取最佳方案。比如方案 A 的可靠性为 0.97,关键动作的延迟为 12s,方案 B 的可靠性为 0.99,相同动作的延迟为 20s,架构设计时必须衡量可靠性提升与延迟降低哪个价值更大,当给出这些特定参考值时,决策过程就会变得相对更加容易。交通运输行业的工程师们如果能提供输入信号的优先级顺序,架构设计时就能更容易得出一个可接受方案。

ISO 25010 定义了两个质量模型:应用质量模型和产品质量模型。每个模型都定义了一些特征,每个特征也给出了具体要求。我们将重点放在产品质量模型上,此模型适用于所有产品评估活动,包括系统架构的评估。ISO 25010 产品质量模型如图 2.2 所示,可靠性被定义为:元件、产品、系统在一定时间内、在一定条件下无故障地执行指定功能的能力或可能性。对交通运输系统而言,容错性很重要,ISO 25010 将容错性定义为"硬件或软件出现故障时,系统、产品或组件仍按预期运行的程度"。使用这些标准化术语可以消除沟通和理解障碍。

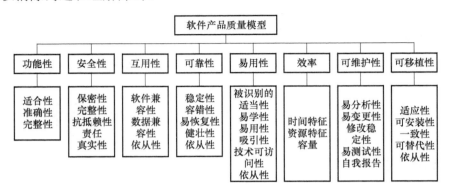

图 2.2　ISO 25010 产品质量模型

交通运输系统工程师参与系统的设计和评估时，必须在不同程度上对各项指标进行确认。在早期设计过程中，需要对八个特征建立优先级关系，这些特征的限制可以作为系统的非功能性需求，这样每个特征都能得到评估和量化。为了提高某些属性，就需要对设计进行变更，比如初始设计可能未充分考虑容错性，一种改进的方法就是利用错误模型对可能发生的特定类型的错误进行设计，通过足够多的错误对系统进行检验，提高系统的可靠性达到预期水平。我们将在错误模型一节中对此进行深入讨论。

2.2.3　模拟/数字模型

交通运输系统工程师不必了解模拟到数字（以及数字到模拟）转换的所有细节，但是作为信息物理系统的基础，至少应理解一些基本概念。模拟量与数字量之间的分界线主要取决于系统设计，模数（A/D）转换更接近于实际的物理过程，比如大多数传感器。传感器本质上是将一种形式的能力（比如风）转化成另一种形式的能力：电能。对执行器来说，则恰恰相反，将数字信号转化成电信号，从而带动电机或其他设备运转。这通常需要更多的能量来处理感知数据，比如汽车部件中的一个小装置，模拟信号需要传递到部件外某个地方进行 A/D 转换和数据处理。

模拟量和数字量表达都有缺点和优点。模拟信号是连续的，数字信号是离散的。每一种方式都有自己的不确定性,由于模拟信号是不断变化的,采样时间会影响数值。数字信号更加稳定,但由于数字量是离散的,使得某些值无法准确表示。硬件工程师可以协助系统工程师选择合适的硬件组成模块。

2.2.4 框架

架构师开始新系统设计时,需对信息物理系统概念和架构有一定了解,目前已经有几个信息物理系统的概念框架可以支撑系统架构的研究和设计。美国标准化技术研究院(NIST)提出的信息物理系统框架明确划分了系统中物理世界和信息世界的界限,NIST概念框架如图2.3所示,从图中也可以看出,系统是嵌入在系统之系统(SoS)中的,SoS是由多个系统组成的系统,这些系统基本都是独立拥有、管理和运行的。比如恒温控制器作为一个信息物理系统需要和加热/冷却系统、照明系统、安保系统等进行交互,由于所有权的分离,某些系统可能会不受SoS的控制,比如照明系统不受恒温控制器控制出现变化,但是SoS的其他系统都需要适应这种变化并保持自身的健壮性。

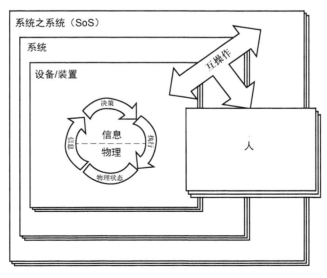

▶ 图2.3 NIST概念框架

大多数智能交通系统都是 SoS，这种体系架构需要系统使用者之间进行更多交互和协作。相关的正式标准（如 ISO 13849 机器人安全）和特定标准（如 NIST 框架）都在关注相关技术的发展并快速演进。

NIST 框架提供了一个参考体系架构，如图 2.4 所示，其中基本概念可以从两个维度去理解，第一个维度包括概念化、实现和保障三个方面，第二个维度包括应用领域和关注的方面。

以上两个维度的关注内容覆盖了全生命周期所有阶段，有一些是与质量属性相关，NIST 所提供的系统框架是本章讨论后续内容的基础。

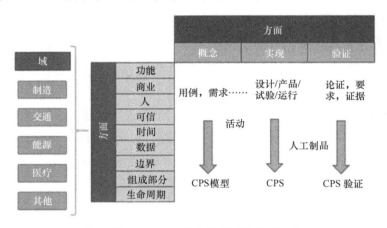

▶ 图 2.4 NIST 信息物理系统体系架构

2.3 典型信息物理系统体系架构

本节将介绍几种信息物理系统体系架构，以及一些体系架构评估标准。

标准反馈/控制回路是许多信息物理系统中使用的体系架构，这种体系架构的主要目标是对物理过程进行控制。

通常，受控过程是物理系统的一个组成部分，比如喷气式发动机、自动驾驶车辆或者化学反应，常用的例子比如室内的温控系统。图 2.5 展示了控制反馈回路的四个主要组成部分，下面以家庭供暖系统为例对基本架构的每个部分的功能进行定义。

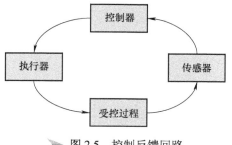

▶ 图2.5 控制反馈回路

（1）受控过程 受控过程包括加热和冷却两个功能，这是一个物理过程，通过提供给加热或冷却装置的能量/燃料的数量进行控制。运行时，系统向房间里吹空气，房间内空气的温度会逐渐变化，直到达到目标温度为止。当风机关闭时，系统将持续加热或冷却一段时间。系统停运时，由于建筑内的空气循环，室内温度将从目标温度向环境温度调整，当室内温度与设定温度相差超过一定值时，系统将重新启动，重复这个循环过程。

（2）控制器 控制器通常是一个计算装置，从传感器获取数据，经过处理后向执行器发出命令。通常，家用加热炉的控制器是通过手工打开开关来实现加热功能，当不需要时可以关闭开关。当控制器由计算机控制时，可以设计一个复杂的控制器，控制器根据系统所处的状态，经过分析自动向执行器发送命令，确定需要添加多少燃料。

（3）传感器 传感器测量系统或环境中的一些特征值。例如，在室内的温度传感器，本质上是一个温度计，根据空气温度产生一个对应的电流，通常这是根据热胀冷缩原理，由一个金属弹簧来实现的。数字传感器会将电流转换成离散值，这个值被提供给控制器进行决策。

（4）执行器 控制过程是由一个或多个执行器配合完成的，以室内供暖为例，变阻器增加/减少电路电流，或者伺服电机打开/关闭阀门来控制燃料的流量。在打开和关闭过程中会存在不同程度的延迟（延时），这取决于设备的机械性能。

这种体系架构会衍生出许多变体，主要的变化来自于传感器的类型是模拟的、数字的还是组合的。模拟传感器发出的信号需要将模拟量转换为数字量，从而将连续值转化为离散值，数字传感器的信号可以直接输入控制器中。

信息物理系统一个重要问题是系统中物理元素的不确定性。金属在恒温器中热胀冷缩性能是不精确的，尤其是长时间重复使用之后，性能更加难以准确预测，其他物理因素的改变也会导致系统的不确定性。传感器的读数必须用一个区间值表示而不是固定值，因为真实值有 95%的概率是在区间内。

灵敏度是系统的一个重要特征。灵敏度是指在控制器驱动执行器之前，允许与目标值存在的偏差。大的偏差需要占用更多时间进行调整，小偏差则占用的时间较少，但是小偏差会导致系统的频繁启停操作。第一种方法会使室内温度较长时间偏离设定值，第二种方法会使室内温度更接近设定值，但会造成系统频繁操作，从而导致开关回路损耗。

自适应巡航控制系统是使用控制反馈/回路的信息物理系统架构的一个典型案例，是一种协作式、自适应控制系统。本章将以此系统作为例子进行深入分析。

2.4 架构模型的分类

呈现给交通运输专业人员的体系架构通常是参考架构或产品架构。其中，参考架构是针对一系列相关系统设计的，参考架构有很多遗留问题或变更点，等待在具体开发过程中解决，解决之后的输出结果就是产品架构，产品架构是针对某一特定系统的架构，没有设计遗留问题。

美国交通部提出了参考架构的概念，并明确了参考架构的定义和特征。参考架构最早的应用是网联汽车参考实施架构（CVRIA），其目标是建立网联汽车的系统架构，现在该架构已被应用于网联汽车和交通控制设施的研究。目前，CVRIA 与智能交通系统合并整合为协作式智能交通架构参考（ARC-IT），ARC-IT 将网联汽车和智能交通系统作为一个整体进行统筹考虑。

图 2.6 展示了 ARC-IT 的部分内容。作为一个系统的架构，驾驶员被看作系统中的一个实体，驾驶员的输入和反应可以被模型化。实体与实体间用不同的线条进行连接，通过线条的颜色和箭头的类型等反映出它们的逻辑关系。概念和关系是利益相关方需求的组成模块。信息物理系统工程师需要参与到交通运输系统概念和架构设计的过程中。使用参考架构可以加快系统的开发进度，因为使用经过验证的方案/元素进行系统设计，设计方案的成功率会更高且更容易实施。

AUTOSAR 是一种汽车开放系统参考架构，适用于不同性能的车辆。AUTOSAR 支持两种平台设计：第一种是经典设计，第二种支持自动驾驶车辆。两种平台都是基于通用基础架构搭建，并使用模块化的方法设计，使得架构易于维护。2017 年市场上的许多汽车都采用了 AUTOSAR 的系统架构。

参考架构在技术尚不成熟和发展迅速的领域非常有用，当架构由具有一定管理职能的公司或机构（比如美国交通部）负责管理和维护时，此架构更容易获得成功。架构确定了研究内容、定义和新领域概念的基本分解。这些架构定义都进行了版本管理，目的是让用户理解概念从最初提出到发展成熟的整个演进过程，帮助用户选择最新的思路作为他们工作的基础。

本文不对上述的每一种架构开展全面研究，但将讨论 ARC-IT，ARC-IT 是由 CVRIA 和美国智能交通系统架构合并得来的。如图 2.7 所示，ARC-IT 用四视图的架构模型代替了以前的三层分层架构模型，除了在层之间重新排列概念外，物理视图扩展了超过 30% 的对象定义。每个对象代表了一个概念，这个概念代表了一系列更细粒度的概念。这种重新分解不仅使某些概念按照新的方式分解，还导致系统架构师必须以不同的方式对架构进行概念设计。

（1）企业视图　企业视图描述了不同组织机构之间的关系，以及它们在协作式智能交通环境中所扮演的角色。企业视图定义了关系、数据流和约束条件，智慧城市交通系统都需要多个组织机构之间相互协作。

（2）功能视图　功能视图展示了支持系统行为所需的功能，这一层包括一系列抽象的需求。

交通信息物理系统

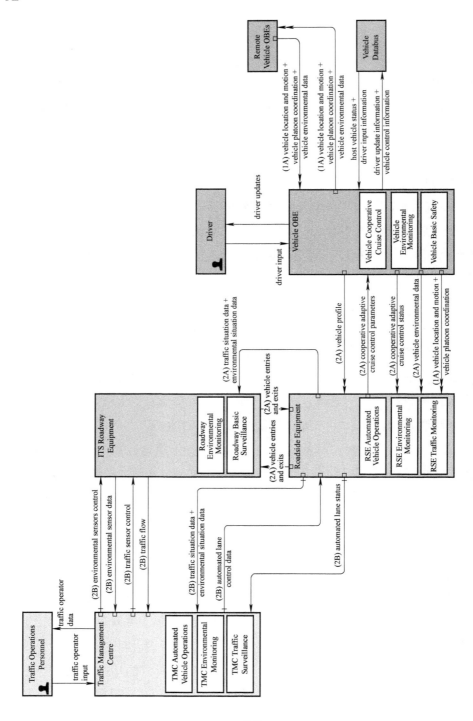

图 2.6 美国交通部 ARC-IT 参考架构部分示意图

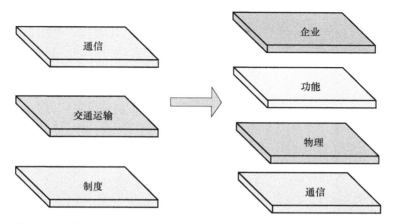

▶ 图2.7 美国交通部 ARC-IT 由分层架构转换为视图架构（Version 7.1）

（3）物理视图 物理视图呈现了交通运输系统的物理对象组成。这些物理对象根据需要进行互操作，以完成功能视图中定义的各项功能。

（4）通信视图 通信视图提供了构建通信协议栈所需的通信协议，以支持物理实体之间进行通信，新协议栈可以根据需要从已有协议中选取，也可以新建协议。

产品的体系架构仅仅适用于产品。架构除了定义结构之外，也定义了产品需要的质量属性等级。如果存在可以使用的参考架构，产品的体系架构就可以参照参考架构进行设计并作适应性修改。如果没有可以参考的架构，产品的体系架构通常会因为硬件之间的接口而受到影响。

大型复杂系统往往会由几个独立的系统集合而成，这种复杂系统的架构会明确系统间的接口便于系统集成。复杂系统具有跨领域属性，交通控制系统满足复杂系统的特征，需要对小汽车、货车、列车和公交等进行控制，由各域控制器组成。

2.4.1 结构

体系架构是由多个计算单元通过不同的机制（如消息或融合）集合而成，不同连接方式形成的模式被称为架构模式，反馈回路/控制系统是信息物理系统的一种经典模式。在这种模式中，基本上3/4的元素是硬件，软件只有一小部分，控制器一般都是软件。在 AADL 中，"system"是软件，"device"是部件，部件之间的连接通过连线实现，数据在连线上进行传输形成数据流。

要理解系统如何运行，就需要了解数据如何在系统中流动。交通信息物理系统都比较复杂，对项目进行追踪非常费力，在系统架构设计时对数据流进行分析会节省很多时间。AADL 提供了流的概念，流从源端（通常是端口）开始，通过连接到达另一个部件的端口，随后进入部件和其中的所有嵌套组件。

图 2.8 展示了图 2.1 巡航控制程序示例中，LateValue 类型的误差在端到端传递时的过程。示例中，雷达传感器产生了一个延时数据传递到雷达处理器，延时数据通过连接最终传递到错误接收器，即制动传动装置。这种端到端的误差传递方式可能会对系统、设备甚至财产造成危害，比如设备从传感器收到数据的时间太晚，导致设备不能及时有效地动作，在这种情况下，车辆可能没有足够的时间减速，导致与障碍物相撞。

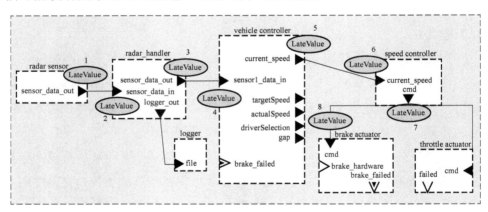

➤ 图 2.8　图 2.1 中巡航控制程序的误差传递过程

2.4.2　标称和误差行为建模

架构定义了系统中数据流和控制流的路径，包括正常路径和异常路径，异常路径是指系统出错或异常运行时的处理过程。数据与路径有以下几种匹配关系：

① 正确的数据通过具有正确结构的路径计算得到正确结果；

② 错误数据通过错误的架构计算得到错误的结果；

③ 错误的数据可能通过正确的路径，输出正确的结果，但是该结果与上下文不匹配；

④ 正确的数据可能通过错误的路径，输出不适当或错误的结果。

第一类显然是我们想要的情况，所有的设计和测试工作都是为了实现这个目标。第二和第四类可能涉及架构问题，需要在设计阶段通过虚拟集成和设计测试技术进行检测。第三类可能是执行过程中出现的一些运行问题造成的。

针对第三类情况举一个例子。计算系统接触到物理世界时，可能会出现运行时间错误。当传感器停止工作时，其他系统还能正常工作，这些都是系统可能的输入，设计时应当加以考虑。AADL 定义了核心语言的一个附件，提供了一系列的错误类型。架构师将这些错误类型与系统进行对照，确保所有可能发生的错误都能被正确处理。图 2.9 列出了这些错误类型的顶层结构。

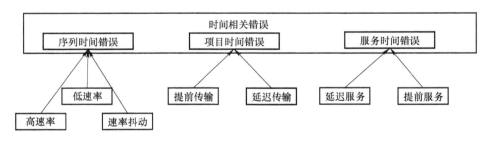

> 图 2.9　错误类型的顶层结构

AADL 为实时嵌入式系统定义了一个错误类型分类，并提供了一种语言来描述错误信息的传递过程。通过分类表，将一般错误按照类型和层次进行划分，填充到表格中。六类基本错误类型包括：条目值错误、序列值错误、服务值错误、条目时间错误、序列时间错误、服务时间错误。体系结构对从错误层次结构中的一般概念到应用程序的映射进行描述。

错误模型语法可以指导架构师和系统设计人员处理可能发生的每一类

重要错误，OSATE 等工具可以突出显示系统中的错误路径，这有助于交通运输工程师参与验证系统是否健壮。

2.5 现有模式中存在的问题

指令和控制技术发展迅速，本节我们讨论两个问题，并介绍如何利用这些技术来解决问题。

2.5.1 移动性/机动性

交通运输系统需要把人从一个地方移动到另一个地方，提供服务的智能设备必须具备足够的机动性，以便提供可持续服务。交通运输工程师需要对交通运输系统的部署环境充分了解，以便做出正确的设计决策。有一些交通运输系统是固定不动的，但是许多新兴的功能都是支持移动性的，这样用户就能在他们所处的位置使用这些功能，而不需要移动到固定安装位置，避免离开事件发生的地点。

移动性需要具备可发现性、临时连接性、访问能力和协调性等特征：

（1）可发现性　当系统移动时，它需要具备发现或者被其他设施发现的能力。因此，系统必须向代理注册，代理可以将系统的需求与它已注册的功能进行匹配，这样系统就能从一个基础设施迁移到另一个基础设施，提供服务或者寻找所需的服务。

（2）连接性　有许多通信协议支持无线连接，不同的技术有不同的电力需求和不同的开销。设计团队会提供多种通信协议，并在运行时使用可切换的协议，或者至少在运行时间内可配置。在本章的案例研究 #1 中，将举例说明如何从一个位置移动到另外一个位置时，随着无线干扰增加仍然保持有效连接的方式。

（3）能源　硬件运行需要能量。交通工程师们已经可以成功运用太阳能等可替代能源，比如将太阳能电池板安装在道路标志上方的偏僻地点，那里没有电线，也不是容易到达。其他可替代能源包括车辆经过大桥时振动所产生的能量，这些能量已经能够满足某些所需能源较少的固态器件的能量需求。

（4）可协调性　当单元移动时，它们必须在协同运行之前互相理解对方。协调机制为交换数据和分析验证身份的数据提供协议。设计智能交通系统包括识别和限制这些系统可移动的空间。

移动交通系统的结构必须具有适应性和可扩展性，正如本章案例#2 所示，信息物理系统应能够适应系统与其他设备接口之间由于电磁干扰而产生的环境。在案例 1 中，系统可以在蓝牙、无线通信和 Wi-Fi 信号之间以干扰最小化为依据进行切换。系统也必须适应架构中某些部分的缺失，比如，系统收集一些特定类型的数据并存储在系统内部，直到找到外部系统为止，如果没有及时找到代理，则可能只存储每个传感器采集的一部分信息。

2.5.2　敏捷开发

智能交通系统的技术正在迅速发展，但是交通系统是一个大型的不断发展的工程，与之相关的系统也很庞大并且发展较慢。为了充分利用新兴的技术，必须对体系结构进行修改，以允许更快的更新和部署。DevOps 是一种新兴的组织技术，它将开发和运营组织起来，以缩短从开发到部署的周期，其基本思想是确保部署需求与其他功能同等重要。

DevOps 方法将快速开发新功能的需求提高到与功能本身同等重要的水平，它提供了一个可以应用持续开发方法的环境。基于这种方法每一项功能都能持续完善。开发团队可以随时接受新的需求，路线图展示出版本的发展演进计划，不断提升系统的功能，满足用户的需求。

微服务架构是常用的一种专门架构形式，面向服务的体系架构会导致出现高度模块化的代码，以及越来越多的本地体系架构决策。一项服务就是一个功能包，而一个微服务代表了一个功能，微服务之间相互支持，共同实现其功能。任何服务都可以通过动态部署被一个新的服务替代。ARC-IT 是一种粗粒度的架构，给出了一个原始的结构划分，可以作为进一步细分的基础。

流行的 Docker 容器技术可以便捷的定义和应用微服务，容器提供了一种封闭环境，在容器中可以完整部署某项功能，避免影响其他微服务的正常运行。这些容器使用编排框架部署到运行环境中，编排框架控制多个物理设施和容器协调运行，容器需要在运行时启动，或者在运行出错时重新启动。

交通系统工程师参与系统架构开发过程，协助架构师识别操作过程中域的独立性。

通过理清这些依赖关系，可以将这些微服务分配到不同的应用中，并明确每项服务之间的接口。一个应用服务可以被另一个应用服务替代，而不会出现接口中断。新的技术只要可以封装进单个微服务中就可以得到应用。

这种体系结构的第二个好处是能够将微服务的实现分配给一个小团队，这减少了许多形式化的工作，并减少了人与人之间的交互，结果是一个形成更加动态的开发环境。

体系架构加速发展的一个限制因素是系统安全的要求。自动驾驶、飞行、交通管理等其他功能与人类生活紧密相关，以安全为关键要素的开发项目经常需要提出专门的安全要求，并开发一些安全案例，给出支持系统安全运行的逻辑论证。敏捷开发过程可以修改加入安全事件，安全案例可以随着系统的发展逐步增加。

▶ 2.6 新兴架构

2.6.1 物联网

物联网是一种新型的架构模型，如上所述，物联网包含应用程序和传感器等。这首先需要对环境有准确的理解，环境包括两个要素：环境状态、环境要素。也就是说，我们需要在特定时间知道特定属性的特定值，以完成特定的动作实现特定目标：如果温度小于 30℃，则执行 X 操作，我们需要时间来理解事件的准确性：如果最后 5 分钟的温度小于 30℃，则执行 X 操作。每个应用程序需要分析哪些规则可以有助于做出正确决策，分析哪些参数会导致系统动作，最终确定应用程序合适的域属性。

有趣的是，这种对域属性的需求意味着对域分析的依赖性增加。通过使用本体建模工具，可以建立起域的模型，还可以明确概念之间的关系。通过使用诸如"属于""例如"之类的标准关系，可以使用生成的域模型建立起结构良好的查询关系，解决特定领域的查询问题，这些查询结果将导致执行操作。

实际的体系架构可以被看作是一个网络，物体之间可以任意方式连接，也可以与彼此和环境以任意方式交流。体系架构可以使用其他体系结构模式，例如，云架构可以被用来提供一个基础环境，用于编译处理传感器采集的数据。

2.6.2 云计算架构

智能交通系统中大量的传感器会产生巨大量级的数据，任何智能交通系统的设计都必须考虑这些大量数据的采集、存储和分析处理，基于云的系统经常被用来解决这一问题。

云具备异地产生和存储数据的能力，这样做可以让利益相关者根据权限获取相关数据，不受地域的物理隔离限制。目前，云计算系统还会考虑数据分析和处理能力。云计算系统适用于大量实时数据的收集存储，数据分析既可以用于实时的运行决策，也可以用于长周期的计划制定和模式识别。

基于云计算的系统仍然是一个相对较新的概念，其模型也在不断发展演进。本文将采用 NIST 云计算参考架构作为讨论的基础，图 2.10 列出了美国 NIST 云计算参考架构的基本要素。

NIST 云计算参考架构定义了 5 个参与角色：云消费者、云服务供应商、云运营商、云审计人员和云代理商，其中云服务供应商、云运营商、云审计人员与交通系统工程师的关系不大，重点关注云消费者和云代理商。

1. 云消费者

图 2.11 为云基础设施，交通系统工程师与其他角色相互配合的关系如图 2.11 所示，其中交通系统工程师扮演云消费者角色。智能交通系统中的信息物理系统通过传感器会产生大量的数据，以交通传感器数据为例，既可以用于信号灯的实时决策，也可以用于交通模式的判断分析。

交通信息物理系统

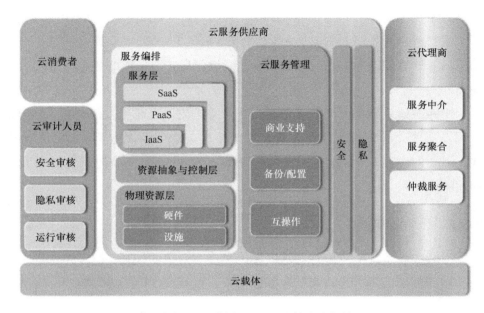

▶ 图 2.10 美国 NIST 云计算参考架构

注：F. Liu, J. Tong, J. Mao, R. Bohn, J. Messina, M. Badger, D. Leaf, 2011年9月, 转载自美国商务部国家标准与技术研究所。

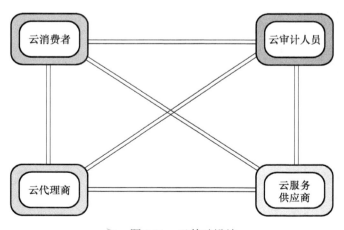

▶ 图 2.11 云基础设施

注：NIST Cloud Computing Reference Architecture. F. Liu, J. Tong, J. Mao, R. Bohn, J. Messina, M. Badger, D. Leaf, 2011年9月, 转载自美国商务部国家标准与技术研究所。

2. 云代理商

云代理商是云消费者（工程师）和云服务供应商之间的中介，云代理商从多个云服务提供商处识别和绑定一系列的服务，提供给用户并满足用户的工作需求。云代理商根据用户需求设置相应的服务水平协议（如允许时延或其他限制条件）。

一些简单系统的云消费者可能会直接和云服务提供商合作。当云消费者没有专业技术能力时，云代理商就变得非常重要，需要与云消费者和云服务提供商进行对接。具体采用什么组织结构需要根据系统的复杂和关键程度综合考虑。

新的服务需求会对系统提出新的要求，云基础设施也必须根据系统要求做出相应的调整和改进，云基础设施需要具备可伸缩和可修改能力。新的服务以及新服务所带来的新技术应当满足预期，并高度模块化，以便于快速更迭。

2.6.3 智慧城市架构

大城市都面临着自然资源消耗、人类健康、交通拥堵、废物管理等一系列问题，并且这些问题已经越来越严重，许多城市都在寻找一些更加聪明智慧的解决方案来解决这些问题。这些解决方案之间的共同点或基础就是信息物理系统，我们称这样的城市为智慧城市。智慧城市通过万物互联，提升居民的生活质量、降低生活成本，最终为整个城市的发展带来好处。

智慧城市软件系统的设计难度很大，系统架构必须以人为中心，并统筹考虑系统的多个方面，包括技术成熟度、人机系统交互、信息和网络安全等。业内学者开展了大量的智慧城市系统架构的研究，如参考文献[13-16]所示。

复杂系统的设计需要平衡各种要素，智慧城市系统的设计也面临着许多挑战，比如人的安全和隐私问题，是架构设计要解决的主要问题，信息网络安全架构是支持解决这一问题的有效途径，其他的挑战包括可伸缩性、移动性、互操作性、可靠性、可用性和性能等。例如，智能交通系统的目标是提升交通安全、缓解交通堵塞。但是，由于存在质量属性的差别，系统必须满足不同质量属性级别的要求才能有效地工作，这将很难实现。

中国智慧城市项目

亚洲、欧洲和北美的许多城市都在推广智慧城市架构项目。智慧城市系统架构严重依赖于分层的系统架构，这种分层架构的优点之一就是分散关注点，减少复杂程度，并且通过模块化可以使多个不同应用程序之间共享和重用资源。图2.12展示了一个四层的系统架构，应用于中国某一智慧城市项目，本文以此架构为例进行介绍，因为它的分层是一种最基本的层次划分方式，以下分别对每个层次进行介绍。

（1）感知层　这一层负责识别目标，并通过各种传感器采集数据，这一层的核心是IoT，通过物联网组件，不同部件之间可以进行交互。这一层需要提供先进的基础设施以收集数据，保证数据具有足够的准确性。交通系统工程师对数据来源和数据类型进行分类，并参与选择合适的传感器类型。

（2）传输层　这一层负责交换信息和传输数据，无线是接入的方式之一，而网络是传输的方式之一，交通系统工程师识别潜在的干扰源并开展设计以避免干扰。

（3）处理层　这一层对信息进行处理和控制，为应用层提供服务和其他功能，这一层包括商业支持、网络管理、信息处理、安全等功能，交通系统工程师参与对产能利用率的评估。

（4）应用层　这是非常重要的一层，因为这一层面向用户，而用户的计算机使用水平参差不齐，应用层的性能会影响用户的服务体验。应用层对经济和社会发展都有很大的影响，其关键挑战是信息资源的广泛共享和信息安全，交通系统工程师可以通过获取/指定专门的应用程序，实现特定的目标，比如减少等待时间。

系统体系架构指导具体系统的开发建设，将智慧城市各类应用进行集成，最终构建一个高效有用的环境来解决大城市发展面临的问题。架构师开展智慧城市架构设计时，可以基于分层结构，选择某些层次复用，也可以在某一层引入新的技术，而对其他层次不会产生不必要的影响和变动。智慧城市建设正在利用信息物理系统技术、大数据技术等,实现现代生活所需的自动化和便利化。

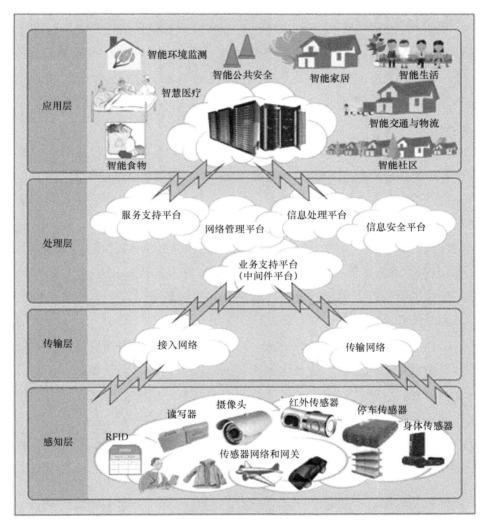

▶ 图 2.12 中国智慧城市架构

注:[15]. 经 IEEE 许可转载. https://www.researchgate.net/publication/270767244_China%_27s_Smart_City_Pilots_A_Progress_Report.

2.7 案例研究

案例 1：在本节中，我们将对已发布的信息物理系统相关观点进行详细总结和讨论。这个系统是应一位不愿透露姓名的工业客户的要求而开发的。系统投用后，发现还可以满足多种其他类型的需求。这是一个相对简单的信息物理系统示例，在下一个案例中，我们将探讨一个相对复杂的系统，涉及机动性等问题。

最初，目标工厂的生产线是马蹄形的，生产机器布置在马蹄形周围的不同位置。生产线运行时，工人在机器旁边按照一定的操作程序完成相应的任务，当生产件传递到下一台机器时，另一个技术人员在这台机器上开始执行新的操作。通过对技术人员和机器部件等进行测量、收集数据，进而掌握整个生产线的运行情况。整个生产系统可以通过加速度计、陀螺仪、磁强度计、环境传感器和光强传感器等测量，技术人员身上的传感器可以测量多类数据，并通过无线的方式发送到中心服务器。传感器可以监测消息传递失败信息，并且测量信号强度。

架构师需要解决一些基本需求，而这些需求是可能存在变化的。特别是需要支持多个通信协议，这是因为不同的机器安装在不同的车间，存在不同程度的干扰，这就需要给每台机器配置一套协议，让应用程序可以在不同协议之间进行切换。由于响应时间的要求，通信协议间的特定组合就存在一定难度。这一系列的需求在系统设计时就会由于技术的限制而暴露出来。AADL 提供的工具包 ALISA 可以识别系统需求，并获取系统需求的所有细节，并且将这些需求反映到系统架构中。

生产线足够大，以至于生产线上的点位距离机器足够近，并且与其他点位足够远，以至于不会存在相互干扰。干扰只存在于通信协议之间，要使系统高效运行，就需要生产线上每个点位之间的通信顺畅。

该体系结构说明信息物理系统既不是复合式的，也不是反馈控制的。通过一系列的传感器收集数据，并将这些数据发送到后台，对执行器来说，唯一的反馈就是采用哪种通信协议。生产线上的工人依据他们的判断来控制生产过程。控制器是用两线程设计的简单过程，低优先级线程处理环境和光强度传感器，高优先级线程处理运动传感器，例如陀螺仪和加速计等。

影响架构定义的主要因素包括隐式交互和信号干扰。最初系统设计时计划采用 Wi-Fi 信号，但是在分析了无线电干扰和多种现场部署方式的可能性之后，最终决定选择无线通信的方式，这是架构的一大变化。可变的架构设计使得蓝牙和 ZigBee 等也可以作为备选通信方式，因此系统就变得动态可适应。传感器读取信号传输失败次数和信号强度，将结果传输到控制器上，确定是否需要转换通信协议。当一个系统成功部署时，其他备选方案也会同步进行测试并准备进行部署。

案例 2：在这一案例中，重点介绍智慧城市中的信息物理移动系统（CPMS），CPMS 非常具有挑战性，因为它需要在移动设备资源受限的条件下运行，并且智慧城市对该系统有一系列严格的条件要求。RESCUER 项目开展了一些 CPMS 软件架构的研究。

RESCUER 项目的全称是 "reliable and smart crowdsourcing solution for emergency and crisis management"（紧急和危机事件管理中可靠和智慧众包解决方案），这是一个高效的紧急和危机事件管理系统，该系统旨在确保群众在大型事件/活动中的人身安全，比如 FIFA 世界杯等。

RESCUER 通过移动技术获取公众提供的有关危机场景的信息，利用众包的方式，收集事件中公众提供的准确和实时数据，从而帮助利益相关者进行决策。该系统通过一个手机应用程序实现，从众包分享的图片、视频和消息中进行多媒体数据分析，辅助管理部门应对处理突发的危机事件。

弗劳恩霍夫试验软件工程研究所（Fraunhofer Institute for Experimental Software Engineering）的欧洲协调员卡丽娜·维拉（Karina Villela）博士针对试验性软件工程这样描述："我们希望提出一种解决方案，能够快速有效地将信息传输到正确的地方。为此，我们将关注全球市场的技术发展趋势，如智能和无线平台的建立、更大的数据源和自动化数据分析等。"

（1）设计　本研究主要包含了三个领域：软件架构、智慧城市应用的质量特性和移动应用的挑战。由于 RESCUER 用到了软件工程、决策支持和数据分析系统的相关技术，因此有可能收集和分析大量软件工程过程的相关信息。

（2）数据收集　为了避免单一来源数据的影响，可以采集多源数据，它由 6 个半结构化的内部视图组成，这些视图代表了项目中扮演不同角色的利益相关者，管理背景问卷，并对软件开发过程所有阶段的数据进行归档。

（3）数据分析　所有的过程都被记录和抄写。所有可用的文档都要进行总结分析，将与主题相关的内容进行突出显示，然后将两个数据源（文本和文档注释）的内容按照主题进行结构化，对相关信息进行收集和交叉检查。

（4）调查结果　对 RESCUER 体系结构进行分析，并对检查结果进行分析，从而对整个系统、应用程序和服务器等进行评估，这些结果主要包括以下几个方面：

2.7.1　软件架构

首先，RESCUER 采用了自适应的分层架构，以模块化的方式进行设计，表 2.1 列出了架构每一层的基本组成。采用分层架构设计的好处是架构中某一层次内容的变化不会影响其他层次。为了提高组件的性能和组件之间的通信能力，系统架构在设计时增加了一个层次——集成层，集成层的目的是便于集成不同的组件。

表 2.1　移动应用各层功能

层	功能
数据传输	在救援人员移动解决方案和救援人员后端之间传输数据
数据分析	独立分析移动应用收集的各种数据，并进行综合分析
管理	管理人群和员工，有助于根据当前情况制定一套行动计划
可视化	显示经分析的数据、静态应急计划和指挥控制中心决定的行动状态
自组网	在没有互联网接入的情况下提供一个可选的通信通道
数据集成	整合 RESCUER 内部的组件，以及遗留的操作资源

其次，为了确保组件之间更有效地通信，架构师引入了另外一个架构模

式——消息代理，它还可以用于消息验证、转化和路由选择等，这种模式就是将从一个组件发送的消息进行转换或处理，并提供给其他组件，保证其他组件使用。

第三，本案例还对其他的一些架构风格进行分析。

1）客户-服务——在用户层，用户通过移动解决方案（MS）向系统报告事件，并从后台得到反馈。在服务器层，MS 采集数据，经数据分析设备综合分析后，最终为紧急事件提供良好的可视化效果。该层还提供了与外部系统、社交网络等进行通信的集成机制。

2）发布-订阅——应用这种模式，组件能够通过异步消息进行通信，从而实现更好的集成。

3）P2P——在网络连接信号微弱或者断开时，可以采用 P2P 的模式，各个组件必须进行调整以适应 P2P 网络。

2.7.2 智慧城市应用质量属性

系统在设计时充分考虑了智慧城市大部分质量属性，表 2.2 按照重要程度列出了 RESCUER 项目中的 15 个质量属性，项目实现了其中的一些质量属性目标，但也有一些目标未能实现而并没有进行强调。这些结果见表 2.2。

表 2.2 质量属性意义

质量属性	状态
移动性、可扩展性、可靠性、可用性、可维护性、性能、健壮性	成功地指定、设计、实现和测试
可用性、可移植性、可重用性、适应性、互操作性	已经被指定和设计，但是既没有实现也没有测试
可持续性、隐私安全	已经被指定，但是既没有设计也没有实现

质量属性应以不同的方式进行强调和体现，保证在项目开发的不同阶段具有不同的质量属性要求。例如，某些属性全部得到实现，而有些属性只在规范或设计阶段进行了考虑，但最终并未实现。

2.7.3 移动应用面临的挑战

系统开发过程中面临的最大挑战是众包应用程序的实时信息收集。例如，应用程序运行时，需要频繁地使用全球定位系统发送位置信息，众包追踪工具根据热力地图显示人员的位置信息，这个过程会导致电池消耗过快。

项目同时还存在一些可靠性问题，因为向众包系统提供信息的人是未知的，所以系统必须解决确认信息缺失和数据质量问题。为了解决这些问题，开发团队需要采取措施保证系统的可靠性，相关的方法，例如识别假全球定位系统定位的算法、重复报告的分析程序以及在应用程序中创建不同的配置文件。

由于该项目采用人工输入和多种类型的数据（图像、视频、文本）来收集实时信息，应用程序（App）的可用性成了一个关键要素。为了降低这种风险，2014年世界杯期间进行了多次可用性测试，这样做是为了获取用户和工作人员（警察、消防员）的使用反馈。

除了众包，还有一些与移动应用开发相关的技术挑战，如缺乏调试工具、多平台测试支持、软件开发支持工具、计算能力和网络覆盖。

2.8 结论

交通运输系统的动态性越来越强，系统运行过程中需要做出更多的决策。系统需要一个能够支持传统系统运行的架构，使得系统可以根据不同的传感模式动态运行。本文介绍了架构的不同方面内容，也讨论了智能交通系统设计时需要考虑的方面。

未来智能交通系统架构的发展具有如下趋势：最重要的趋势是系统架构中组件数量大大减少，微服务组件的应用使得系统更加模块化，可以用一个行为替代另一个行为，其代价是需要进行更多的实例化，配置和部署更多的组件；另一个趋势是架构的分层设计，分层的架构可以将不同概念根据其具体表达进行分组，这意味着分层的概念在产品开发过程中也可以应用，相邻层组件之间的关系可以从抽象演变到非常具体。

本文旨在为交通工程师提供在参与智能交通系统开发时需要考虑的一些问题，也描述了确保系统成功开发至关重要的质量属性，以及获取正确属性值所需的架构。交通工程师可以结合他们的交通运输知识和本章的信息，为系统开发过程做出有价值的贡献。

练 习

1. 选择一种可以获取某种类型体系结构描述的交通运输产品（如果找不到您想要使用的，可尝试使用美国交通部的参考架构的部分内容）。使用文档来推断哪些是适当的质量属性（选择不超过三个或四个属性）。简要描述体系结构中旨在增强这些属性值的结构。
2. 使用您在练习 1 中选择的架构，对系统的一些信息流进行描述，某些信息流应该是正常的（正确运行），而某些信息流是错误的（由于硬件故障或错误输入引起的信息流）。
3. 找到一个使用云架构的系统示例，检查有关安全性和鲁棒性的声明，确定上述云架构的哪些功能有助于提高安全性和鲁棒性。
4. 在练习 2 描述的错误信息流中选择一个，确定错误将在系统中何处发生，并描述错误信息流流过的系统单元，以及错误在何处处理。

参 考 文 献

[1] National Science Foundation — NSF, Cyber-Physical Systems. (online) Available at: https://www.nsf.gov/funding/pgm_summ.jsp?pims_id=503286. (Assessed on 14/04/2018).

[2] P.H. Feiler, D.P. Gluch, Model-Based Engineering with AADL: An Introduction to the SAE Architecture Analysis & Design Language, first ed., Addison-Wesley Professional, 2012.

[3] ISO/IEC, ISO/IEC 25010-Systems and Software Engineering — Systems and Software Quality Requirements and Evaluation (SQuaRE) — System and Software Quality Models, Technical Report, 2010.

[4] Cyber Physical Systems Public Working Group, Framework for Cyber-Physical Systems Release 1.0, 2016 (online) Available at: https://s3.amazonaws.com/nist-sgcps/cpspwg/files/pwgglobal/CPS_PWG_Framework_for_Cyber_Physical_Systems_Release_1_0Final.pdf. (Accessed on 14/04/2018).

[5] Intelligent Transportation Systems — Communications, Connected Vehicle Reference Implementation Architecture. (online) Available at: https://www.its.dot.gov/factsheets/cvria.htm. (Accessed on 14/04/2018).

[6] United States Department of Transportation, Architecture Reference for Cooperative and Intelligent Transportation, 2017 (online) Available at: http://local.iteris.com/arc-it/.

(Accessed on 14/04/2018).
[7] Autosar, AUTOSAR Enabling Innovation, 2017 (online) Available at: https://www.autosar.org/index.php. (Accessed on 14/04/2018).
[8] MIL-STD-882D, Department of Defense Standard Practice for System Safety, 2000.
[9] J. Cleland-Huang, Safety stories in agile development, IEEE Software 34 (4) (2017) 16−19.
[10] D. Karzel, H. Marginean, T. Tran, A Reference Architecture for the Internet of Things, 2016 (online) InfoQ. Available at: https://www.infoq.com/articles/internet-of-things-reference-architecture. (Accessed on 14/04/2018).
[11] D. Karzel, H. Marginean, T. Tran, A Reference Architecture for the Internet of Things (Part 2), 2016 (online) InfoQ. Available at: https://www.infoq.com/articles/internet-of-things-reference-architecture-2?utm_source=infoq&utm_campaign=user_page&utm_medium=link. (Accessed on 14/04/2018).
[12] F. Liu, J. Tong, J. Mao, R. Bohn, J. Messina, M. Badger, D. Leaf, NIST Cloud Computing Reference Architecture, National Institute of Standards and Technology, 2011. Special Publication - 500−292.
[13] N. Zakaria, A.J. Shamsi, Smart city architecture: vision and challenges, International Journal of Advanced Computer Science and Applications 6 (11) (2015).
[14] M. Al-Hader, A. Rodzi, A. Sharif, N. Ahmad, Smart city components architecture, in: 2009 International Conference on Computational Intelligence, Modelling and Simulation, 2009.
[15] P. Liu, Z. Peng, China's smart city pilots: a progress report, Computer 47 (10) (2014) 72−81.
[16] R. Khatoun, S. Zeadally, Smart cities: concepts, architectures, research opportunities, Communications of the ACM 59 (8) (2016) 46−57.
[17] E. McGee, M. Krugh, J. McGregor, L. Mears, Designing for reuse in an industrial internet of things monitoring application, in: Proceedings of the 2nd Workshop on Social, Human, and Economic Aspects of Software − WASHES'17, 2017.
[18] RESCUER., RESCUER PROJECT, 2015 (online) Available at: http://www.rescuer-project.org/. (Accessed on 14/04/2018).

第 3 章
交通信息物理系统协同建模和仿真

John Fitzgerald [1], Carl Gamble [1], Martin Mansfield [1], Julien Ouy [2], Roberto Palacin [1], Ken Pierce [1], Peter G. Larsen [3]

1　英国泰恩河畔纽卡斯尔，纽卡斯尔大学
2　法国普罗旺斯艾克斯，CLEARSY 公司
3　丹麦奥尔胡斯，奥尔胡斯大学

3.1　简介

可持续交通，尤其是在日益城市化的环境中，依赖于移动作为一种灵活的服务，能够响应环境的变化以及用户的行为和需求。要实现这种响应能力，未来的交通系统需要"智能"，依靠数字技术从物理系统获取、传输和分析数据。然而，也有必要对这些数据采取行动，因此，运输系统需要建立在允许利益攸关方分析干预措施后果的模型之上，即使这些干预措施跨越了数字

和物理领域以及多种运输模式。因此，可持续交通的系统工程本质上是信息物理的。

在交通运输环境中工作的系统工程师面临着许多挑战，同时还要满足复杂的多所有者环境的需求。交通项目的信息物理特性意味着，我们必须处理网络分布式过程，并将各种设计模型和分析技术集成起来，这些设计模型和分析技术由许多学科使用，这些学科（有意或无意地）通过协作以提供移动性。在本章中，我们研究了在集成这些不同的模型方面所取得的进展，目标是提供能够对运输系统特性进行全面分析的集成工具。

我们首先多学科的举例说明交通信息物理系统工程的概念（3.2），通过检查技术方法遵循这个语义不同模型的集成网络（数字）和物理元素的系统（3.3）。我们提出了一种多学科协同建模和协同仿真的方法，该方法已在工具链中实现（3.4），并通过描述工业的一个案例来说明该方法的潜力（3.5）。展望未来，希望该领域能有更多的研究和创新机会（3.6）。

3.2 交通信息物理系统工程

交通系统被描述为社会的血液系统[1]。与能源一样，交通是我们经济和生活方式的关键驱动力。人们越来越强调采取更可持续和更清洁的交通解决方案，使我们能够继续走在增长和繁荣的道路上。这在人口和经济活动所占比例最高的大都市尤其重要[2]。

交通正通过数字化而改变。智能系统正在向以用户为中心的移动性转变，这种移动性集成了连接不充分的基于模式的系统，同时允许对网络和资源进行系统优化。老龄化社会、能源使用、碳足迹、网络弹性和社会经济方面，都是通过数字化重新构想的关键交通挑战。Mulley[3]认为，技术的一个重大变化是倡导了一个新的运输范式，但是技术本身并不是变化的推动者，而是它在促成范式变化方面所扮演的角色。当讨论一个例子时，她继续引用了参考文献[4]，即数字化、自动化和新的商业模式正在给行业带来革命性的变化，并将永远影响汽车的使用方式。

3.2.1 移动性新概念

交通研究界对新技术和数字化带来的前景感到兴奋，它们有可能深刻改变我们对 21 世纪交通的理解。特别是，关于移动即服务（MaaS）的讨论在利益相关者、有远见者和学者中非常激烈。针对 MaaS，已经有许多不同程度的定义，Mulley[3]简单地描述了 MaaS：

一种技术支持的移动管理服务，其中集成了客户界面和业务后台办公室[...]。MaaS 主要通过提供（通常）一些随方式、时间和费用而异的选择来解决旅行者的起点和目的地要求。

最近的一份报告将 MaaS 描述为一个"基于交通系统集成、物联网和共享经济原则"的概念[5]。这两个定义都是有效的。在基本级别上，未来的传输似乎正在转向基于访问而不是所有权的模型，服务提供位于核心，用于提供服务的模式无关紧要。换句话说，随着私人交通和公共交通的融合，人们预计交通将在模式上变得不可知。在这种融合下，数字化将使人们能够想象无需拥有汽车就能提供灵活的门到门服务。

3.2.2 信息物理系统与交通

正如参考文献[6]所述，系统思维对于实现数据驱动和数字支持的技术和方法在未来的人员和货物运输中可能产生的技术、社会、经济和城市影响是至关重要的。对于这种新知识来说，重要的是通过协同设计和优化，利用数字化所提供的大量机会，实现连接和协调系统的总体系统。

信息物理系统（CPS）使用开放的网络技术，例如具有包括其他系统在内的特征的网络：控制物理实体的协同计算单元系统、虚拟模型和物理模型之间的联系、系统之系统（SoS）和自主行为能力，例如，自控制/自优化[7]。这些特征与当前围绕交通革命的讨论产生了共鸣。自动驾驶汽车的出现推动了交通模型、网络规划乃至道路交通的城市形态的转变。

上述情况适用于所有四种运输模式。在这些模式下，下一代航空、道路、铁路和海上运输系统正寻求将新技术和数字化的潜力最大化。例如，空中交通管制可以从目前固定的走廊方式转变为更灵活多变的模式，以容纳更大的容量。这一能力方面也将发挥基础性作用，已经成熟的铁路交通管理系统在固定区段的交通和安全方法让位给一个更动态使用智能列车的模型，实现可以彼此"交谈"，减少彼此之间的距离，同时保障系统安全这一关键问题。在道路上，车辆对基础设施和车辆对车辆（V2V）等解决方案是该领域创新方向的关键例子。

这些系统将网络方面，如无线通信和计算机控制与物理方面结合起来，例如与物理环境实时交互，包括传感和驱动，从而形成信息物理系统[8]。

3.2.3 跨学科的交通信息物理系统

交通系统是复杂的社会技术系统。为了抓住新技术为数字时代交通系统转型提供的机遇，协作至关重要。Schwanen[9]将社会技术体系描述为：

一组基于规则-认知的例程、共同的信仰、社会规范和公约、法规、行业标准、协议、合同、法律等。因此履行社会功能（如日常流动性），从而使得实践技术、基础设施、市场、文化价值观、用户行为、运行维护、监管和标准信息重组社会技术系统。

解决这些物理（如基础设施、维护设施）和信息（如交通控制系统等技术）方面及其交互关系需要一个多学科的协作方法，这在设计和应用复杂的信息物理系统工程概念时极为重要。因此，需要方法、工具和指导原则来支持可应用于运输领域的信息物理系统间的协作和多学科开发。这些方法应该能够很好地支持各种设计模型的集成，提供一系列静态和动态分析，以确定信息物理设计决策的系统级结果，并能够集成到在实践中部署的工具链中。

▶ 3.3 基于模型的信息物理系统工程背景

信息物理系统工程是一个非常活跃的研究和开发领域。广泛开展的Road2 CPS道路测绘工作[10]体现了交通部门变革的强大驱动力，包括人工智能技术的兴起、计算能力和网络能力的提高。不过，报告也认识到有需要协调业界不同的系统和学科，特别是网络和应用系统，使整个运输系统能有效率地运转。它强调"为异构建模技术提供优化的工具支持，包括模型管理和可跟踪性支持，以及在适当的关系中考虑不同粒度和抽象级别模型的能力"。

虽然在交通工程学科中有一些成熟的方法，如基于模型的设计，但它们经常使用不同的形式化、抽象化和术语化。机械和控制工程师通常用微分方程描述的连续时间（CT）来建模。这些方法产生高保真度的物理仿真，非常适合于机械和低层控制器的设计，但是很难分析监督控制器的行为，如模式变化、错误检测和响应或网络消息传递。相反，软件工程师使用离散事件（DE）形式化来建模和分析监督控制，但往往缺乏针对实际的、实时的测试数据进行测试的能力。由于需要使用语义上不同的表示法来处理公共信息，而支持共性分析的表示法还没有开发出来[11]，因此集成不同的方法非常具有挑战性。当前基于模型的设计工具倾向于关注单一的形式化[12-13]，阻碍了来自多源的异构模型的集成。信息物理系统的设计显然需要将这些方法结合在一起，以解决其固有的异质性（CyPhERS，2014），并且有一个确定的"需要促进跨领域和学科的模型和仿真的集成"。解决集成问题的方法包括基于混合自动机[14]和组合建模技术（如 Dymola[15]）的方法。还使用了常见的交换格式，包括离散事件系统规范[16]、Modelica[17]。一些平台上还演示了自动模型转换。

协同建模（co-modeling）是一种很有前途的方法，它将不同的模型连接在一起，形成一个可以通过协同仿真进行分析的协同模型[18-19]。这允许单个工程规程使用在其领域内标准化的表达方式，前提是它们能够生成符合仿真框架接口约束的模拟器。Gomes 等人[20]对联合仿真框架的基础进行了全面的调查。之前的工作表明，在参考文献[21]的范围内，CT 模型和 DE 模型之间的协同建模和协同仿真是可行的。尽管实际使用中被证明在商业机电一体化和嵌入式系统设计，与其他联合仿真的实例（戈麦斯）类似，这项工作几乎完全集中在单一连续时间下的二进制联合仿真模型；与分布式信息物理系统的差距还很大。

从这项工作中，我们确定了成功的协同建模方法和工具所需要的三个特性。首先，应在良好的基础上集成语义不同的工具，以便将静态模型检查（MC）和动态协同仿真的全方位分析技术应用于系统的整体分析。其次，这些工具应该形成一个涵盖一系列设计活动的完整链条，而不是局限于抽象的设计。第三，新兴的协同建模和协同仿真方法和工具应该开放给以新的形式化语言描述的模型。第 4.8 节中描述的信息物理系统集成工具链（INTO-CPS）旨在解决这三个特性。

3.4 面向信息物理系统工程的集成工具链

本节中将介绍信息物理系统工程的协作建模和联合仿真方法的基本概念。第 3.4.1 节简要介绍一些核心概念和术语，而第 3.4.2 节则介绍一个旨在实现上述愿景的工具链。第 3.4.3 节描述了集成在工具链中的两种基线建模技术。

3.4.1 协同建模基础

系统是"为实现一个或多个指定目的而组织起来相互作用的元素的组合"。信息物理系统将物理世界和虚拟世界紧密地结合在一起，它们是由网络嵌入式系统建立的，这些系统从物理世界获取数据，并通过接收来自虚拟空间[10]的指令与之交互。

1. 模型

我们支持基于模型的信息物理系统设计。模型是对系统的（可能是部分的和抽象的）描述，仅限于与构建模型相关的组件和属性。在信息物理系统模型中，我们使用信息、物理和网络元素对系统进行建模。这些元素可以用不同的语言建模，具有不同的表示法、概念、抽象级别和语义，这些并不一定容易相互映射。

在本章中，我们认为使用 CT 模型和 DE 模型来表示物理和信息元素是合适的。CT 模型具有可连续变化的状态，可用显式连续函数或隐式微分方程解来描述。DE 模型的状态只能在离散间隔[22]时改变。我们将描述信息物理系统元素的 DE 模型和 CT 模型集合称为联合模型。联合模型的仿真称为联合仿真。设计参数是模型的一个属性，可以用来影响模型的行为，但在给定的仿真过程中保持不变。变量是模型的特征，在给定的仿真过程中可能发生变化。创建模型的活动可以称为建模[21]。

2. 系统架构

系统架构定义了系统的主要元素，确定了元素之间的关系和交互，并考虑了流程[23]。在信息物理系统架构中，元素可以是信息的，也可以是物理的，分别对应于一些功能逻辑或物理世界的实体。在我们的工作中，我们使用 SysML 语言[24]来给出信息物理系统设计的结构化描述。我们在 SysML[25]中定义了一个概要文件，以支持信息物理系统设计系统架构规范。建议将目标系统分解为子系统，每一个都是信息和物理组件的组装（可能还有其他子系统），每一种都可能使用适用于子系统域的某个范围内的 CT 或 DE 作为形式化描述。

在系统架构中，接口可以描述数字交互和物理交互：数字接口包含组件所提供的和所需要的操作与属性的描述。物理接口描述组件之间的物质流动（例如，流体和电力）。

3. 分析技术

在原理上，协同模型的构建可以实现广泛的动态和静态分析。下面我们将描述几个重要的例子。协同仿真是模型同时协作和执行。模型可以是连续时间模型、离散事件模型或组合模型，可以作为仿真单元执行。协同仿真编排引擎（COE）是一个主算法的实现，该算法管理每个组成仿真中的数据交换和时间进程，以便共同提供对信息物理系统的一致的整体仿真。协同仿真编排引擎还可以允许真实的软件和物理元素与模型一起参与联合仿真，从而支持硬件在环（HiL）和软件在环（SiL）仿真。

设计空间探索（Design Space Exploration，DSE）是一个建立和评估模型的过程，目的是从备选的[21]空间中选择一个满足目标的设计。设计方案可以使用一系列参数值或不同的协同模型来定义。目标通常是整体属性，如成本或性能，通常受信息和物理因素的影响。给定一组具有相应客观结果的备选方案，可以应用排序来确定"最佳"设计备选方案。测试自动化（TA）

是系统测试的机器辅助自动化。在协同建模设置中，我们能够根据系统的需求重点测试系统模型。在我们的工作中，我们考虑了硬件在环、软件在环和模型在环（MiL）自动化测试。在硬件在环中，目标硬件参与协同仿真；在软件在环中，被测软件是一个仿真单元；在模型在环中，测试执行的测试对象是一个（设计）模型。

静态模型检查详尽地检查系统模型是否符合其规范[26]，该规范通常用时间逻辑表示，例如参考文献[27]。相比之下，静态模型检查系统的整个状态空间，因此能够根据模型的规范为模型提供准确性证明。如果违反了规范，它将提供反例跟踪，显示系统如何会进入非期望状态。当然，这种彻底检查的代价是潜在地覆盖系统的整个状态空间的计算复杂性大幅提升。

3.4.2 建立用于协同建模的工具链

上文指出，协作建模和联合仿真经验使我们认识到需要一个有良好基础和可扩展的工具链，而不是将重点放在支持小范围形式化的特定联合仿真。目前的工作已经引导我们去开发这样一个工具链。在本节中，我们将描述它的主要组成。

INTO-CPS 建立在一系列基线工具的基础上，这些工具包括使用 Modelio 工具在 SysML 中进行需求分析和模型开发，使用 Overture 工具在 VDM-RT 中进行离散事件建模，使用 20-sim 和 OpenModelica 进行连续时间建模，以及 RT-Tester 提供的对 TA 的支持。图 3.1 为信息物理系统（INTO-CPS）集成工具链功能模型单元示意图。其核心是一个协同仿真编排引擎，它协调多个仿真单元，每个仿真单元都符合开放功能模拟接口（FMI）标准。这允许将任意数量的模型打包为功能仿真单元（FMU），并组合成一个用于联合仿真的联合模型。INTO-CPS 协同仿真编排引擎实现了一个标准的固定时间步长主算法和一个可变时间步长算法，从而加快协同仿真的速度，提高 DE 模型功能仿真单元结果的保真度。超过 30 个工具可以生成功能仿真单元，超过 100 个工具具有部分或即将支持（参见 http://fmi-standd.org/tools/）。所有的 INTO-CPS 基准工具都生成符合功能模拟接口的仿真单元。

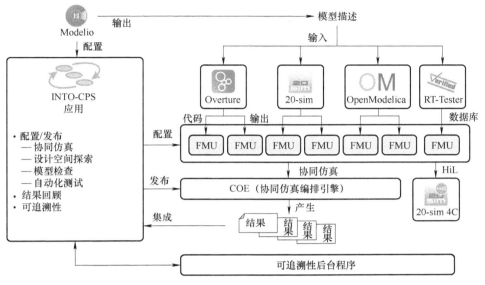

> 图 3.1 信息物理系统（INTO-CPS）集成工具链功能模型单元

信息物理系统需求和体系结构可以使用 SysML 来表示，使用前面提到的概要文件。从概要文件中定义的每个元素，我们使用所选的符号和工具开发了一个组成模型。所得到的功能仿真单元可以进行一系列的分析，包括如上所述的联合仿真、设计空间探索、静态模型检查和 TA，以及代码生成。INTO-CPS 应用程序（App）是工具链的前端。它允许指定协同仿真配置和协同仿真执行本身，并提供对没有特定用户界面（如设计空间探索和静态模型检查）的工具链的访问。

该工具和用户手册配套一组方法指南[28]、教程和示例[29]。INTO-CPS 已应用于农业、汽车、建筑和运输领域的一系列工业案例研究。大约 80 家公司跟进了 INTO-CPS 项目，INTO-CPS 协会（2017 年 11 月成立）接替了该项目，继续进行开发和支持工作。由于 FMI 提供了从组成模型派生的异构仿真单元的协同仿真方法，因此它为验证提供了良好的基础，但它本身并没有正式提供验证信息物理系统整体特性的能力。INTO-CPS 采用的方法是将组成模型的不同语义之间的链接进行编码。这是使用 Hoare 和 He Jifeng 的统一编程理论（UTP）[30-31]完成的。通过使用强大的自动化证明辅助工具

Isabelle 为 UTP[32]实例化信息物理系统，这为实际的信息物理系统验证带来了可能。目前正在进行的工作是将其集成到 INTO-CPS 工具链[33]中。

多学科协同建模和协同仿真自然会产生许多人工设计，包括协同模型、协同仿真输入和输出、需求、代码等。这样的大型设计集预计将演变为智能系统，并通过逐步集成现有元素和随着元素的变化而逐步开发。它们之间的相互关系对于验证许可和第三方保障至关重要。我们使用了 W3C（PROV）模型的特性来记录流程中活动、实体和代理之间的时间关系，并且可回溯性是由基于生命周期协作开放服务（Open Services for Lifecycle Collaboration，OSLC）标准提供。在 INTO-CPS 中，工具链重点为支持可回溯性提供保障；所有的基线工具都扩展支持 OSLC[34]，共同为支持验证提供了影响分析和可回溯性的能力，例如，安全属性。

3.4.3 建模技术

本节简要介绍 INTO-CPS 中使用的两种建模技术，并在下一节中给出示例：用于连续时间建模的 OpenModelica 和使用 VDM-RT 进行离散事件建模的 Overture。

1. OpenModelica

Modelica 是一种面向对象的基于方程的语言，用于描述物理系统，包括机械、电气和液压现象[35]。OpenModelica 是一个开源环境，支持使用 Modelica 语言编写的模型。它还通过具有输入和输出端口的块支持图形化编程，然后将这些端口连接起来形成组件或系统的模型。OpenModelica 提供 Modelica 模型的静态检查，包括语法和类型检查，以及通过断点进行的动态调试。它能生成用于联合仿真的功能仿真单元或者为自定义仿真环境输出 C/C++代码。OpenModelica 有一个很大的组件库，由开源社区维护，并得到 Modelica 协会的支持。

OpenModelica 中的连续时间模型描述了变量随时间的变化。图 3.2 为 OpenModelica 弹力球模型，该模型描述了一个球从初始高度下落，在重力作用下加速并在表面反弹。左边的方程和右边的框图是等价的模型，

OpenModelica 将其编译成一个通用的形式,用于仿真和功能仿真单元导出。Modelica 模型包含四个关键元素:变量、方程、参数和事件。变量是在模拟过程中发生变化的值。在弹跳球的例子中,这些是球的高度 h 和它的速度 v,方程描述了这些变量在模拟过程中是如何变化的。图 3.2 中的方程表示球的高度(位置)的导数是它的速度,速度的导数是重力加速度,给出的参数 g。参数是在仿真中确定的属性,但可以在仿真过程中调整以改变模型的特征。仿真开始时会评估初始方程用以初始化变量。

```
model BouncingBall
  parameter g = 9.81;
  Real h; Real v;
initial equation
  v = 0;
  h = 2.0;
equation
  der(h) = v;
  der(v) = -g;
  when h <= 0 and v < 0 then
    reinit(v, -0.8*pre(v));
  end when;
end BouncingBall;
```

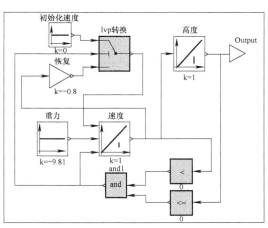

➤ 图 3.2 OpenModelica 弹力球模型

最后,事件允许对变量进行不连续的更新,这些更新可以发生在特定的时间(时间事件)或响应特定的状态(状态事件)。状态事件是通过检测函数值何时超过零(从正变为负或反之亦然)来建模的。在弹跳球的示例中,发生在高度和速度超过零的时候,正如方程模型中的 when 子句所述。在弹跳球的情况下,用逆速度和一个简单的阻尼因子重新初始化连续变量。

2. VDM-RT 和 Overture

VDM-RT 是维也纳开发法(Vienna Development Method)的实时语言,是一种非常稳定的 DE 建模的标准方法。VDM 模型根据系统和组件的状态以及该状态如何响应输入(例如在联合仿真期间来自其他模型的测试数据或值)进行描述。Overture 是一个用于编写和分析 VDM 模型的开源工具。它提供语法和类型检查、组合测试等分析技术,以及 VDM 的可执行子集的仿真。Overture 还可以生成用于联合仿真的功能仿真单元和用于在实际系统上部署的代码。

VDM-RT 是一种面向对象的语言,其中行为被划分为对象,用于封装功能并为复杂模型创建可管理的层次结构。对象由类定义。图 3.3 为 VDM-RT 控制器的简单类定义。控制器应该计算一个输出,使测量值达到给定的设定值,使用基于两者之间误差的比例控制响应。该控制器具有由四个实例变量定义的内部状态:①测量的,即从传感器读取的;②设定点,即目标值;③误差;④输出,即传递给执行器的。控制行为在 step 操作中获取,可以计算错误并设置输出。VDM-RT 的所有操作都需要(模拟)时间,Overture 模拟器跟踪这些时间。每个表达式都有一个默认时间,可用来估计执行时间。通过在目标系统上对代码进行性能分析重写这部分代码。在该控制器中,步进操作的时间为 20ns。辅助函数 P 由 step 操作调用,它根据常数增益 K_p 计算比例响应。常量可以像 OpenModelica 中一样充当参数,并在仿真过程中进行设置以更改控制器行为。最后,控制器类声明应该定期调用 step 操作,每 2e7ns 调用一次(频率为 50Hz)。

```
class Controller

instance variables
  private measured: real;
  private setpoint: real;
  private err: real;
  private output: real;

operations
  public Step: () ==> ()
  Step() == duration(20) (
    err := setpoint - measured;
    output := P(err);
  );

functions
  P: real -> real
  P(err) == err * Kp

values
  Kp = 2.0

thread
periodic(2E7, 0 , 0 , 0)(Step);

end Controller
```

▶ 图 3.3 VDM-RT 控制器的简单类定义

除了定义控制器的类集合之外，VDM-RT 中的模型还应该包含两个允许生成功能仿真单元的特殊类。第一个是 system 类，它根据（模拟的）计算单元、速度和总线连接以及控制器如何部署到这些单元来描述控制器的体系结构。这种体系结构有助于估计执行时间。第二个是 world 类，它通过在控制器中启动线程（如图 3.3 中定义的线程）为仿真提供了一个入口点。

3.5 联合仿真实例：铁路联锁系统

本节描述了一个由法国 ClearSy 公司（http://www.clearsy.com）进行的关于联合建模和联合仿真的案例分析。

3.5.1 预置条件

在铁路信号技术中，联锁装置是一种信号装置的部署方式，它通过连接点或交叉口等轨道的布置来防止相互冲突。通常联锁负责一条完整的线路，根据信号安全规则计算执行器（开关、信号）的状态，这些规则被编码为所谓的"二进制方程"。总体来说，这样一个系统负责一条完整的线路，它根据信号安全规则计算执行器的状态，这些规则被编码为"布尔方程"，如图 3.4 所示，通常每秒要多次计算 18 万个方程。这些方程计算出要发送给轨道旁设备的命令：经编码的安全行为使列车能够通过分配和释放的线路从一个位置移动到另一个位置。

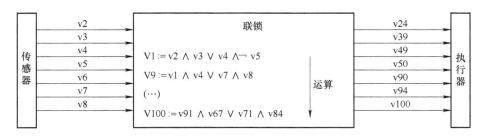

▶ 图 3.4 布尔方程

目前，人们试图在联锁系统的效率（线路可用性、列车延误和系统成本）

和安全性（避免碰撞、防止脱轨、应急系统可用性和效率）之间找到合理的折中。在案例研究中，我们将考虑一个联锁系统，它控制着电车轨道的一部分，包括两个平台和一个双向轨道。它包括 11 条轨道电路；探测铁轨上是否有列车的传感器；可以接受多个位置并由列车激活的三个指令。五个机械开关允许改变方向，必须根据所选择的路线来设置。当列车不允许在轨道上行驶时，三个信号灯必须是红色的，当列车可以通过时，三个信号灯必须是绿色的。联锁系统还利用了五个机械安全继电器，使线路的状态外化，并确保软件逻辑和电子电路之间的冗余。

3.5.2 联锁系统的挑战

一个中央联锁可以处理一个完整的线路，所有的决策都是全局性的。但是，沿轨道分布的设备与联锁系统之间的距离可能会导致更新设备状态出现重大延迟。此外，对于地铁线路来说，这种体系结构的维数很好，但对于像电车线路这样的简单基础设施来说，这种体系结构往往是多余的。因此，存在一个分布式联锁方案的空间，其中一条线路被分成重叠的联锁区域，每个区域由联锁系统控制。这样的联锁将会更小，因为需要考虑的本地设备更少，而且可以更快地做出决定，从而可能加快列车的换乘速度。然而，重叠的区域必须精心设计（列车不能在没有事先通知的情况下出现在一个区域内），因为布尔方程必须分布在联锁系统上，系统间需要交换一些变量状态。

分布式意味着许多工程上的挑战。"最优分布"（例如将线路分解成重叠的区域从而尽量减少延误、可用性和成本），需要巧妙地探索设计空间（分解与铁路信号规则直接相关）。它还意味着必须定义联锁系统之间要交换什么信息，以及在其中任何一个系统上必须运行多少个方程（例如，最多只能运行 20000 个方程）。

3.5.3 精确的列车运动仿真和挑战

为了对交通有一个真实的描述同时处理安全问题，必须以一种真实的方式模拟列车沿着路线图的运动。运动仿真的逼真度越高，就越能保证联锁系统的高效安全。通常，列车接受或考虑一个运动权限限制（Movement Authority Limit，MAL）：一个永远不能超过的停站点。运动权限限制通过联锁机构和通信设施实时更新。对于自动列车，自动列车操作（Automatic Train Operation，ATO）计算到达运动权限限制站点的最佳活动方式。与此同时，自动列车保护（Automatic Train Protection，ATP）防止"正常"服务模式的故障（例如，服务制动故障、自动列车操作软件/列车位置传感器丢失）。自动列车保护检查确保在最坏的情况下运动权限限制不会被超过（图3.5）。铁路领域对探索"手动模式"列车的行为（可能的回滚运动）和确保安全的自动保护还远远没有明确。ClearSy多年来一直在铁路用例设计中使用ProB animator（它使用与VDM-RT类似的高级离散建模语言）。然而，它还不能使用这种离散事件能力来实现对连续运动的智能处理、对物理参数的最大评估或对连续时间问题（如微分方程、芝诺悖论或控制精度结果）的智能处理。

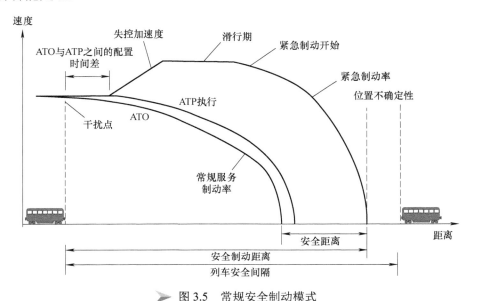

图3.5　常规安全制动模式

ATO—自动列车运行　ATP—自动列车保护

3.5.4 基于协同模型的分布式联锁设计

图 3.6 为联锁系统在线路图上的分布。集中控制意味面向大量方程式和长距离电线的一个强大的可编程逻辑控制器（Programmable Logic Controller，PLC），用于将传感器和执行器连接到可编程逻辑控制器。分布式方法可能有助于减少连接的全局长度，从而降低成本和失败的风险。图 3.6 显示了可能划分的五个区域（ZQ2、ZQ3、ZP、ZV1 和 ZV2），每个区域由一个联锁模块控制。这样的模块需要的计算能力比全局联锁要小，因为需要处理的本地设备更少；只涉及本地设备的本地决策可以更快地做出，并可能带来更快的列车换乘方案。

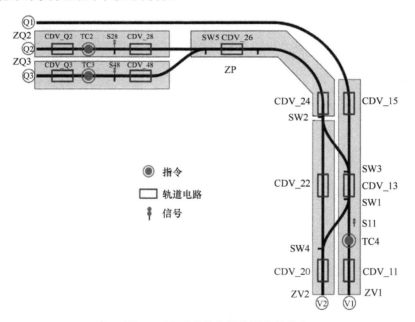

▶ 图 3.6 联锁系统在线路图上的分布

必须精心设计分布方案使每个模块都能确保所需的局部安全性能，并且必须引入通信技术以保持初始联锁系统的全局安全性能。

3.5.5 多学科协同建模

1. 协同模型架构

有很多方法可以进行联合建模,选择哪种方法取决于参与建模的组织的专业知识和项目所面临的挑战。在这里,我们假设一个场景有两个团队,一个是离散事件(DE)建模专家,另一个是连续时间(CT)建模专家,他们都有可以为现有铁路系统建模。在这种情况下,工程师需要构建联合模型的体系结构,目的是定义每个模型最终将提供和期望的接口。遵循 INTO-CPS 流程,我们首先介绍一个架构示例(参见图 3.7 铁路系统案例分析架构图)。这是将信息物理系统分解为模块进行建模和仿真的第一步。这里我们看到,铁路系统由两个模块组成:一个 CT 模块包含系统的物理组件,如列车、轨道开关和驾驶员;一个 DE 模块包含构成联锁核心的布尔控制方程。

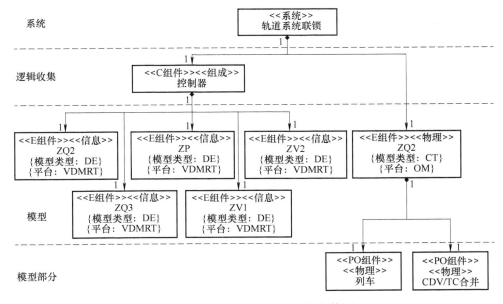

▶ 图 3.7 铁路系统案例分析架构图

物理对象并不是总以 CT 模式进行仿真,而信息对象则只以 DE 模式进行仿真。为某一特定方面选择仿真环境,应能提供适当的抽象和支持,例如,高速机械适合使用 DE 抽象模型描述几何排列。

整体架构就绪后，需要开发物理对象的 CT 模型、联锁控制器的 DE 模型和 SysML 连接图（CD）来描述协同模型的实例。

2. 连续时间建模

此处，举一个例子，使用 Openmodelica 编写的一个列车运动的 CT 模型，与联锁系统中央和分布式 DE 模型在 VDM-RT 中联合仿真。利用 INTO-CPS 工具链对这些模型进行联合仿真。

CT 模型有两种类型。第一类是按照预先计算好的路线为列车建模；它可以根据授权信号启动和停止，并可以触发联锁传感器，命令或追踪电路。它被分解为驱动程序和引擎；驾驶员正在读取信号并提供一个加速度（正或负），发动机将这个加速度整合起来提供一个位置并设置传感器。这个版本是使用 OpenModelica 开发的（图 3.8）。这个模型没有考虑开关的实际位置，也没有模拟脱轨。

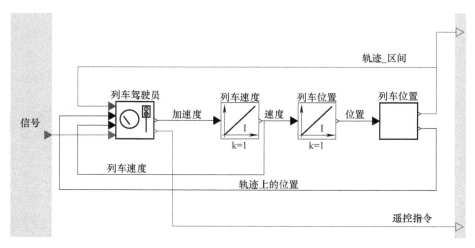

▶ 图3.8 简单连续时间列车模型

更复杂的 CT 模型能更准确地再现列车的行为。在这个版本中，驾驶员仍然读取信号并提供一个设定值速度。然后，发动机利用其加速度和制动能力，试图达到设定的速度。位置的计算考虑了轨迹链和开关位置。如果列车从后面进入一个配置错误的开关,它可以检测脱轨。这个版本的模型是使用 OpenModelica 方程编写的。

图 3.9 显示了 OpenModelica 中的一个封闭系统,它表示两个完整的列车模型,以及一个称为 CDV/TC 合并的块,该块合并来自列车的轨道段和远程控制信号,并生成用于联锁的 CDV 和 TC 信号。当 CDV 保护的段上没有列车时,它是打开的(Boolean true);当列车存在时,它是关闭的(Boolean false)。如果其中一辆列车要求相应的路线,则五个 TC 信号中的每一个都为真。

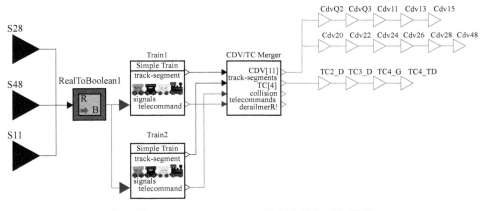

➤ 图 3.9　OpenModelica 列车行为连续时间模型

3. 去中心化控制器的离散时间模型

联锁信息物理系统的物理组件已经在前文叙述,它仍然需要为网络控制器建模,而这最好在离散事件环境中完成。控制器之前已经被分解为五个分布式分区控制器,因此,DE 建模的挑战是对每个分区的行为建模。在这里,这种行为实际上是指设置轨道信号,以响应列车所要求的路线及其所探测到的位置。

如图 3.5 所示,联锁系统由五个区域组成,这些区域可以分为两个通用类。在联锁的外围有一些区域负责检测列车的位置,获取列车所需的轨道段,设置轨道灯来保护联锁系统的接入。区域 ZQ2、ZQ3、ZV1 和 ZV2 属于这一类。然后还有一个特殊的区域 ZP,负责保护由联锁系统多条线路共有的关键路段的通行权。

每个控制器的模型都遵循前面 3.4.3 节中关于 VDM-RT 描述的结构。它们每个都包含系统类和世界类,通过实例化模型部署到虚拟中央处理器(Central Processing Unit,CPU),同时还有一个硬件接口,描述从物理世界输入和输出。在这个模型中,硬件接口(图 3.10)包括连接控制器至追踪元素的输入和输出,如追踪信号,追踪传感器和遥控列车,它也包括来自以太网的输入和输出,如分布式区域控制器模型之间的网络通信。

```
class HardwareInterface

instance variables
-- @ interface: type = output, name="out";
public out : StringPort := new StringPort("");

-- @ interface: type = input, name="iin";
public iin : StringPort := new StringPort("");

-- @ interface: type = output, name="debug";
public debug : StringPort := new StringPort("");

-- @ interface: type = input, name="Cdv11";
public Cdv11: BoolPort := new BoolPort(true);

-- @ interface: type = input, name="Cdv13";
public Cdv13: BoolPort := new BoolPort(true);

-- @ interface: type = input, name="Cdv15";
public Cdv15: BoolPort := new BoolPort(true);

-- @ interface: type = input, name="TC4_G";
public telecommand3 : BoolPort := new BoolPort(false);

-- @ interface: type = input, name="TC4_TD";
public telecommand4 : BoolPort := new BoolPort(false);

-- @ interface: type = output, name="S11";
public signal3: BoolPort := new BoolPort(false);

-- @ interface: type = output, name="SW1";
public switch1 : IntPort := new IntPort(0);

-- @ interface: type = output, name="SW3";
public switch3 : IntPort := new IntPort(0);
values
-- @ interface: type = parameter, name="controllerFrequency";
public static controllerFrequency : RealPort = new RealPort(100);

end HardwareInterface
```

▶ 图 3.10 ZV1 控制器硬件接口模型

每个控制器的控制回路可以在其 step 方法中找到，ZV1 区域的控制回路如图 3.11 所示。在这里，我们看到循环从接收来自网络的任何消息开始，并读取连接到该控制器的任何传感器的值。然后，如果列车通过了检测值，该回路就会对检测值进行操作。在本例中，将路侧灯设置为红色。最后，如果控制器接收到来自列车的远程指令，即列车请求通过联锁系统的路线，如果列车还没有被授予访问临界段的权限，那么控制器就向 ZP 控制器发送一条消息来请求访问。

```
private Step: () ==>()
Step() == cycles(2)
(
  -- synchronise communications and hardware
  dcl incoming: seq of (Messenger`Node * Messenger`Command) := comms.synchronize();
  updateSensors();

  -- close signal as soon as train has passed
  if signal_green and not section3_occupied then update_signal(false);

  -- process external requests
  for all i in set inds incoming do (
    let c = incoming(i) in processMessage(c);
  );

  -- request access to interlock until granted
  if telecommand_request and not signal_green then request_interlock_access();
);
```

➢ 图 3.11 ZV1 区域控制回路（一）

ZP 控制器还包含周期步长方法中定义的控制回路（图 3.12）。该控制器监管临界段有三种状态。如果它是空闲的并且接收到来自外围控制器的请求，那么它将授予对该控制器的访问权，并移动到锁定状态以防止其他控制器获得访问权。一旦它被锁定，它就等待列车进入临界区，此时，它进入被占用状态。当处于被占用状态时，它等待列车离开临界区，此时，它返回到空闲状态并准备授予来自外围控制器的进一步访问请求。

```
private Step: () ==>()
Step() == cycles(2)
(
  -- synchronise communications and hardware
  dcl incoming: seq of (Messenger`Node * Messenger`Command) := comms.synchronize();
  updateSensors();

  cases status:
    <free> -> if requests <> [] then (grantAccess(); status := <locked>),
    <locked> -> if interlock_occuppied() then status := <occupied>,
    <occupied> -> if not interlock_occuppied() then status := <free>
  end;

  requests := [];

  for all i in set inds incoming do (
    let c = incoming(i) in processMessage(c);
  );
);
```

> 图 3.12　ZP 区域控制回路（二）

4. 协同模型的 SysML 描述

完成 DE 和 CT 建模后，分别对模型行为进行验证，并将模型导出为功能仿真单元，然后构建协同模型进行联合仿真。这里使用 INTO-CPS SysML 概要文件来生成一个连接图，其中指定了应该存在于联合模型中的功能仿真单元实例，以及它们端口之间的连接。在本例中，连接图包含一个 CT 物理模型实例和一个 DE 网络模型实例及其端口连接（图 3.13）。由于集中式和分散式模型都使用相同的功能仿真单元接口，所以它们的连接图看起来是一样的。然后可以将连接图导出到 INTO-CPS 应用程序，以便进行联合仿真和分析。

3.5.6　运行联合仿真

INTO-CPS 应用程序用于执行联合仿真的最终配置以便它可以运行。最终配置可以分为三个部分。在第一个（强制）部分中，用户以秒为单位描述仿真的持续时间，可选地调整联合仿真的步骤大小。步长很重要，因为它决定了同步事件之间在每个功能仿真单元中运行的仿真时间。第二部分（可选）描述对每个功能仿真单元实例的参数的变更，覆盖创建原始模型时定义的默认值。

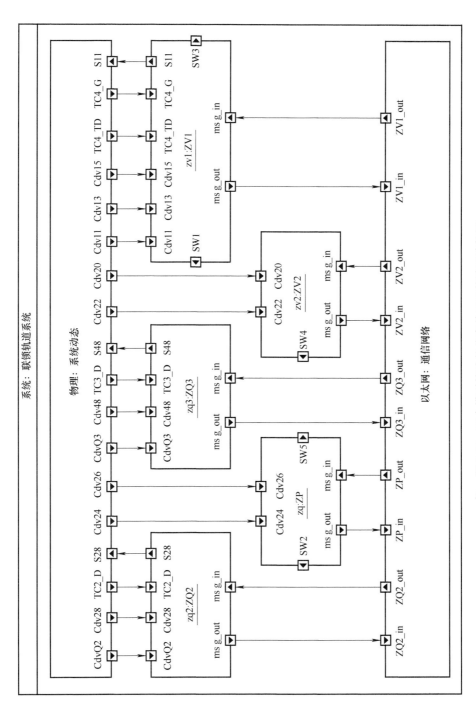

▲ 图3.13 两个模型的功能仿真单元及其端口连接图

铁路联锁示例中的参数包括列车的初始速度和列车通过联锁段的最大速度，以及每个列车将走的路线。允许用户对此进行更改可以在不必安排在真正的联锁系统进行试验的情况下探索带来的影响和效果。在下面的仿真例子中，列车 1 从 V1 点行驶到 Q2 点，列车 2 从 Q3 点行驶到 V2 点，在 8 段和 9 段轨道上可能发生碰撞（图 3.14）。

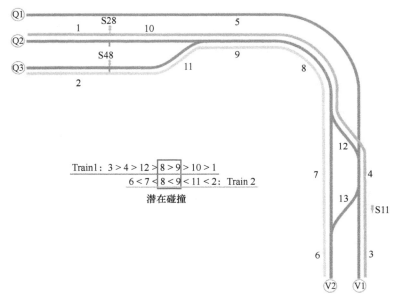

▶ 图 3.14　列车 1 号和列车 2 号的运行轨迹以及轨道段号

定义的最后一部分（可选）指出绘制了哪些仿真变量，以便对结果进行可视化分析。用户可以选择联合模型中功能仿真单元提供的任何变量，并将其绘制在一个或多个图上。在铁路联锁系统的情况下，主要关心通过的列车的安全，但也可能有兴趣确认没有不必要的延误。

配置完成后，运行仿真将生成允许涉众检查整个系统行为的结果。这些结果可以表示来自 CT 仿真器的系统物理特性，也可以表示来自 DE 环境的系统网络特性或表示系统性能的结果。在联锁的情况下，用户可能想要考虑列车通过时的速度剖面。图 3.15 显示两列列车在接近联锁系统时都在减速。

当 2 号列车收到绿色信号时就会加速，而 1 号列车则会停下来。过了一段时间，当 2 号列车通过临界段时，1 号列车加速通过。

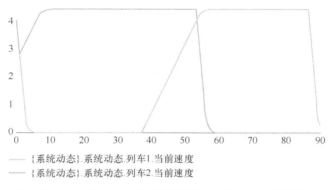

▶ 图 3.15　两个列车接近联锁系统时的速度（见彩图）

用户还可能希望在仿真期间检查控制器的输出。图 3.16 控制器输出的跟踪信号给出了三个图，显示了来自分布式控制器的信号，这些信号依次定义了路侧灯是绿色还是红色。可以看到 S48 号信号很早就变绿了，让 2 号列车进入联锁系统，当它进入后又变红了。过了一会儿，当 2 号列车离开临界段时，信号 S11 变为绿色，让 1 号列车加速通过联锁系统。

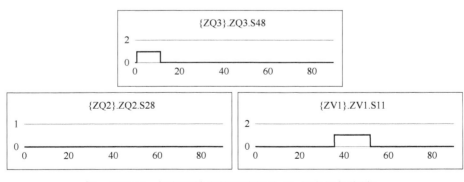

▶ 图 3.16　控制器输出的跟踪信号（1 代表绿色信号）

最后，用户可能希望确认系统范围内没有发生冲突。图 3.17 为通过仿真绘制出各个列车所占轨道段的曲线图。从图中可以看出，两列列车从发车位置经过联锁系统到达终点位置，没有同时占据过同一段轨道，从而证明了联锁系统在这种情况下的安全性。

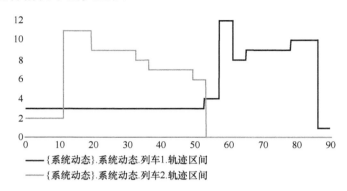

> 图 3.17　列车所占轨道段的曲线图（表明它们从不占用同一段轨道）

3.5.7　设计空间探索

INTO-CPS 工具链支持自动化的设计空间探索（DSE），它可以自主地运行仿真，目的是优化或验证设计。这些特性可以应用于上面给出的铁路示例。设计空间探索（DSE）可能会因不同的目的改变仿真的三个方面中的部分活动，我们现在将讨论在上面描述的铁路联锁系统环境中这可能意味着什么。

第一类设计空间探索涉及系统参数的扫描，这些参数描述一个或多个组件的物理或网络特性。物理参数可以包括列车在轨道上不同位置的最高速度，也可以定义信号或传感器的确切位置。这些参数不仅可以表示物理属性，还可以表示网络模型的属性。在这种情况下，网络特性的例子可能是读取传感器的频率，或者处理器评估这些输入以做出决策的时钟速度，这两者都会影响控制器的反应时间。

第二种类型的设计空间探索是关于改变系统架构的。所谓架构，我们指的是系统中的组件以及它们用来交换数据的端口和连接。在这个铁路示例中，最有可能的应用是探索将原始集中控制器分解为两个或多个分布式控制器的不同方法。它还可以包括对组件本身的更改。例如，如果有不同类型的信号、跟踪传感器或跟踪开关，那么我们可能想要探索引入这些器件而不是原始项的效果。

最后一种类型的设计空间探索与我们可能考虑的系统设计不同,它关注于被测试系统周围环境所构成的特定条件。这些条件集称为场景。在铁路示例环境中,场景可能包括每列列车想要走的路线、列车到达的时间或到达的速度。如果模型包含故障行为,例如可以用以太网对消息交换故障进行建模,那么场景还可以描述应该将哪些故障输入到仿真中。

到目前为止,我们已经讨论了通过改变模型来探索设计空间的不同方法,但是闭环优化算法需要能够将模拟结果与功能进行比较,所以现在引入目标的概念。在这种情况下,目标是可能从仿真结果中得出的量化结果,它在某种程度上表征了仿真的行为。可能从列车示例仿真中得出量化结果的例子可以是所有列车完成其路线的时间或列车在仿真过程中使用的能量。目标也可以是布尔值,所以如果模型检测到碰撞或脱轨,可以作为目标输出报告。

在执行了一些仿真并计算了每个仿真的目标值之后,设计空间探索可以利用这些数据对设计按偏好进行排序。排序设计的一种方法是使用 Pareto 方法。在这种方法中,用户指定两个或多个他们想要"优化"的目标,其中优化意味着最大化或最小化目标值。然后,我们可以计算一个"非支配集",这是一组结果,其中不可能提高一个目标的价值而不降低另一个目标的价值。然后,非支配集表示要优化的目标之间的最佳权衡集。图 3.18 显示了一个简单直线跟踪机器人的结果图,其目标是最小化机器人的搭接时间和交叉轨迹偏差。非支配结果用蓝色表示。

前文已述,目标也可能返回布尔值,在这种情况下,直接使用它们进行排名并不容易。但是,它们可以用来过滤结果。很明显,在描述的铁路系统这个例子中,我们不想使用一个在正常情况下会导致碰撞的设计,即使它使用最少的能源。因此,设计空间探索工具可以使用目标约束过滤掉这样的结果。例如,碰撞检测值必须为假。

图 3.19 为一种列车联锁系统的半实物仿真,其中控制器和以太网功能仿真单元被替换为运行在实际硬件上生成的代码。列车动力学仍然用连续时间模型来表示。

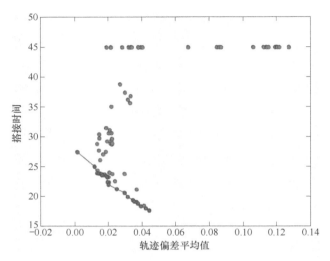

➤ 图 3.18　直线跟踪机器人的设计空间探索结果图（见彩图）

➤ 图 3.19　一种列车联锁系统的半实物仿真

3.5.8　硬件在环仿真

如 3.4.1 前面所述，可以执行硬件在环仿真，其中使用适当的仪器硬件替换以前建模的选定组件。在列车联锁的例子中，硬件在环仿真可以在 DE 控制器功能仿真单元和以太网功能仿真单元被替换为由 DE 模型生成的控制器硬件运行代码的情况下执行。图 3.19 显示了一种半实物仿真的示例由以太网功能仿真单元表示的网络已经被一个实际的以太网通信板所取代。此硬件与计算机上运行的协同仿真编排引擎交互（未体现），在计算机上仿真列车动力学的 CT 模型。在执行硬件在环仿真时，还可以使用第 3.5.6 节中所示的图表，这为工程师提供了进一步的实例，以支持在将组件部署到实际硬件时有关信息物理系统的性能。

3.6 结论和未来方向

在本章中，我们提出了一种多学科的交通系统工程方法，即基于信息物理系统和多学科的，有完备的、全面的和可扩展的工具链支持。我们提出了第一个这样的工具链，它包含了可能最终交付静态验证的基础。通过开放标准提供从可追溯的需求到结构化的协同模型，再到测试定义和结果的各方面内容，并通过集成工具来提高可扩展性。我们已经在 ClearSy 进行的一个行业案例研究中使用了该方法，该案例说明了集成了数字和物理空间的整个系统级安全特性。我们试图在设计空间探索和硬件在环联合仿真中展示联合建模和联合仿真的一些潜力。

我们的方法已应用于农业机器人、建筑设计和管理、汽车系统和制造工厂设计等领域的工业研究。这些研究使我们相信，在广度上有相当大的机会进行协作建模和联合仿真，并增加在此框架下可能进行的分析深度。然而，在我们大规模地对信息物理系统设计进行基于模型的验证之前显然还有一段路要走。未来工作的关键包括增加可协同仿真的模型；在大范围的粒度和抽象层次上提供协同仿真的方法和工具，提高对协作方法生成的设计工具的可跟踪性，并将协同仿真与数据分析和机器学习技术相结合。

一个优先事项是扩展可以链接到框架中的模型类型的范围。基于 agent 的随机模型可以用来模拟人为因素在这一过程中的各个方面，在交通领域[10]尤其重要。我们还考虑了特定域模型的集成，例如部署在建筑信息模型（BIM）中的模型，其中联合仿真能力将为模型增加一个动态行为维度，正如英国"数字建造的英国"BIM 标准[36]计划中所设想的那样。

在交通等应用领域，大型基础设施与个人和车辆之间存在持续的交互，可以在许多不同的尺度上考虑协同建模。需要进行的工作是管理（可能是动态的）在个体网信息物理交互的本地协同建模中的系统性能抽象模型间的无缝流转。

模型和协同模型通常是在设计过程中产生的，但基于模型的设计的一个弱点是模型不能准确地反映所构建和使用的交通系统的实际情况。这可能是因为实现后的环境或用户行为与最初的设计假设不匹配，也可能是因为随着元素（如传感器、执行器、软件或车辆）的更新，构建的系统会随着时间的推移而发展。未来工作的一个重要领域是研究如何将从仪表化系统和基础设施收集的实时数据与数据分析和机器学习技术一起使用，以调整联合模型参数，使模型更接近实际。

练　习

1. 如果您想体验联合建模和联合仿真的技术，请从 http://into-cps.github.io/ 下载并安装 INTO-CPS 和基线工具。使用"入门"指南来开发你的第一个协同模型。
2. 考虑整个体系结构级别（而不是单个模型的详细级别），考虑如何更新 3.5 节示例中的联合模型，以描述轨道部分中的乘客吞吐量。在假设旅客到站时间不同的情况下，我们希望整合哪种模型以分析铁路网络在旅客出行时间方面的表现？设计空间探索在优化铁路网络性能方面有何作用？
3. 您如何扩展我们在 3.5 节中的示例的联合模型来描述能够车车通信（V2V）以保持安全距离的列车？
4. 考虑一个您熟悉的多式联运环境。考虑 3.2 节中讨论的"MaaS"概念，考虑如何使用联合模拟来帮助决策，分析延长铁路线路对电力消耗的影响。

参 考 文 献

[1] M. Givoni, D. Banister, The need for integration in transport policy and practice, in: Integrated Transport: From Policy to Practice, 2010, pp. 1-11.
[2] A.P. Roskilly, R. Palacin, J. Yan, Novel technologies and strategies for clean transport systems, Applied Energy 157 (2015) 563-566.
[3] C. Mulley, Mobility as a Services (MaaS)—does it have critical mass? Transport Reviews 37 (3) (2017) 247-251.
[4] P. Gao, H.W. Kaas, D. Moh, D. Wee, Disruptive Trends that Will Transform the Auto Industry (McKinsey Report), 2016.

[5] M. Kamargianni, M. Matyas, W. Li, Londoners' Attitudes towards Car-ownership and Mobility as a Service: Impact Assessment and Opportunities that Lie Ahead (MaaSLab-UCL Energy Institute Report, prepared for Transport for London. London), 2017.
[6] D.D. Walden, G.J. Roedler, K.J. Forsberg, R.D. Hamelin, T.M. Shortell (Eds.), Systems Engineering Handbook, fourth ed., INCOSE, Wiley, 2015.
[7] D.P.F. Möller, Guide to Computing Fundamentals in Cyber-Physical Systems-Concepts, Design Methods, and Applications, 2016.
[8] A. Platzer, Verification of cyberphysical transportation systems, IEEE Intelligent Systems 24 (4) (2009) 10−13.
[9] T. Schwanen, The bumpy road toward low-energy urban mobility: case studies from two UK cities, Sustainability (Switzerland) 7 (6) (2015) 7086−7111.
[10] M. Reimann, C. Rückriegel, et al., Road2CPS: Priorities and Recommendations for Research and Innovation in Cyber-Physical Systems, Steinbeis-Edition, 2017.
[11] C. Sonntag, Modeling, simulation and optimization environments, in: J. Lunze, F. Lambnabhi-Lagarrigue (Eds.), Handbook of Hybrid Systems Control − Theory, Tools, Applications, 2009, pp. 328−362.
[12] P. Derler, E. Lee, A.S. Vincentelli, Modeling cyber-physical systems, Proceedings of the IEEE 100 (1) (2012) 13−28.
[13] L.P. Carloni, R. Passerone, A. Pinto, A.L. Sangiovanni-Vincentelli, Languages and tools for hybrid systems design, Foundations and Trends in Electronic Design Automation 1 (1) (2006) 1−193.
[14] T. Henzinger, The theory of hybrid automata, in: Proceedings of the Eleventh Annual IEEE Symposium on Logic in Computer Science. New Brunswick, NJ, July 27−30, 1996.
[15] D. Brück, H. Elmqvist, H. Olsson, S.-E. Mattsson, Dymola for multi-engineering modeling and simulation, in: M. Otter (Ed.), Proc. 2nd Intl. Modelica Conference, pp. 55-1−55-8, The Modelica Association, 2002.
[16] B. Zeigler, T. Kim, H. Praehofer, Theory of Modeling and Simulation, Academic Press, 2000.
[17] A. Siemers, P. Fritzson, D. Fritzson, Encapsulation in object-oriented modeling for mechanical systems simulation: comparison of Modelica and BEAST, in: I. Troch, F. Breitenecker (Eds.), Proc. MATHMOD 2009, 2009.
[18] J.S. Fitzgerald, P.G. Larsen, K. Pierce, M. Verhoef, A formal approach to collaborative modelling and Co-simulation for embedded systems, Mathematical Structures in Computer Science 23 (4) (2013) 726−750.
[19] P.G. Larsen, J. Fitzgerald, J. Woodcock, R. Nilsson, C. Gamble, S. Foster, Towards semantically integrated models and tools for cyber-physical systems design, in: T. Margaria, B. Steffen (Eds.), Leveraging Applications of Formal Methods, Verification and Validation: Discussion, Dissemination, Applications, ISoLA 2016. Lecture Notes in Computer Science, vol. 9953, Springer, 2016.
[20] C. Gomes, C. Thule, D. Broman, P.G. Larsen, H. Vangheluwe, Co-Simulation: State of the Art, Technical Report, 2017, http://arxiv.org/abs/1702.00686. (Accessed on 16/04/2018).
[21] J.S. Fitzgerald, P.G. Larsen, M. Verhoef, Collaborative Design for Embedded Systems − Co-Modelling and Co-Simulation, Springer, 2014.
[22] J. van Amerongen, Dynamical systems for creative technology, in: Controllab Products, Enschede, Netherlands, 2010.

[23] S. Perry, J. Holt, R. Payne, J. Bryans, C. Ingram, A. Miyazawa, L.D. Couto, S. Hallerstede, A.K. Malmos, J. Iyoda, M. Cornelio, J. Peleska, Final Report on SoS Architectural Models, Technical Report, COMPASS Deliverable, D22.6, September 2014. Available at: http://www.compass-research.eu/. (Accessed on 16/04/2018).

[24] OMG (Object Modeling Group), OMG System Modeling Language, Version 1.5, 2017. http://www.omg.org/spec/SysML/. (Accessed on 16/04/2018).

[25] N. Amalio, R. Payne, A. Cavalcanti, E. Brosse, Foundations of the SysML Profile for CPS Modelling, 2015. Technical report, INTO-CPS Deliverable, D2.1a. Available from: http://projects.au.dk/into-cps/. (Accessed on 16/04/2018).

[26] E. Clarke, O. Grumberg, D. Peled, Model Checking, The MIT Press, 1999.

[27] A. Pnueli, The temporal logic of programs, in: 18th Symposium on the Foundations of Computer Science, ACM, 1977, pp. 46−57.

[28] J. Fitzgerald, C. Gamble, R. Payne, K. Pierce, Method Guidelines 2, 2016. Technical Report, INTO-CPS Deliverable, D3.2a. Available from: http://projects.au.dk/into-cps/. (Accessed on 16/04/2018).

[29] R. Payne, C. Gamble, K. Pierce, J. Fitzgerald, S. Foster, C. Thule, R. Nilsson, Examples Compendium 2, 2016. Technical Report, INTO-CPS Deliverable, D3.5. Available from: http://projects.au.dk/into-cps/. (Accessed on 16/04/2018).

[30] C.A.R. Hoare, H. Jifeng, Unifying Theories of Programming, Prentice Hall, 1998.

[31] J. Woodcock, A. Cavalcanti, A tutorial introduction to designs in Unifying Theories of Programming, in: E.A. Boiten, J. Derrick, G. Smith (Eds.), Proc 4th Intl. Conf on Integrated Formal Methods, IFM 2004, Canterbury, UK, April 4−7, 2004, Proceedings, Lecture Notes in Computer Science, vol. 2999, Springer, 2004, pp. 40−66.

[32] S. Foster, F. Zeyda, J. Woodcock, Isabelle/UTP: a mechanised theory engineering framework, in: Proc. 5th Intl. Symp. On Unifying Theories of Programming, Lecture Notes in Computer Science, vol. 8963, Springer, 2014, pp. 21−41.

[33] P.G. Larsen, J. Fitzgerald, J. Woodcock, C. Gamble, R. Payne, K. Pierce, Features of Integrated Model-based Co-modelling and Co-simulation Technology, for Cosim-CPS, September 2017 (Trento, Italy).

[34] B. Thiele, T. Beutlich, V. Waurich, M. Sjölund, T. Bellmann, Towards a standard-conform, platform-generic and feature-rich Modelica device drivers library, in: J. Kofránek, F. Casella (Eds.), Proc. 12th International Modelica Conference, Modelica Association and Linköping University Electronic Press, 2017, pp. 713−723.

[35] P. Fritzson, V. Engelson, Modelica − a unified object-oriented language for system modelling and simulation, in: EC-COP '98: Proceedings of the 12th European Conference on Object-Oriented Programming, Lecture Notes in Computer Science, vol. 1445, Springer, 1998, pp. 67−90.

[36] BIM, Digital Built Britain: Level 3 Building Information Modelling − Strategic Plan, H M Government, 2015. Available from: https://www.cdbb.cam.ac.uk. (Accessed on 16/04/2018).

第 4 章
实时控制系统

Yunyi Jia, Longxiang Guo, Xin Wang
美国南卡罗来纳州,克莱姆森大学汽车工程系

4.1 引言

回顾汽车交通的发展历程,创新发展始终围绕着汽车的安全性、动力性、经济性和舒适性,进而使其更加功能化、环保化和"智能化"。所有这些性能的实现都要依赖于一个设计良好的实时控制系统,它被认为是现代汽车的"大脑"。

控制系统由一组设备组成,这些设备感知、改变或调节受控对象的行为或参数,从而使受控对象达到期望状态。在汽车中,一个控制系统的范围可以从空调控制到汽车运动的稳定性控制。

对于传统汽车来说,驾驶员是唯一下达加速、转弯、制动、停车和停车

入位指令的指挥者。通过通信总线，将这些指令作为输入信号发送到控制系统。同时，分布在车内的一系列传感器也在检测着车辆所有的重要信息，包括车速、行驶状态、发动机状态和环境状况，这些都是输入的一部分。基于所有这些输入和嵌入式控制程序，按照驾驶员的指令，控制系统计算并向各执行器发出控制信号。传统意义上控制系统的硬件，即控制器，通常以循环扫描模式进行工作。在一个扫描周期内，扫描所有输入端口，并从输出端口发出控制信号。扫描周期通常为几毫秒，这样才能够满足实时控制的要求。

随着信息技术的发展，自动化程度的提高使得汽车变得越来越智能，从而在不久的将来实现全自动驾驶汽车上路。通过各种技术的融合，自动驾驶汽车可以感知周围环境，并在仅需要有限的或不需要人工输入的情况下自动导航。先进的实时控制系统对信息进行解析，识别通往目的地的最佳导航路径以及障碍物和相关标识，确保行驶安全高效。

与传统汽车相比，自动驾驶汽车包含更多的计算和物理单元，是典型的交通信息物理系统。因此，本书将聚焦自动驾驶汽车的实时控制系统，而不是传统的汽车控制技术。

本章首先介绍了实时控制系统的基本概念，然后列出了一些例子来说明典型的实时控制系统的工作原理，包括智能交通灯和自动驾驶系统，接下来重点介绍自动驾驶汽车的基本实时控制技术。主要内容包括：

1）物理单元，包括电子控制单元、传感器和执行器。

2）控制系统的功能和实现技术。

前者主要是硬件方面，后者则是关于如何开发软件来实现整个系统的有效运行。

4.2 实时控制系统中的组件

4.2.1 典型的实时控制系统

实时控制系统是一种"通过接收数据、处理数据并以足够快的速度返回结果从而控制当时的运行环境"[1]的控制系统。在仿真中，"实时"一词意味着仿真时钟的运行速度与现实时钟同步。在过程控制中,"实时"意味着"没有明显的延迟"。在控制系统中,"实时"意味着控制器的程序运行必须足够快,以便在规定的时间内生成响应,通常称为"最后时限"。这些限制或约束时间通常以毫秒甚至微秒为单位。对于整个系统和/或快速动态特性至关重要的受控对象往往需要实时控制,例如,飞机飞行控制系统和汽车防抱死制动系统都需要实时控制,以确保快速响应,避免灾难性事故[2]发生。

对于实时控制器来说,硬件扫描周期必须足够短,并且程序必须设计良好,以便在一个扫描周期内完成输入扫描、程序执行和输出扫描。对于今天的车辆控制器,扫描周期必须在 10ms 以内。整个控制系统在实际汽车产品中使用之前,需要进行严格的测试,以确保系统的实时性。

下面的例子概述了实时控制系统的工作原理。它们是一些不同行业的典型的实时控制系统,包括道路交通和航空。

1. 智慧交通信号灯控制系统

智慧交通信号灯(Intelligent Traffic Lights)将传统的交通信号灯与智能信号控制系统相结合,形成实时控制的智慧交通灯控系统(图 4.1)。交通控制系统采用传感器检测交通流密度,通过人工智能调整交通灯,提高交通效率和安全性[3]。

➤ 图 4.1 智慧交通灯控系统

借助先进的传感器和控制技术，此路口的智慧交通信号灯与其他智慧交通信号灯及周围车辆进行通信，组成一个实时控制网络，更加有效地管理交通。这种控制系统的主要目标是减少汽车滞留的时间，通过摄像头、检测器和其他传感器实时监控来自不同方向的车流量，实时改变交通信号灯的相位时间策略，避免在十字路口出现任何可能的拥堵[4]。当车辆或自行车从一个方向接近十字路口且没有任何制动意图时，为了避免撞车，信号灯会变成红色阻止从另一个方向来的交通流。目前，包括宝马和西门子在内的一些公司已经开发了智慧交通管理系统[5]。该系统可以向许多新型车辆上的自动启停系统发出交通信号灯即将发生变化的警告，使汽车更加智能化地工作。该系统还可以帮助车辆根据交通信号灯的信号相位来调度车辆的启停，以提高燃油效率。

2. 自动驾驶系统

飞机自动驾驶系统（自动驾驶仪）可控制飞机，而不需要飞行员直接操作控制装置。该系统的开发是为了减轻飞行员的工作负荷，缓解他们的疲劳，减少长途飞行中的操作失误。该系统用于处理大量耗时且不需要决策的任务，帮助飞行员将注意力集中在飞机的整体飞行状态上。

自动驾驶系统利用计算机生成控制输出信号。控制软件读取飞机当前速度、飞行状态、高度和位置，然后向飞行控制系统发送控制信号，这是一个低级别执行器控制器，用于操控飞机的控制面板以保持飞机的飞行状态、高度和速度，同时保证飞行横向、垂直和纵向的稳定性。自动驾驶系统具备的一个关键能力就是误差校正。当飞机发生错误不能按照既定的状态飞行时，误差就产生了。自动驾驶系统需要能够自动纠错并使飞机自动地恢复到飞行任务所要求的状态。自动驾驶系统有两个系统可以实现这一点：一个是基于位置，另一个是基于速度。基于位置的自动驾驶系统控制飞机，使其始终保持预定的飞行轨道。自动驾驶系统操作控制面板，使飞机减少计划飞行状态与实际飞行状态之间的误差。基于速度的自动驾驶系统利用飞行速度和操作控制面板来降低因速度变化带来的误差[6]。飞机自动驾驶系统的基本结构如图4.2所示。

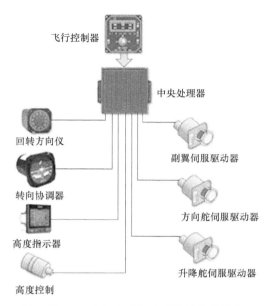

➤ 图 4.2　飞机自动驾驶系统的基本结构

4.2.2　自动驾驶汽车实时控制系统的结构

自动驾驶汽车实时控制的实现依赖于一系列的部件，每一个部件都发挥着不同的作用。作为"大脑"的协调和决策部件，称为电子控制单元；收集外部和内部信息的部件，称为传感器；执行电子控制单元命令的部件，称为执行器；信息传输通道，我们称为通信总线。图 4.3 为自动驾驶汽车电子控制单元实时控制系统各组成部分的功能及部件之间的相互关系。

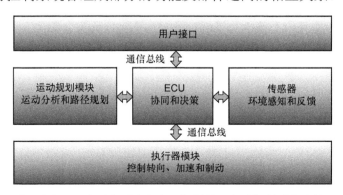

➤ 图 4.3　自动驾驶汽车电子控制单元实时控制系统结构

4.2.3 电子控制单元

电子控制单元是一种专用车载嵌入式微控制器,它控制着车辆中的一个或多个电子系统或子系统。电子控制单元的类型包括中央控制模块、发动机控制模块、动力控制模块、传输控制模块、电子制动控制模块、速度控制单元、车身控制模块、悬架控制模块、人机接口、车载电脑系统控制单元、制动控制模块(包括防抱死制动系统、电子稳定控制)、电池管理系统、门控制单元和座椅控制单元。一些现代化汽车拥有多达 80 个电子控制单元[7]。

对于自动驾驶汽车而言,上述电子控制单元的功能基本保持不变,尤其是在硬件方面。然而,为了实现自动驾驶,必须在实时控制系统中添加新的应用程序。因此,电子控制单元中嵌入式软件的复杂性会显著增加,很多决策要由电子控制单元取代人工驾驶独立完成。在第 4.3 节中,将详细介绍与自动驾驶相关的控制功能。

4.2.4 自动驾驶汽车的传感器

为了在道路上安全行驶并遵守交通规则,自动驾驶汽车会在其行驶过程中依靠一系列传感器来帮助车辆"看到"并掌握行驶环境。利用超声波、无线电探测器和测距(雷达)、摄像头、光探测器和测距(激光雷达)传感器等,可以对环境进行数字化测绘,而上述每一种传感器都有一种或多种独特的功能。

那么,自动驾驶汽车需要什么传感器呢?本节将介绍一些用于自动驾驶汽车的基本传感器。这些传感器包括超声波传感器、雷达传感器、激光雷达传感器、摄像头、速度传感器、全球定位系统、加速度传感器和惯性测量单元(图 4.4)。

1. 超声波传感器

超声波传感器是利用超声波来测量距离的装置。它的工作原理是发出特定频率的超声波并接收物体反射回来的声波。如图 4.5 所示,通过记录发射机到接收机之间的时间,可以得到传感器与物体之间的距离:

$$D = \frac{C_s t}{2} \tag{4.1}$$

式中，D 为距离；t 为发射机到接收机之间的传播时间；C_s 为音速，声音在空气中的传播速度约为 344m/s。

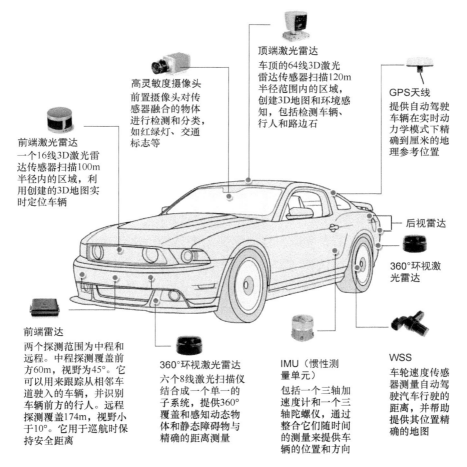

> 图 4.4　自动驾驶车辆传感器

超声波传感器的精度受空气温度和湿度的影响。有些物体可能无法被超声波传感器探测到，因为它们的形状或位置可能导致声波从物体上弹开，或者物体太小无法将足够的声波反射回传感器。其他物体（如布料）可以吸收声波，这意味着传感器无法准确地探测到它们。这些都是使用超声波传感器[8]

时需要考虑的重要因素。

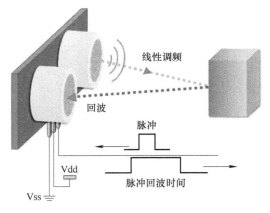

图 4.5 超声波传感器

车辆超声波传感器最常见的应用是路缘警示和停车辅助系统。

2. 雷达传感器

雷达传感器可以在很宽的范围内探测物体的距离和它们移动的速度。

(1) 雷达传感器的探测距离　雷达传感器利用与超声波传感器相同的"飞行时间"规则探测距离,如图 4.6 所示,但雷达传感器使用无线电波而不是声波。

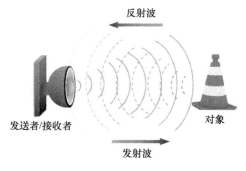

图 4.6 雷达传感器探测

传感器与目标之间的距离:

$$D = \frac{C_R t}{2} \tag{4.2}$$

式中，D 为距离，t 为发射机到接收机所用时间，C_R 为无线电波传播速度，约为 3.00×10^8 m/s。

（2）采用雷达传感器进行速度检测　雷达传感器利用的普勒效应进行速度测量，当发射源发出固定频率的无线电波，连续不断地向接近或远离的发射源物体撞击时，反射无线电波的频率将发生变化。这种频移现象称为多普勒效应，如图 4.7 所示。运动物体的存在和速度可以从发射和反射的无线电波的频率差中得到[9]。

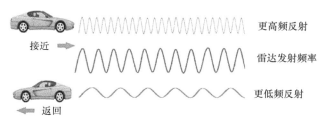

图 4.7　多普勒效应

根据多普勒效应，接收频率 f 与发射频率 f_0 之间的关系如下：

$$f = \left(\frac{c + v_T}{c + v_s}\right)f_0 = \left(1 + \frac{v_T - v_s}{c + v_s}\right)f_0 \tag{4.3}$$

式中，c 为无线电波在介质中的速度，v_T 为接收者的移动速度，v_s 为发射源的移动速度。如果速度 v_T 和 v_s 小于波速 c，那么 f 和 f_0 之间的关系可以近似为：

$$\Delta f = f - f_0 \approx \left(\frac{\Delta v}{c}\right)f_0 \tag{4.4}$$

其中，$\Delta v = v_T - v_s$，因此，通过检测到的频移 Δf 得到相对速度 Δv。

（3）雷达传感器在自动驾驶车辆中的不同用途

对于自动驾驶应用，雷达传感器主要用于自适应巡航控制（ACC）、碰撞避免等。一般来说，如果检测到即将发生碰撞，它们会向驾驶员发出警告。如果驾驶员未能在规定的时间内进行干预，雷达的输入甚至可以进行高级别的转向和制动控制，以防止撞车。雷达的高精度和不受天气影响的性能使其一直适用于所有的自动驾驶车辆，无须考虑周围的环境[10]。

短程和远程自动级雷达都可用于自动驾驶应用。短程雷达"感知"汽车附近的环境（约 30m 内），尤其是在低速时。而远程雷达通常覆盖相对较长的距离（约 200m 内）。表 4.1 给出了雷达传感器在自动驾驶汽车中的不同应用。

表 4.1　雷达传感器在自动驾驶汽车中的不同应用

应用	检测范围	视野	技术
自适应巡航控制（ACC）	150~200m	±10°~20°	单波束，24GHz
前碰预警和碰撞前检测	40~90m	±35°~45°	单波束，76GHz/24GHz
盲区检测、变道辅助和交叉口交通检测	30~40m	±40°~50°	单波束，76GHz/24GHz
ACC 前进与停止	多种范围	多种范围	多模式电子扫描

3. 激光雷达传感器

激光雷达传感器是自动驾驶汽车中最重要的器件之一。它可以安装在车顶，从各个拐角或自动驾驶汽车的前后保险杠发出不可见的激光脉冲，并确定激光脉冲的返回时间，从而生成汽车周边的三维地图。激光雷达传感器可以扫描到 100m 开外的各个方向的物体，生成一个完整的、精确的周边实时三维地图，如图 4.8b）所示。车辆可以使用新生成的地图导航避开物体。与传统汽车相比，自动驾驶汽车因这种技术在场景感知方面拥有显著优势。

激光雷达传感器由发射器（激光源）、反射镜、旋转壳体和接收器组成，如图 4.8a）所示。通过倾斜的镜子反射发射器发射出的激光束，镜面随壳体旋转，旋转编码器记录当前激光束的角度位置。激光束被物体反射后回到倾斜的反射镜并反射回接收器。根据光束的运行时间可以计算出距离，同时得到物体在二维空间中的位置和角度位置[11]。

4. 摄像头

摄像头将光转化为电信号，使自动驾驶汽车能够像人类一样感知周围环境。摄像头有一个独特的优势是具有处理颜色的能力，这在结果分类上效率很高，可以弥补其他传感器在解析周围场景时的空缺。摄像头的另一个优势是，与雷达或激光雷达相比，它们的可用性更好，价格更低，这使得它们成为自动驾驶汽车中最受欢迎的传感器类型，也是汽车制造商的首选之一。

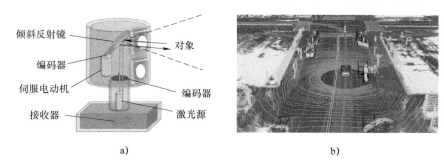

图 4.8 激光雷达传感器和由它产生的激光点地图

当然其也存在缺陷，有一些高分辨率摄像头每秒可以拍摄 30～60 帧，其处理器应能够处理每帧数百万像素，这就需要一个非常强大的计算平台确保控制系统的实时性。通常，需要有一个或多个功能强大的图形处理单元（GPU），但是价格可能会非常昂贵[12]。

5. 速度传感器

自动驾驶汽车中的速度传感器用于确定车轮的速度，根据它可以很容易地计算出车辆的速度和其他机械部件的速度。它们通常安装在车轮上，测量转速和方向，如图 4.9 所示。速度传感器为多种汽车控制应用提供输入，如自适应巡航控制、防抱死制动系统和电子稳定控制等。

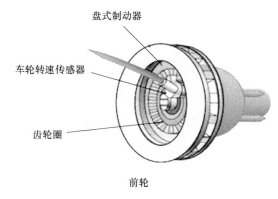

图 4.9 车轮速度传感器

常见的三种车轮速度传感器包括电感式传感器、霍尔效应传感器和光学传感器。

（1）电感式传感器　如图4.10a）所示为一种常见的电感式传感器。它由一块被感应线圈包裹的磁针和其顶部的永磁体组成。该组件被安装在距铁磁转子轮齿较短的固定距离处，当转子旋转时，转子与磁针之间的间隙发生变化，从而改变线圈中的磁通量。磁通量的变化在线圈上产生电压脉冲。车辆的控制模块计算指定时间段内的电压脉冲数，并计算车轮速度[13]。

（2）霍尔效应传感器　图4.10b）是霍尔效应传感器的典型结构。一个永磁体被安装在霍尔效应传感器的顶部。与电感式传感器不同，霍尔效应传感器的输出信号不是由磁场的变化速率产生的。输入霍尔效应传感器的偏置电流垂直于磁场方向，磁场强度在垂直于电流和磁场的方向上产生霍尔电压。当转子旋转时，转子与磁体之间的空隙发生变化，从而改变霍尔效应传感器的霍尔电压和磁场强度。霍尔电压的值通常在毫伏（mV）范围内，并通过集成电子器件放大。最终输出电压通常被整形为方波，振幅为±5V或±12V。当方波信号的频率随转速成比例增加时，振幅保持不变。与电感式传感器能自主产生电压信号不同，霍尔效应传感器需要外部电压作为集成电路的电源[14]。

（3）光学传感器　如图4.10c）所示，光学传感器是另一种速度传感器，它以与转子的转速成比例的频率产生方波信号。光学传感器不使用磁铁，而是使用遮光转子、发光二极管和光电晶体管。在接收到反射光或通过发光二极管的光时，光电晶体管产生电流。当转子有亮斑和暗斑时，光电晶体管会与发光二极管同侧，接收亮斑反射的光，当转子有许多允许光通过的缝隙时，光电晶体管位于发光二极管的另一侧[14]。

6. 全球定位系统

全球定位系统（GPS）即全球导航卫星系统，它向位于至少在四颗卫星视距范围内的全球定位系统接收器提供位置和时间信息。它可以应用于航空、海运和陆路运输。全球定位系统的卫星系统有6个轨道平面，每个轨道平面由4颗卫星组成，共有24颗卫星。全球定位系统几乎不受天气的限制，在任何天气情况下都能正常工作[15]。

第 4 章 实时控制系统

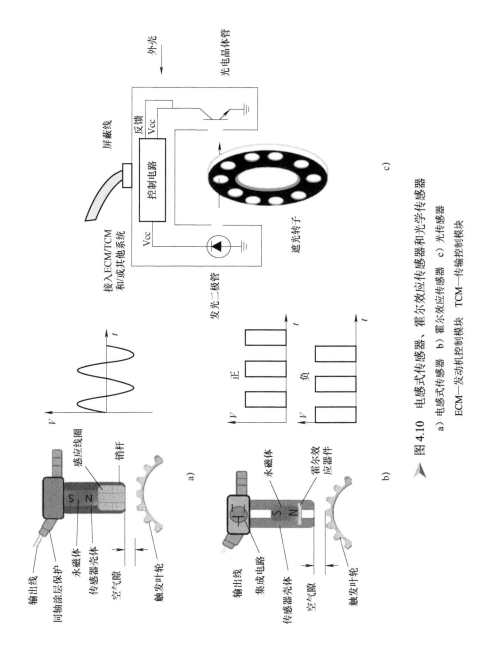

▶ 图 4.10　电感式传感器、霍尔效应传感器和光学传感器
a) 电感式传感器　b) 霍尔效应传感器　c) 光传感器
ECM—发动机控制模块　TCM—传输控制模块

(1) 全球定位系统在自动驾驶汽车中的基本应用　作为自动驾驶汽车中最重要的子系统，导航与制导子系统必须始终处于激活状态，对车辆的位置与目标进行比对。例如，如果最初规划的"最优"路径有任何突发转向，则需要实时重新计算路径，以避免走错方向。

导航和制导的主要技术均是基于全球定位系统。全球定位系统接收器现在可以作为一个成熟的系统安装在芯片或多芯片模组上，这些芯片组只需要电源和天线，并包含一个嵌入式的专用应用程序计算机引擎来执行集中计算。根据 60 多颗低轨道卫星中的至少 4 个卫星的信号进行复杂分析计算，得出车辆的当前位置[16]。

另一个应用是测量车速，利用全球定位系统信号可以确定车辆的确切位置，结合时间信息，可以精确地计算出车辆的速度。

(2) 全球定位系统实时动态测量　实时动态测量（Real Time Kinematic，RTK）卫星导航是一种用于从标准全球定位系统中获得位置数据并增强位置数据精度的技术。

全球定位系统的精度可能受到诸多因素的影响，如卫星之间的时钟差、电离层电磁波的折射、商用全球定位系统信号中时钟的随机噪声、卫星数量不足（小于 8~9 颗）、信号从建筑物或峡谷反弹等。纠正这些可变误差的一个好方法是设置一个固定的、位置可测的全球定位系统接收机作为基站。该基站的计算单元可以根据卫星数据计算出基站的位置，并与实际位置进行比较。由此产生的错误信息可以与车内另一个移动的全球定位系统接收器（称为探测器）共享，然后，探测器的全球定位系统可以根据站点发送的校正信息对定位结果进行校正。这是全球定位系统实时动态测量的基本原理。图 4.11 为全球定位系统实时动态测量的工作过程。

7. 加速度传感器

加速度传感器用于测量因速度变化、振动、碰撞等引起的加速度。在自动驾驶汽车中，加速度传感器通常应用于碰撞检测、防抱死制动系统、牵引控制系统等。基于不同的工作原理，加速度传感器有不同的类型，典型的有压电式、压阻式、变电容式和变磁阻式加速度传感器。

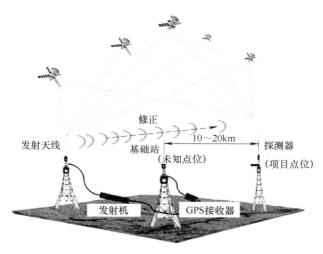

> 图 4.11 全球定位系统实时动态测量的工作过程

（1）基本加速度传感器　加速度传感器（加速度计）的基本工作原理与简单的质量块-弹簧系统相同，如图 4.12a）所示。根据胡克定律，弹簧的弹力与它从平衡点被拉伸或压缩的距离成正比。这种关系的方程式为：

$$F=kx$$

式中，k 为弹簧的弹性系数，x 为位移，F 为弹簧的弹力。如果忽略质量块和接触面之间的摩擦力（经微机电系统技术证明合理性），那么按照牛顿定律，弹簧力等于质量块 m 的合力，写成：

$$F=kx=ma$$

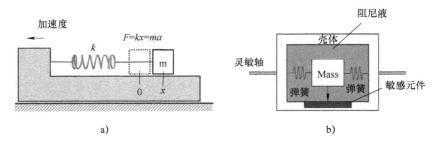

> 图 4.12 质量块-弹簧系统用于测量加速度以及位移式加速度传感器
> a）测量加速度　b）位移式加速度传感器

式中，a 是质量块加速度。因此，如果观察到位移 x，又知道质量 m，加速度就可以计算为[17]：

$$a = kx/m$$

（2）压电式加速度传感器　压电式加速度传感器利用某些材料的压电效应来测量加速度、振动和机械冲击。

压电材料将机械能转化为电能，产生与作用力成正比的电信号。压电式加速度传感器由放置在压电晶体上的质量块组成，压电晶体安装在壳体内部的隔离基座上，如图 4.13a）所示。当传感器受垂直方向加速度作用时，晶体上的质量块加速，压电晶体提供合力（忽略重力），根据牛顿第二定律 $F=ma$，作用力与加速度成正比，在晶体内部产生电压。借助外部电子设备，最终输出转换成低阻抗电压。图 4.13a）为压电式加速度传感器[18]的工作原理。

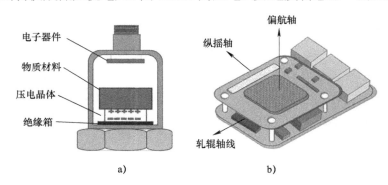

图 4.13　压电式加速度传感器和惯性测量单元
a）压电式加速度传感器　b）惯性测量单元

8. 惯性测量单元

惯性测量单元（IMU）是一种电子设备，利用加速度计、磁力仪和陀螺仪组合，测量并报告物体的线性加速度、三轴姿态角（滚动角、俯仰角和偏航角）和角速度。

如图 4.13b）所示，惯性测量单元由一个固定在车辆上的平台组成，该平台有三个陀螺仪和三个加速度计，每一对陀螺仪都指向垂直 X 轴、Y 轴和 Z 轴。这些传感器提供平台旋转和直线运动的数据，用于计算车辆的运动和位置，不考虑车速或任何类型的信号障碍[16]。

4.2.5 执行器

对于任何控制系统，执行器都是负责运动或控制系统的终端部件。在现代汽车中，有各种执行单元，如电动机、阀门和液压缸。这些执行单元发挥着"执行者"的作用，执行转向、换档、制动等操作。因为这些执行器是通用的，所以它们在自动驾驶汽车上也没有特别的应用，所以本书不再做细节讨论。

▶ 4.3 自动驾驶汽车实时控制系统

一般来说，自动驾驶汽车实时控制系统（图 4.14）中有三个不同的模块。即感知模块、导航与行为分析模块和运动规划与控制模块。感知模块将收集感知信息并转化为有用信息，并将其传递给导航与行为分析模块、运动规划与控制模块。导航与行为分析模块根据地图和任务信息找到从起点到终点的最佳路径，并根据感知信息给出最合适的策略。运动规划与控制模块根据感知信息执行所发出的指令。

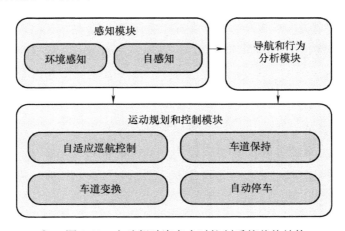

▶ 图 4.14 自动驾驶汽车实时控制系统总体结构

4.3.1 感知模块

感知模块负责将感知信息转化为场景和自主驾驶车辆的有用信息。它包括对环境的感知和对车辆本身的感知。

1. 障碍物检测与跟踪

自动驾驶场景中典型的障碍物包括运动障碍物，如行人和运动车辆，其信息不包含在现有地图中，而静态障碍物，如路边石、灌木丛和停放的车辆，其信息包含或部分包含在现有地图中。为了避免在驾驶过程中与这些障碍物发生碰撞，自动驾驶汽车需要首先检测这些障碍物，然后绘制静态障碍物的地图，最后实时进行运动跟踪，预测运动障碍物在短期内的运动轨迹，根据视觉传感器、激光雷达和雷达的感知信息来实现障碍物的检测和跟踪。

（1）特征提取 第一步是从原始的感知数据中提取有用的特征。常用的特征包括不同颜色空间的通道，例如相机的 RGB（红、绿、蓝）、HSV（色调、饱和度、值）和 HSL（色调、饱和度、亮度）空间、立体相机的视差图、激光雷达和雷达的距离图以及雷达的速度图。一些更高级别的特性可以从这些基本特性中生成。例如，颜色直方图可以从相机捕获图像的 RGB 空间中生成；通过在原始彩色地图上添加阈值，可以生成二值彩色地图；视差图可以通过计算得到深度图；方向梯度直方图可以从彩色地图或深度图生成。这些特征将被合并成一个具有大深度的最终地图。这一地图将帮助分类器对障碍物的类型进行分类。

（2）障碍检测 当特征图准备就绪，接下来的任务是从特征图中找到感兴趣的障碍物。一种直接的方法是使用一个扫描窗口搜索整个特征图，并用分类器对扫描窗口的每一步扫描进行评估，搜索窗口内感兴趣的障碍物。为了获得更好的搜索结果，需要采用不同大小的窗口在地图上进行多次搜索，每个搜索步骤之间应该重叠。这导致大量感兴趣区域（ROI）窗口被分类，降低了计算效率。减少计算负荷的一种方法是预测地图中可能出现感兴趣的障碍物所属区域，例如，寻找行人和车辆时不需要扫描天空。

感兴趣区域将被输入分类器，以确定它是否包含感兴趣的障碍物。常用的分类器包括支持向量机[19]、高斯混合模型（GMM）[20]、决策树[21]和神经网络（NN）[22]（尤其是卷积神经网络）。这些分类器是机器学习算法，将输入特征映射成不同的类别。在被用于分类障碍物之前，它们需要人工训练。在分类器人工训练过程中，人们需要在驾驶过程中收集感知信息，并在特征图中人工标注感兴趣区域。分类器将通过机器学习的方法从训练数据中掌握不同类型障碍物的特有特征。分类器的训练通常需要很长时间的数据收集和耗时费力的标记程序。

（3）运动障碍物跟踪　由于环境的动态性和噪声，对运动障碍物的检测有时不稳定，甚至不连续。运动障碍物的跟踪需要稳定、平滑，并提高障碍物检测的精度，以便在较短的时间内预测出障碍物的运动，从而提高自动驾驶车辆的运动控制能力。两种常用的跟踪方法是卡尔曼滤波和粒子滤波（PF）[23-24]。

卡尔曼滤波器[25]是一种递归估计器，它根据前一个时间步长的估计状态和当前时间步长的测量值来预测下一个时间步长的状态。卡尔曼滤波器适用于处理线性系统和高斯误差。离散时间状态空间模型为：

$$x_k = Ax_{k-1} + Bu_k + w_k$$
$$z_k = Hx_k + v_k \tag{4.5}$$

式中，x_k 是时间步长为 k 时的系统状态（s），u_k 是系统输入（s），z_k 是系统测量（s），A 是系统过程矩阵，B 是系统输入矩阵，H 是系统输出矩阵，w_k 是高斯过程噪声服从正态分布 $N(0, Q)$，Q 是方差，v_k 是高斯测量噪声服从正态分布 $N(0, R)$，R 是方差。卡尔曼滤波的过程包括两个步骤，即

1）预测步骤：

预测误差协方差：$\quad \overline{x}_k = Ax_{k-1} + Bu_k$

预测状态估计：$\quad \overline{P}_k = Ax_{k-1}A^T + Q \tag{4.6}$

2）校正步骤：

卡尔曼增益：$\quad \overline{P}_k H^T (H\overline{P}_k H^T + R)^{-1}$

更新状态估计：$\quad \hat{x}_k = \overline{x}_k + K(z_k - H\overline{x}_k)$

更新误差协方差：$\quad P_k = (I - KH)\overline{P}_k \tag{4.7}$

自动驾驶汽车的运动模型通常为固定形状的自行车模型，如图 4.15a）所示，行人的运动模型通常为点质量模型，如图 4.15b）所示。运动模型是

线性的,观测模型可以是非线性的,测量噪声不符合高斯分布。为了解决状态转换模型或观测模型中的非线性问题,如公式(4.8)所示,采用扩展卡尔曼滤波器(EKF)[26]。v_k为协方差R_k的高斯观测噪声,w_k为协方差Q_k的高斯过程噪声。f为非线性过程函数,h为非线性测量函数,有

$$x_t = f(x_{k-1}, u_k) + w_k \tag{4.8}$$
$$z_k = h(x_k) + v_k$$

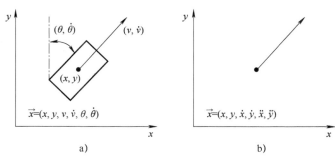

▶ 图4.15 汽车的自行车模型与点质量模型[31]

a) 自行车模型 b) 点质量模型

扩展卡尔曼滤波器的过程同样可以分为两个步骤,即

1) 预测步骤:

预测状态估计: $\hat{x}_{k|k-1} = f(\hat{x}_{k-1|k-1}, u_k)$

预测误差协方差: $P_{k|k-1} = F_k P_{k-1|k-1} F_k^T + Q_k$ (4.9)

2) 校正步骤:

卡尔曼增益: $K_k = P_{k|k-1} H_k^T (H_k P_{k|k-1} H_k^T + R_k)^{-1}$

更新状态估计: $\hat{x}_{k|k} = \hat{x}_{k|k-1} + K_k(z_k - h(\hat{x}_{k|k-1}))$ (4.10)

更新误差协方差: $P_{k|k} = P_{k|k-1} - K_k H_k P_{k|k-1}$

其中,用下列雅可比矩阵表示状态变化矩阵和观测矩阵:

$$F_k = \frac{\partial f}{\partial x}\bigg|_{\hat{x}_{k-1|k-1}, u_k}$$
$$H_k = \frac{\partial h}{\partial x}\bigg|_{\hat{x}_{k|k-1}} \tag{4.11}$$

扩展卡尔曼滤波器只能解决系统的中等非线性问题。如果测量过程或障碍物运动含有高度非线性部件，或者噪声不是高斯部件的线性组合，扩展卡尔曼滤波器的效果会很差。为了解决这个问题，采用了 PF[27]。PF 是一种通过蒙特卡罗采样实现递归贝叶斯滤波的技术。它用具有相关权重的粒子表示后验密度，并基于样本和权值计算估计值。PF 的过程为：

粒子生成： $x_k^{(m)} \sim p(x_k | x_{k-1})$

权重计算： $w_k^{*(m)} = w_{k-1}^{*(m)} p(z_k | x_k^{(m)})$

权重归一化： $w_k^{(m)} = \dfrac{w_k^{*(m)}}{\sum_{m=1}^{M} w_k^{*(m)}}$ （4.12）

预测计算： $E(g(x_k | z_{1k})) = \sum_{m=1}^{M} g(x_k^{(m)}) w_k^{(m)}$

式中，m 是粒子索引，M 是粒子的数量，$g(x)$ 是系统过程模型。

2. 定位

自动驾驶汽车定位包括三个不同级别的任务：**道路级定位、车道级定位和特征级定位**。道路级定位在现有地图中提供粗略估计的车辆位置。利用全球定位系统提供的位置信息，可以实现道路级定位。然而，民用全球定位系统设备的刷新速率（通常低于 1Hz），精度（小于 3m）对于自动驾驶来说是不够的。为了实现车道级定位，惯性测量单元的感知信息需要和车轮速度传感器的感知信息结合，连同原始位置信息一起，提供较高的定位刷新速率（>20Hz）和精度（<0.5m）。将这种融合的位置信息与现有的道路地图相结合，就可以识别出车辆当前在道路上的车道选择。车辆在车道或非结构化环境中的位置可以通过特征级定位找到。这种级别的定位需要更多的静态障碍物检测和映射模块的信息。例如，道路标记和路边石的位置特征，会与定位数据进一步结合，以提供更准确的定位结果。

车道级定位和**特征级定位**中的数据融合通常使用贝叶斯过滤器[28]来完成。如前所述，贝叶斯滤波器的典型类型是 PF。

3. 车辆状态评估

有些车辆状态扫描不是直接从传感器获取的，抑或测量某些状态所需的传感器过于昂贵,因此需要对这些状态进行评估。例如,在车辆横向控制中,轮胎力和车辆侧滑是关键参数,但都很难直接测量。在这种情况下,需要引入描述车辆状态行为的非线性模型,并根据模型的结构和非线性,设计扩展卡尔曼滤波观测器或滑模观测器等评估方法。

4.3.2 导航与行为分析模块

导航与行为分析模块是自动驾驶控制中的高层决策模块。它从感知模块获取信息,并将目标车辆的姿态发送给运动规划与控制模块。导航与行为分析模块分为两大部分,第一部分是路径规划子模块,第二部分是行为分析子模块。

1. 路径规划

路径规划子模块利用路网找到车辆从当前位置到任务目的地的最优路径。路网可表示为有向图——具有与通过路段**成本**相对应的边权值。根据运送任务不同,路段**成本**也不同,例如运送乘客或货物。路径规划任务可以表示为在路网图上以最小成本找到最优路径。常用的两种图形搜索算法是 Dijkstra 算法[29]和 A*算法[30]。

Dijkstra 算法是一种贪婪算法,它从起始节点开始,从具有最小成本路径的候选节点中选择道路节点。Dijkstra 算法的缺点是它访问了太多节点,而这些节点明显不是最优的。另一个更好的解决方案是 A*算法。与 Dijkstra 算法相比,A*算法的改进增加了一项,表示从下一个节点到目标节点的每一步计算的成本函数 $f(n)$:

$$f(n) = g(n) + h(n) \tag{4.13}$$

式中,$g(n)$ 为从起始节点到第 n 个节点的实际成本;$h(n)$ 为估计从第 n 个节点到目标节点的最低成本路径的成本。

只要 $h(n)$ 不高估实际成本,与 Dijkstra 算法相比,A*算法总能在降低计算量的同时找到最优路径。

2. 行为分析

行为分析负责根据路线信息提出可执行的任务。更具体地说,它需要从车道保持、车道变换、车道跨越和自由空间导航等方面来决定行为,并利用感知信息和路网图为运动规划与控制器生成一组目标状态。

图 4.16 给出了行为分析子模块[31]的实例。状态估计器根据车辆的位置和世界模型计算车辆逻辑位置的表示。目标选择器从状态估计器获取逻辑位置，以生成运动规划器的位置目标。车道选择器、融合规划器、场景报告器、距离保持器和车辆驾驶员构成车道行驶的规划器和控制器。优先评价器、车头转向控制器和过渡管理器构成交叉口处理的规划器和控制器。

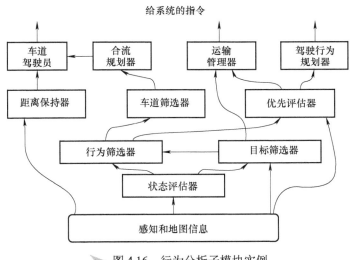

▶ 图 4.16 行为分析子模块实例

4.3.3 运动规划与控制模块

运动规划与控制模块创建一条由导航和行为分析模块发出的、通向预期目标的路径，然后跟踪该路径。运动规划与控制子模块的任务包括自适应巡航控制、车道保持、车道切换、十字路口和让道停车。

1. 自适应巡航控制

在自适应巡航控制系统运行过程中，控制器控制车辆的纵向运动，并根据自主驾驶车辆的当前速度、相对距离和相对速度保持与前车车头保持适当距离，目前有多种方法可以实现此功能。

传统基于分析模型的控制中，分析模型是一种实现控制车辆行为的规则。模型的输入来自感知模块的信息，输出是纵向加速度/油门和制动片起落。分析自适应巡航控制系统模型的一个例子是 GHR（Gazis-Herman-Rothery）模型[32]：

$$a_F(t) = cv_F^m(t) \frac{\Delta v(t)}{\Delta x^l(t)} \qquad (4.14)$$

式中，Δv 是相对速度；Δx 是相对距离；c 为灵敏度系数；l 和 m 分别为相对距离和车速的指数。通过调整这三个参数可以改变自适应巡航控制系统控制器的性能。

2. 车道保持

在车道保持过程中，控制器控制车辆的横向运动，并使车辆保持在车道中央运动。

传统的基于分析模型的车道保持控制方法是纯轨迹跟踪法（图 4.17）[33]。纯轨迹跟踪法采用了一种理想的自行车模型。目标点（g_x, g_y）表示目标路径上的点，距离车辆后轴 l_d 的距离（如车道中心线）。l_d 可以是一个简单的车辆速度的函数，例如，$l_d = kv$。利用目标点的位置和车辆当前方向与前向的夹角 α，可以计算出车辆的转向输入 δ：

$$\delta(t) = \tan^{-1}\left(\frac{2L\sin(\alpha(t))}{l_d}\right) \qquad (4.15)$$

式中，L 是车辆的轴距。

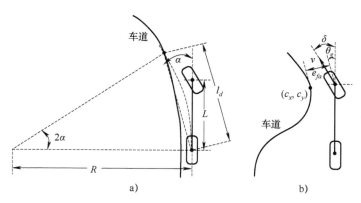

▶ 图 4.17 纯轨迹跟踪法和 Stanley 法[40]

另一种基于模型的分析车道保持控制方法是 Stanley 法[34]。车辆转向输入 δ 的计算为：

$$\delta(t) = \theta_e(t) + \tan^{-1}\left(\frac{ke_{fa}(t)}{v_x(t)}\right) \quad (4.16)$$

式中，k 是一个可调参数。

3. 车道变换

在变换车道期间，控制器需要决定何时超车，何时并入另一条车道（图 4.18）。在传统的基于规则的决策模型中，一个简单的纵向控制器和一个横向控制器与多个人工定义的标准相结合，对变道进行决策。典型标准[35]包括目标车道车辆减速安全标准：

$$\tilde{a}_n \geqslant -b_{\text{safe}} \quad (4.17)$$

式中，$\tilde{a}_n$ 为后车 n 的减速度；b_{safe} 为给定的安全极限。该标准避免了目标车道上的自主驾驶车辆与后车发生碰撞。

双变道激励标准：

$$\tilde{a}_c - a_c + p[(\tilde{a}_n - a_n) + (\tilde{a}_O - a_O)] \geqslant \Delta a_{\text{th}} \quad (4.18)$$

式中，$\tilde{a}_c$ 为自主驾驶车辆 c 变道后的加速度；a_c 为自主驾驶车辆变道前的加速度；$\tilde{a}_n$ 为变道后车辆 n 的加速度；a_n 为变道前车辆 n 的加速度；$\tilde{a}_O$ 为变道后车辆 o 的加速度；a_O 为变道前车辆 o 的加速度；p 是一个可调的权重系数。这一标准支持车辆在预期变道后更快地行驶。

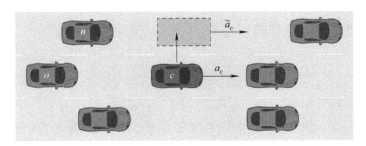

▶ 图 4.18 典型的车辆变道

单车道切换激励标准：

右侧换道： $-a_c + p(\tilde{a}_o - a_o) \geqslant \Delta a_{th} - \Delta a_{bias}$

左侧换道： $a_c - \tilde{a}_c^{eur} + p(\tilde{a}_n - a_n) \geqslant \Delta a_{th} + \Delta a_{bias}$ （4.19）

$$\tilde{a}_c^{eur} = \begin{cases} \min(a_c, \tilde{a}_c) & \text{if } v_c > \tilde{v}_{lead} > v_{crit} \\ a_c & \text{其他} \end{cases}$$

式中，v_{crit} 为拥堵交通的指定车速；v_{lead} 为左侧车道上前方车辆的车速；a_{bias} 是一种持续的偏离。这一标准防止车辆在正常情况下从左向右改变车道。

4. 基于神经网络增强控制

在过去的二十年里，除了上述传统的控制模式外，还出现了新的运动规划和控制方法。这些方法具有更复杂的运动模式和更好的性能。

在基于神经网络的控制模型中，利用神经网络控制车辆的运动。在用于控制车辆之前，神经网络需要使用人工驾驶数据进行训练。训练后的神经网络将在训练数据中模拟驾驶员的行为。

神经网络的输入与基于分析的方法相同，即从感知模块[36]中提取特征。在这种情况下，一个普通的神经网络足够实现控制。相应地，神经网络的训练数据也是提取的特征。

神经网络的输入也可以是原始的传感数据，例如摄像头的视频帧。在这种情况下，一个深度神经网络通常需要采用卷积神经网络（CNN）（图 4.19）。相应地，神经网络的训练数据是原始数据，这种具体方法称为端到端学习[37]。这种基于端到端学习的控制降低了感知模块的负载，但训练过程需要大量的训练数据和计算能力。

5. 基于随机模型的控制

该控制方法通常运用概率分布或概率状态转换过程实现感知测量与车辆控制输入的匹配。与神经网络控制类似，随机模型也只能通过机器学习过程来建立。驾驶员需要为随机模型设置专家演示。

一种常用的概率分布模型是高斯混合模型[38]。它可以通过结合感知测量来实现：

$$x_t = [v_t, \Delta v_t, \Delta^2 v_t, f_t, \Delta f_t, \Delta^2 f_t, G_t, \Delta G_t, \Delta^2 G_t]^T \quad (4.20)$$

下一时间步长控制输出：

$$y_t = [x_t, G_{t+1}]^T \tag{4.21}$$

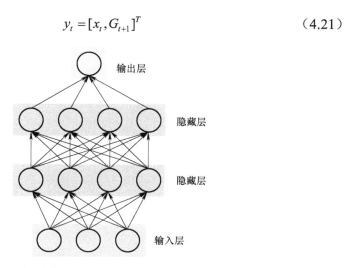

> 图 4.19 典型的神经网络架构

建立多元高斯混合分布：

$$p(y) = \sum_{k=1}^{M} \alpha_k \phi_k(y) = \sum_{k=1}^{M} \alpha_k N\left(y, \mu_k^y, \sum_k^{yy}\right) \tag{4.22}$$

式中，v_t、Δv_t、$\Delta^2 v_t$、f_t、Δf_t、$\Delta^2 f_t$、G_t、ΔG_t、$\Delta^2 G_t$ 为当前车速、车头间距、控制输入及其一阶和二阶动力学参数。

首先，用随机值初始化高斯分量 $\phi_k(y)$ 的权值 α_k、均值 μ_k^y 和协方差矩阵 $\sum_k^{yy}$，然后利用迭代统计模型参数估计方法（如期望最大化算法）从训练数据中学习。通过将条件概率最大化，预测下一个时间步长控制输出：

$$\hat{G}_{t+1} = \sum_{k=1}^{M} h_k(x_t) \cdot \hat{G}_{t+1}^{(k)}(x_t)$$

$$\hat{G}_{t+1}^{(k)}(x_t) = \arg\max_{G_{t+1}} \{p(G_{t+1} | X_t, \phi_k)\} \tag{4.23}$$

$$h_k(x_t) = \frac{\alpha_k p(x_t | \phi_k^x)}{\sum_{k=1}^{M} \alpha_i \cdot p(x_t | \phi_i^x)}$$

一个典型的概率状态转化过程模型是隐式马尔可夫链模型（图 4.20）。隐式马尔可夫链模型用概率描述离散状态之间的转换。隐式马尔可夫链模型是具有隐状态和观测值的马尔可夫链模型。在该模型中，隐藏模式与观测值的联合分布，包括驾驶状态 z_t 和控制输出 a_t，可表示为[39]：

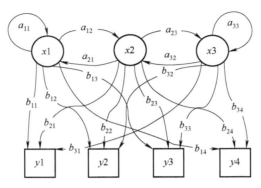

> 图 4.20 隐式马尔可夫链模型

$$P(m_{0:t},z_{1:t},a_{1:t}) = P(m_0)\prod_{k=1}^{t}[P(m_k|m_{k-1})\cdot P(z_k,a_k|m_k)] \quad (4.24)$$

式中，M 是隐藏模式的数量；$P(m_0)$ 是初始分布；$P(z_k,a_k|m_k)$ 是多元高斯分布；a_{ij} 是第 i^{th} 和 j^{th} 隐藏模式之间的转换概率。使用期望最大化算法从人工演示中获得这些参数，通过计算条件期望来预测输出：

$$a_t^{\exp} = E[a_k|z_1,\cdots,z_t] \quad (4.25)$$

隐式马尔可夫链模型通过假设观测概率的高斯混合分布与高斯混合模型相结合。

6. 模型预测控制

上述单模型基础控制方法仅根据当前行驶情况进行决策，不做任何预测。这将导致控制器的输出不稳定，因为控制器在每个时间步长需要对新的环境测量做出响应，而有些响应不需要执行，有些则需要提前执行。当一名熟练的驾驶员在驾驶时，其考虑的是当前的情况和短期内可能出现的情况，并试图减少不必要的操作，防止危险情况的发生。

有一种方法能够使模型更像熟练的驾驶员，就是将它们与模型预测控制相结合，形成一个分层的模型预测控制，见图 4.21。例如，在自适应巡航控制的控制器中，车辆跟踪系统的状态可以表示如下[39]：

$$\begin{cases} d_{t+1}^r = d_t^r + v_t^r \Delta t_d - \frac{1}{2} a_t \Delta t_d^2 \\ v_{t+1}^r = v_t^r - a_t \\ v_{t+1} = v_t + a_t \Delta t_d \end{cases} \quad (4.26)$$

式中，d_t^r 和 v_t^r 为相对距离和速度；v_t 为自主车速；a_t 为自主驾驶车辆加速度；Δt_d 是驾驶员模型的时间步长。

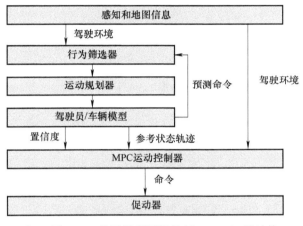

▶ 图 4.21 分层模型预测控制（MPC）的结构

通过将状态转换模型与单个控制模型（可以是分析模型、随机模型或神经网络模型）迭代，生成纵向加速度的参考轨迹。过程中的安全限制可以表示为：

$$\begin{cases} a_{\min} \leqslant a_{k|t} \leqslant a_{\max} \\ v_{k|t} \leqslant v_{\max} \\ d_{k|t}^p - d_{k|t} \geqslant d_{\text{safe}} \end{cases} \quad (4.27)$$

式中，$a_{\min}$ 和 $a_{\max}$ 为限制车辆物理性能的最小和最大可能加速度；$v_{\max}$ 为最大允许速度；d_{safe} 为最小安全距离。它们可以作为二次函数 $\|\varepsilon\|_S^2 = x^T S x$ 包含在成本函数中，其中，S 实施高额处罚：

$$J = \sum_{k=t}^{t+P-1} \left[\alpha(a_k - a_k^{\text{ref}})^2 + \beta(a_k - a_{k-1})^2 + \gamma(v_k - v_{\max})^2 \right] + \|\varepsilon\|_S^2 \quad (4.28)$$

式中，P 为未来预测步骤的总和；a_k^{ref} 为期望加速度；α, β, γ 为可调权重。模型预测控制器计算出所有预测步骤的最佳纵向加速度，使预测时域内的成本函数 J 最小化。

类似于自适应巡航控制，车道保持控制器也可以使用神经网络或随机模型来实现（图 4.22）。其基本原理是一样的，只是需要将模型的输入特征改为转向相关的特征，并将模型的输出改为转向角。

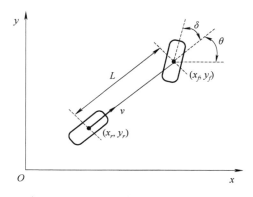

▶ 图 4.22 车辆运动学自行车模型

为了实现用于车道保持的模型预测控制，只需要将自适应巡航控制的纵向模型替换为组合模型[40]：

$$f(z, \boldsymbol{u}) = \begin{cases} \dot{x} = v\cos(\theta) \\ \dot{y} = v\sin(\theta) \\ \dot{\theta} = \dfrac{v}{L}\tan(\delta) \\ \dot{v} = a \end{cases} \tag{4.29}$$

并调整成本函数：

$$J = \sum_{k=t}^{t+P-1}\left[\alpha(x_k - x_k^{\text{ref}})^2 + \alpha(y_k - y_k^{\text{ref}})^2 + \gamma(\delta_k - \delta_{k-1})^2\right] + \|\varepsilon\|_s^2 \tag{4.30}$$

式中，x_k，x_k^{ref}，y_k 和 y_k^{ref} 分别为纵向和横向的车辆位置和参考位置；δ_k 是车辆转向角度和节气门开度的输入值。

4.3.4　交通信息物理系统中的自动驾驶车辆协同

以上介绍的所有实时控制系统都是为单一自动驾驶车辆设计的。然而，在实现 L5 级完全自动驾驶的情况下，自动驾驶汽车将不会作为独立的个体运行，而是形成一个所有车辆和基础设施都连接在一起的信息物理网络。在这种情况下，运动规划与控制模块可能仍然会与单一车辆一样工作，但是感知模块与导航与行为分析模块将会面临一个大变革，虽基本方法不会改变，但是随着车辆与基础设施之间频繁的信息交换，感知模块构建的周边地图的范围和精度会有很大的提高。

1. 交通信息物理系统中的通信

为了构建车辆和基础设施的信息物理网络，需要采用特殊的通信方式。与普通网络不同的是，车辆总是四处移动，这会导致网络结构发生变化。第一个挑战是车辆和基础设施之间的通信质量，虽然针对该应用设计了专用的短程通信系统，但仍有很多问题需要解决。例如，当交通拥挤时，大量的车辆可能同时传输信息，这可能会对彼此的通信造成干扰。这需要采用增强型协议来减少报文碰撞[41]解决通信开销和定位精度问题。第二个挑战在于网络的结构。如上所述，由于网络的动态性，将所有的车辆和基础设施一直包含在同一个网络中是不现实的。一种有效的方法是将附近的车辆和基础设施分组到一个低层级网络中。在这个低层级网络中，终端之间共享信息。低层级网络连接到高层级网络，共享低层级网络的策略信息。

2. 车与车协同

通信系统就绪后，可以根据感知信息共享进行任务规划，实现车辆之间的协同。这种类型的协同在高速公路和城市的驾驶场景下都很有增益。例如，在高速公路行驶过程中，共享信息可以使得碰撞避免系统更有效，减少干扰。通过与前车和后车共享感知信息，车辆可以在不增加昂贵传感器的情况下，将感知范围扩大数倍。有了额外的感知信息，导航与行为分析模块可以对潜在的危险进行更多的提前规划[42]。此外，通过共享任务规划信息，车辆不仅可以了解周围车辆的行为，还可以了解周围车辆行为的原因，这将大大减少任务规划中不必要的偏差或修正。在车道切换过程中也会有类似的协同。这些改进将使车辆运动控制更加平稳，在高速公路上保持更好的燃油经济性。在城市驾驶场景中，车辆之间的协同还可以通过共享感知到的障碍物信息来提高驾驶安全性，特别是移动障碍物，例如行人和骑车者。通过共享感知到的交通信号灯信息，车辆可以在任务规划中实现最短时间或最小能耗控制策略[43-44]。如果没有这样的交通信息物理系统，这些目标是无法实现的。

3. 车与基础设施的协同

车辆与基础设施之间的协同有利于自动驾驶。由于基础设施，例如交通灯、雷达和摄像头固定在道路上或路边，它们可以比移动的车辆更准确地观察环境。例如，摄像头和雷达可以实时估计交通密度，并将信息发送给共享云[45]。在交通拥挤地区行驶的车辆可以提前调整路线。在车辆传感器视野受限的急转弯处，安装在路边的摄像头可以帮助检测正在穿越的儿童，并向过往车辆发出警告，防止事故的发生。在十字路口，交通灯可以向计划通过的车辆分享交通灯的状态。车辆可以调整其任务规划，避免突然制动或加速。在某些没有人工驾驶的区域，甚至可以拆除交通灯，以节省基础设施建设成本。

4.4 结论及未来方向

自动驾驶汽车作为一个典型的信息物理系统，包含了计算、通信和控制三个要素。在这三个要素中，实时控制系统是最复杂的，因为涉及各种单元和功能。基于电子控制单元、传感器和通信总线构成的硬件平台，所需的各项功能将以嵌入式软件的形式实现。这些可扩展的功能赋予车辆智能化的能力。未来的自动驾驶汽车将不再是一大群组的传感器共同工作，而是一个真正的智能系统，这是自动驾驶汽车信息物理系统的最终目标。

为了实现自动驾驶功能，车辆应该依靠不同传感器的组合，以非常高的精度和可靠性感知环境。然而，每一种传感器技术都有其自身的缺点和能力限制，例如，在恶劣的天气情况下，其中一些可能会受损。这些缺点使得任何传感器都难以作为独立的系统使用。此外，一个或多个传感器的故障可能会导致自动驾驶车辆控制系统的故障。减少这种情况的一个方法是"融合"来自不同来源的数据，这通常被称为传感器融合。融合传感器系统结合了多个传感器的优点。即雷达、激光雷达、全球定位系统和摄像头，以建立冗余的数据源。此外，为了使实时控制系统⊖具有更强的鲁棒性，还需要进一步研究故障诊断、容错控制以及无传感器评估技术，并应用在交通信息物理系统中。

全自动驾驶汽车和智能网联汽车将是未来地面交通的特色。人机交互和驾驶舒适性以及本章讨论的所有自主驾驶功能都将是自动驾驶系统的目标。实时控制系统作为基础支撑技术，需要与传感器、通信、云计算、大数据分析等其他信息技术进一步融合。同时，需要将更先进的控制算法，如模型预测控制、智能控制、鲁棒控制等，以及一些机器学习技术应用到自动驾驶车辆上，来解决日益复杂和大规模的控制问题。

练　　习

1. 什么是实时控制系统？
2. 自动驾驶汽车需要什么传感器？
3. 如何检测车速？
4. 加速度传感器的基本原理是什么？
5. 列出一辆自动驾驶汽车的三种类型的距离传感器，并给出每种类型的距离传感器在汽车上的应用实例。
6. 为什么惯性测量单元需要定位？
7. 卡尔曼滤波和 EKF 跟踪方法有什么不同？
8. 如果 Stanley 转向控制模型中的可调参数 k 较大，会发生什么情况？
9. 如果一个基于神经网络的控制器被放置在一个与其训练环境完全不同的环境中，会发生什么？
10. 在模型预测控制器中，如果想让车辆在不考虑能耗的情况下尽可能快地移动，应该修改哪个部分以及如何修改？

⊖ 原文为 Note，结合上下文，译为实时控制系统。——译者注

参 考 文 献

[1] J. Martin, Programming Real-Time Computer Systems, 1965.
[2] K. Kant, Computer-Based Industrial Control, PHI, 2010.
[3] Smart traffic light. [Online]. Available https://en.wikipedia.org/wiki/Smart_traffic_light. (Accessed on 14/05/2018).
[4] X. Xie, Smart and Scalable Urban Signal Networks. [Online]. Available http://www.wiomax.com/team/xie/schic/. (Accessed on 14/05/2018).
[5] M.G. Richard, Networked Traffic Lights Could Save Time, Fuel, and Lives, 2010 [Online]. Available: https://www.treehugger.com/cars/networked-traffic-lights-could-save-time-fuel-and-lives.html. (Accessed on 14/05/2018).
[6] Autopilot Systems in Aircraft Instrument Systems. [Online]. Available http://www.flight-mechanic.com/autopilot-systems/. (Accessed on 14/05/2018).
[7] Electronic Control Unit. [Online]. Available https://en.wikipedia.org/wiki/Electronic_control_unit. (Accessed on 14/05/2018).
[8] What Is an Ultrasonic Sensor? [Online]. Available http://education.rec.ri.cmu.edu/content/electronics/boe/ultrasonic_sensor/1.html. (Accessed on 14/05/2018).
[9] Doppler Effect, Doppler radar. [Online]. Available http://slideplayer.com/slide/10549388/. (Accessed on 14/05/2018).
[10] What sensors do driverless cars have? [Online]. Available https://www.quora.com/What-sensors-do-driverless-cars-have. (Accessed on 14/05/2018).
[11] Autonomous Vehicles. [Online]. Available http://www.cvel.clemson.edu/auto/AuE835_Projects_2011/Vallabhaneni_project.html. (Accessed on 14/05/2018).
[12] Three Sensors That 'Drive' Autonomous Vehicles. [Online]. Available https://www.wirelessdesignmag.com/blog/2017/05/three-sensors-drive-autonomous-vehicles. (Accessed on 14/05/2018).
[13] Vehicle Speed Sensor. [Online]. Available http://www.cvel.clemson.edu/auto/sensors/vehicle-speed.html. (Accessed on 14/05/2018).
[14] Inductive and Hall Effect RPM Sensors. [Online]. Available http://autorepairhelp.us/inductive-and-hall-effect-rpm-sensors-explained/. (Accessed on 14/05/2018).
[15] J.K. Ravikumar, A. Ravikumar, What Is GPS? 2017. [Online]. Available https://www.geotab.com/blog/what-is-gps/. (Accessed on 14/05/2018).
[16] Automotive Applications. [Online]. Available http://www.mouser.com/applications/autonomous-car-sensors-drive-performance/. (Accessed on 14/05/2018).
[17] Accelerometer (Analog Devices ADXL50). [Online]. Available http://soundlab.cs.princeton.edu/learning/tutorials/sensors/node9.html. (Accessed on 14/05/2018).
[18] Piezoelectric Accelerometer. [Online]. Available https://en.wikipedia.org/wiki/Piezoelectric_accelerometer. (Accessed on 14/05/2018).
[19] Z. Sun, G. Bebis, R. Miller, Monocular precrash vehicle detection: features and classifiers, IEEE Transactions on Image Processing 15 (7) (2006) 2019−2034.
[20] C. Premebida, G. Monteiro, U. Nunes, P. Peixoto, A lidar and vision-based approach for pedestrian and vehicle detection and tracking, in: Intelligent Transportation Systems Conference, 2007. ITSC 2007, IEEE, 2007, pp. 1044−1049.

[21] Z. Sun, G. Bebis, R. Miller, On-road vehicle detection: a review, IEEE Transactions on Pattern Analysis and Machine Intelligence 28 (5) (2006) 694−711.
[22] L. Zhao, C.E. Thorpe, Stereo-and neural network-based pedestrian detection, IEEE Transactions on Intelligent Transportation Systems 1 (3) (2000) 148−154.
[23] A. Petrovskaya, S. Thrun, Model based vehicle detection and tracking for autonomous urban driving, Autonomous Robots 26 (2−3) (2009) 123−139.
[24] J. Lou, T. Tan, W. Hu, H. Yang, S.J. Maybank, 3-D model-based vehicle tracking, IEEE Transactions on Image Processing 14 (10) (2005) 1561−1569.
[25] R.E. Kalman, et al., A new approach to linear filtering and prediction problems, Journal of Basic Engineering 82 (1) (1960) 35−45.
[26] M.I. Ribeiro, Kalman and extended kalman filters: concept, derivation and properties, Institute for Systems and Robotics 43 (2004).
[27] P. Del Moral, Non-linear filtering: interacting particle resolution, Markov Processes and Related Fields 2 (4) (1996) 555−581.
[28] J. Levinson, M. Montemerlo, S. Thrun, Map-based precision vehicle localization in urban environments, in: Robotics: Science and Systems, vol. 4, 2007, p. 1.
[29] E.W. Dijkstra, A note on two problems in connexion with graphs, Numerische Mathematik 1 (1) (1959) 269−271.
[30] P.E. Hart, N.J. Nilsson, B. Raphael, A formal basis for the heuristic determination of minimum cost paths, IEEE Transactions on Systems Science and Cybernetics 4 (2) (1968) 100−107.
[31] C. Urmson, et al., Autonomous driving in urban environments: boss and the urban challenge, Journal of Field Robotics 25 (8) (2008) 425−466.
[32] D.C. Gazis, R. Herman, R.B. Potts, Car-following theory of steady-state traffic flow, Operations Research 7 (4) (1959) 499−505.
[33] O. Amidi, Integrated Mobile Robot Control, 1990.
[34] S. Thrun, et al., Stanley: the robot that won the DARPA grand challenge, Journal of Field Robotics 23 (9) (2006) 661−692.
[35] A. Kesting, M. Treiber, D. Helbing, General lane-changing model MOBIL for car-following models, Transportation Research Record Journal of the Transportation Research Board (1999) (2007) 86−94.
[36] R. Fierro, F.L. Lewis, Control of a nonholonomic mobile robot using neural networks, IEEE Transactions on Neural Networks 9 (4) (1998) 589−600.
[37] M. Bojarski, et al., End to End Learning for Self-Driving Cars, arXiv Prepr. arXiv1604.07316, 2016.
[38] Y. Nishiwaki, C. Miyajima, N. Kitaoka, K. Itou, K. Takeda, Generation of pedal operation patterns of individual drivers in car-following for personalized cruise control, in: Intelligent Vehicles Symposium, 2007 IEEE, 2007, pp. 823−827.
[39] S. Lefèvre, A. Carvalho, F. Borrelli, A learning-based framework for velocity control in autonomous driving, IEEE Transactions on Automation Science and Engineering 13 (1) (2016) 32−42.
[40] J.M. Snider, et al., Automatic Steering Methods for Autonomous Automobile Path Tracking, Robot Institute, Pittsburgh, PA, 2009. Tech. Rep. C.
[41] S. Singh, Critical Reasons for Crashes Investigated in the National Motor Vehicle Crash Causation Survey, 2015.

[42] R. Sengupta, S. Rezaei, S.E. Shladover, D. Cody, S. Dickey, H. Krishnan, Cooperative collision warning systems: concept definition and experimental implementation, Journal of Intelligent Transportation Systems 11 (3) (2007) 143−155.

[43] E. Koukoumidis, M. Martonosi, L.-S. Peh, Leveraging smartphone cameras for collaborative road advisories, IEEE Transactions on Mobile Computing 11 (5) (2012) 707−723.

[44] E. Koukoumidis, L.-S. Peh, M.R. Martonosi, SignalGuru: leveraging mobile phones for collaborative traffic signal schedule advisory, in: Proceedings of the 9th International Conference on Mobile Systems, Applications, and Services, 2011, pp. 127−140.

[45] J. Barrachina, et al., V2X-d: a vehicular density estimation system that combines V2V and V2I communications, in: Wireless Days (WD), 2013 IFIP, 2013, pp. 1−6.

第 5 章
交通信息物理系统安全和隐私

Tony Kenyon[1,2]
1 英国吉尔福德，Guardtime 研发公司首席产品官兼高级副总裁
2 英国莱斯特郡德蒙福特大学智能运输系统跨学科小组（DIGITS）

5.1 引言

交通信息物理系统（TCPS）具有生成、处理、交换大量信息安全相关、安全相关以及敏感隐私信息的能力，使其成为对网络犯罪分子有吸引力的攻击对象。交通信息物理系统使用各种软件、硬件和物理组件，通过通信协议进行互联互通。计算和物理组件（例如传感器和执行器）通常与人类交互，包括数字子系统和模拟子系统的混合，同时需要实时交互（尤其是安全和实时类功能）。信息物理系统将为关键基础设施、智能交通系统以及自动驾驶车辆提供支撑，并为构建智慧城市结构奠定基础。

交通信息物理系统集成了大量不成熟的专有技术，不完善（或者缺失）的标准，以及一些几乎没有或者完全没有安全内置设计的组件。虽然目前的重点仍然是安全，但业界正逐渐认识到如果没有信息安全就无法确保安全，因此我们必须从一开始就把最佳的信息安全实践纳入交通信息物理系统项目。交通信息物理系统的复杂性、异构性和不成熟性将使其易受到新型网络威胁的攻击，这类攻击可能导致重大物理和经济损失，甚至威胁到人的生命安全。由于交通信息物理系统的互联互通以及人类相互交织的依赖性，妥协的折中方案可能对关键服务造成前所未有的规模的重大破坏，给人类带来严重后果。

本章将针对交通信息物理系统的隐私和信息安全问题，重点聚焦大量嵌入式传感器持续进行通信、交互和收集数据的问题。我们将讨论如何重构信息安全控制、入侵检测的影响、无线接口中的漏洞以及人员在环对于隐私和安全的意义。

5.2 基本概念

交通信息物理系统将成为国家基础设施的重要组成部分，其中暴露的风险将可能导致国家甚至全球问题。因此，基础设施需要设计得足够可靠和高效，以便快速、有效地进行检测并减轻损害，使得服务中断和损害最小化，且不会造成人员伤亡。

交通信息物理系统与许多领域重叠，但引入了新的范式。然而，从企业、电信、工业等传统基础设施网络安全的最佳实践中，可以学到一些重要的经验教训，忽视这些教训将是不明智的。我们在本章中将对更加广泛的网络安全实践进行比较和对比，从而识别出在一些新兴技术中常常在最初快速交付新产品和新服务的匆忙中被忽略的经验教训。

交通信息物理系统中出现的基本信息安全问题不一定是新问题。然而，技术的进步、低功耗组件（通常具有较弱的安全控制）使用的增加以及新的服务模型，使得采用多种方法保护数据、避免人员和基础设施面临新的威胁这件事变得非常重要。若新的漏洞继续被暴露和利用，将向敌人（从独立的黑客、有组织的犯罪，到国家资助的团体组织）提供对交通信息物理系统的吸引力，可以预期到更加复杂的威胁将持续浮出水面。

5.2.1 威胁

可以从高层次上考虑与其他许多领域显著重叠的威胁分类。图 5.1 提供了威胁种类的高等级分类，其中部分是基于欧盟网络和信息安全机构的工作[1]。这些威胁类中的大部分都适用于交通信息物理系统，尽管它们的容易程度、发生频率和实现会随着特定的交通运输域和系统部署而变化。

威胁的目标常被称为"资产"，并且资产价值越高，敌人试图进行危害的吸引力就越大。需要注意的是，资产价值往往不等于货币价值。例如，在交通信息物理系统中，资产可能包括保存敏感信息的系统或者对于任务或者安全至关重要的系统。任意威胁的范围都将取决于敌人是否计划破坏整个系统（例如交通控制系统）或者具有针对性的实体（例如电子控制的飞机或者网联汽车）。

5.2.2 敌人

在网络安全领域，敌人以多种形式存在（通常称为配置文件），需要在评估风险、漏洞和威胁的范围时单独考虑它们。分析攻击者时需要考虑很多重要分类和属性，例如：

- 敌人的强大或者弱小（例如，单独行动者、计算机专家、有组织的犯罪、政府资助的专业团队）。
- 敌人的可用资源（例如，资源、机器、恶意软件工具的接入权限）。
- 来自系统外部或者内部（例如，远程攻击或者安装的键盘记录器）。
- 来自组织的外部或者内部（例如，内部威胁、社会工程）。

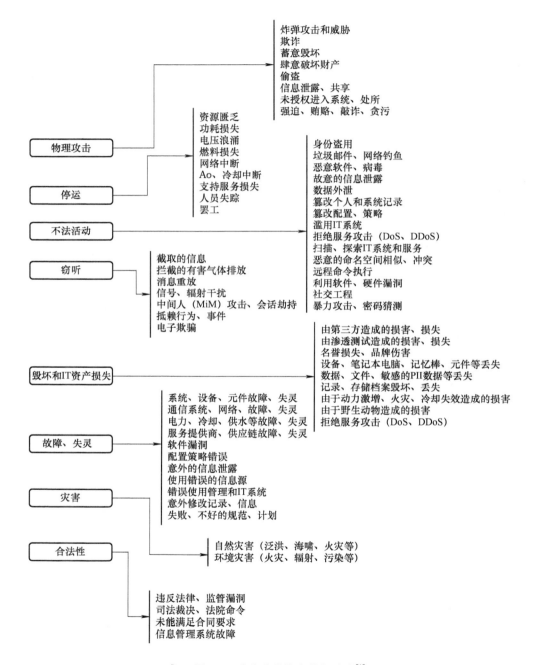

> 图 5.1　威胁种类的高等级分类[1]

还需要考虑潜在敌人的可能动机：
- 恶作剧或者恶意行为（例如，无聊、诋毁同行声誉）。
- 具有敏感数据或者系统接入权限、对工作不满的员工（例如，空中交通管制员）。
- 竞争对手（例如，声誉损害、知识产权盗窃）。
- 勒索软件（例如，以禁用关键服务为威胁获取经济补偿，常通过匿名账户使用数字货币）。
- 吸引注意力的行为（例如，当抢劫银行时使交通系统瘫痪）。

这些宽泛的分类并不限于交通信息物理系统，在其他领域，我们也看到同样广泛的问题。然而，我们必须从交通信息物理系统的新视角进行考虑，以便充分体现潜在威胁和风险的范围。如今网络犯罪的组织极为严密，敌人往往在妨碍安全控制和揭露新的微妙漏洞方面表现出卓越的创造力。对手的范围包括所谓的"脚本小子"（互联网黑客）以及组织严密、高素质、拥有资金支持的团队。强大的对手还可能包括拥有计算机科学研究生学历、精通系统知识、能够访问复杂源代码库和工具的人员团体。

5.2.3 机密性、完整性和可用性

在传统的 IT 信息安全实践中，机密性、完整性、可用性等属性（即所谓的 CIA 组合）是用于指导安全资源实现的重要概念，见图 5.2a）。这些属性代表了可视化和量化系统或者组织的安全状态的三个维度。然而，对于大多数实际场景，提供完美的安全性几乎是不可能的，并且很难在每个维度上都赋予同等的权重，因为可能需要考虑例如成本、风险、上市时间等一些实际的影响。图 5.2b）介绍了 CIA 按照重要程度降序排列的用例。例如，这可能适用于确定保护敏感数据所需的安全控制。

在信息安全领域，机密性通常占据中心，其次是可用性，而完整性在很大程度上会被持续地忽视。一定程度上，这可能是因为难以大规模实现有效的完整性安全控制，尽管近年来提出了替代性的方法，如区块链技术（后文

将对此进行讨论)。对于完整性关注度的缺失似乎有些意外,因为我们如果不能充分地理解系统的状态,就无法描述系统安全的效果。从更直接的角度,Dan Geer 说过:"任何不能通过经验判断有效性的安全技术,都与盲目的运气无异。"[2]

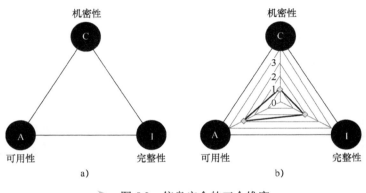

图 5.2　信息安全的三个维度

图 5.2a)说明了 CIA 组合的三个维度,图 5.2b)说明了每个属性的映射应用在特定的安全环境中(1=高优先级,5=低优先级)。

交通信息物理系统中,CIA 组合能够在安全内容中提供有效指导,例如,为服务器端基础设施和数据中心分配安全控制。然而,在某些场景下,CIA 有限的视角是非常不充分的,例如实时的、安全敏感的、存在人工参与的、具备很差或者完全不存在的物理安全的系统。后文的图 5.4 展示了交通信息物理系统网络安全分析中可能需要考虑的更广泛的维度。

5.2.4　风险

网络安全不单纯与密码学有关,它针对发生在特定环境中的不良行为进行风险评估,并部署适当的保护措施和对策(安全控制)以降低风险。评估网络安全风险与其说是科学,不如说是艺术。例如,在企业安全方面,我们可以使用一种被称为年度损失预期(ALE)的方法来量化和管理风险,大致遵循以下方法:

1)识别资产并进行优先级排序(例如,商业和任务敏感的系统,知识产权、个人身份信息、客户联系人列表等）。为了简化，可以对类似的资产进行分组。

2）识别主要威胁和漏洞。为了简化，可以在适当的地方进行分组。

3）评估资源价值遭到威胁的概率（使用通常依赖于领域专业知识或者行业数据集的概率），称为单独损失预期（SLE）。SLE 的计算公式为：资产价值×暴露因子（EF）。EF 是如果威胁实现将对特定资源造成损失的百分比。

4）估计每年的发生率（ARO），以确定每一类威胁每年发生的可能性。

5）前两个指标可以用来估计每一类资产暴露的风险。ALE 的计算公式为：$ALE = SLE \times ARO$。

使用 ALE（或者类似的模型），并且通过了解准备容忍的风险水平（风险偏好），可以预计（或者理想化地证明）应当在安全控制上投入多少资源，以保护资产和减轻特定的威胁。

理想情况下，这个过程应该是不断迭代和不断更新的。然而，在实践中，这种做法通常是资源密集型的，可能会定期进行评估（与预算周期一致），并在应对新的重大威胁时进行战术性的应对。

这种方法以资产为中心，并且存在许多缺陷。尽管如此，它仍然可能是当前企业风险分析中用于调整风险和预算最广泛采用的方法。也许最严重的缺陷在于对风险本身的计算，以及我们可能会在产生带有数值输出的指标时，存在不正确的信心，例如，一个产生 87.19%风险得分的模型听起来是具有令人信服的准确程度的。事实上，网络安全中的精确风险预测是极度具有挑战性的。随着新的漏洞和威胁的出现，以及作为潜在目标的组织吸引力的变化，组织的风险状况也很可能发生变化。尽管会有进步，但被证明在真实世界的网络系统中，描述威胁与漏洞的可能性和真正的范围是极难的，因为系统往往是高度复杂、广泛分布的，包括多个接入点和信任边界、涉及人机交互并且核心系统和服务也在不断进行更新、修补和重新配置。因此，在过去的 20 年中，由于预防性的控制没有达到预期，监控和违规检测方面发生了重大转变。

与传统的安全领域相比，交通信息物理系统的风险分析可能更加具有挑战性，因为我们要在密切的人机交互和依赖关系基础上考虑实时的关键安全问题。年度损失预期可能被证明对于分析后端基础设施和支撑服务的资产风险是有效的，然而考虑交通信息物理系统的复杂性和异构性，这样的模型似乎并不适用于安全敏感的系统。我们必须考虑采用不同的方法，即便是建立在一些先前最佳实践和方法的基础之上。例如，在交通信息物理系统中，我们应该探索使用攻击树来描述威胁和漏洞，从而允许我们基于不同抽象级别考虑风险。我们可能还将纳入一些失效模式与影响分析（FMEA）[3]：一种来自可靠性工程、获得认可的分析方法。在风险分析过程中，将相关的 FMEA 建议纳入风险计算中是非常可取的做法，例如，为了容错而包含冗余组件，可能能够减轻一些风险。

5.2.5 攻击树

攻击树[4]通过分析不同威胁如何描述和执行对目标系统的攻击，提供一种描述系统安全性的形式化方法。攻击树经常被用于复杂系统中安全风险和威胁的建模。攻击树可以通过几种不同的方式表现，不过，根节点一般描述客体（或者目标），叶节点一般描述如何实现目标。攻击树在功能上类似于工业安全工程中使用的故障树（一种使用定向图的依赖关系分析形式）。

要创建攻击树，我们通常首先要确定所有可能的目标并创建单独的树（这些树可能共享叶节点，或者一些目标可能形成较大目标的子目标）。为复杂系统构建攻击树是一个耗时的过程，需要较高水平的专业领域知识。图 5.3 显示了一个高度简化的攻击树示例，目标位于顶部，动作和子目标位于叶节点中。在本示例中，攻击者希望在交通信息物理系统上安装恶意软件，例如运行关键固件的组件。攻击者需要绕过代码库交付机制（例如，使用拦截），利用预安装的代码（例如，利用漏洞）或在上游代码库中安装恶意代码（例如，强迫一个可信的内部人员）。需要注意的是，在树的每一层中，只要有多个选项，就有逻辑的 AND/OR 路径。

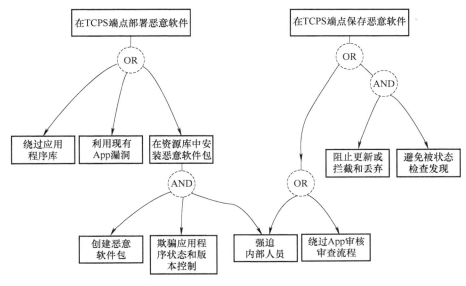

▶ 图 5.3 攻击树示例（TCPS）

在真实世界的软件供应链中，涉及的组件组合和交付过程会非常复杂，有来自不同供应商的数以千计的集成组件，并存在将恶意元素引入代码的诸多路径。在树的底部（最底层的叶），我们需要进行广泛和细化的威胁分析并确保没有任何遗漏。大量的技术可以应用，但 STRIDE 分类方案可能是一个有效的起点[5]。STRIDE 用于根据攻击者使用的开发类型或者动机来描述已知的威胁。STRIDE 的首字母缩略词来自以下类别：

- 欺骗身份（Spoofing Identity）
- 篡改数据（Tampering with Data）
- 否认（Repudiation）
- 信息披露（Information Disclosure）
- 拒绝服务（Denial of Service，DoS）
- 提升特权（Elevation of Privilege）

一旦攻击树完成，就可以为每个叶节点分配取值。根据使用的方法，这些值可以是任意的。例如，可以分配布尔型的值，连续或枚举型的值，如 impossible (I)、possible (P) 或者一些特定的货币值。例如，对于一个 OR 节点，如果它的任意子节点的是 possible，那么它的值是 possible，而所有子节点都是 impossible，它的值则是 impossible。而对于一个 AND 节点，如果所有子节点都是 possible，它的指示是 possible，反之则是 impossible。一旦被分配，就能够对那些节点进行计算或者估算目标的安全性，然后分析是否可以引入各种安全控制，将某些攻击降低到可接受的水平。

攻击树可以揭示令人惊讶的情况，通常，如果分析揭示了一种更简单、更直接的（通常是不成熟的）方法来危害系统，那么最初出现的主要漏洞问题往往就不那么重要了。这种分析的形式同样需要经历连续迭代的过程，因为威胁和漏洞会随时间变化。令人欣慰的是，研究项目在积极探索威胁和漏洞分析的自动化，如使用人工智能（AI）为关键基础设施和交通运输系统自动生成攻击树[6]。

5.2.6 杀伤链

观察攻击的一个有效途径是通过称为杀伤链的时间图。一个杀伤链描述了一次攻击如何随时间被分解为一系列的离散步骤。这些步骤代表了攻击的典型阶段，因为敌人会先进行调研然后危害系统从而达到他们的目标。该理论认为，通过理解这些步骤，我们能够鉴别并及早地阻断这个链条，以降低潜在攻击的危害。

"杀伤链"一词源自于军事领域。洛克希德·马丁（Lockheed Martin）公司在网络安全方面采用这一概念，以及被称为网络杀伤链的模型，明确了"杀伤链"的七个主要阶段。表 5.1 给出了明确的关键步骤。

表 5.1 洛克希德·马丁网络杀伤链的关键步骤和行动

步骤	标题	描述
1	识别	调查和整理地址、不安全端口等
2	武器化	封装、恶意软件包编码以及交付的方法
3	交付	向受害者交付武器包（例如，电子邮件的恶意附件）
4	开发	利用漏洞攻击远程资产
5	安装	在目标资产上安装恶意软件
6	指令和控制	用于远程操作目标的命令通道
7	针对目标的行动	对手使用指令并控制实现其目标

虽然杀伤链可能并不适用于所有的场景，但这项技术已经被成功应用于计算机网络上的入侵模型[8]，并在信息安全用户中获得一些应用。杀伤链方案提供了另一种替代方法，这种方法可能对交通信息物理系统的威胁和用例建模很有用，值得进一步研究。

5.2.7 信息安全控制

一旦确定了主要的威胁和漏洞以及相应的风险，就可以开始执行管理风险的任务。因此，我们通过引入一系列信息安全控制来减轻威胁以及相关的暴露。在企业网络中有成熟的安全控制工具包，在某些情况下，风险甚至可以转移（例如使用保险单）。信息安全控制作为保障措施和应对策略，进行预测、检测、避免、减轻和最小化风险，并且可以采取不同的形式，包括物理、程序、技术或者法律以及法规等[9]。例如，在信息安全领域，控制被广泛用于保护前面所述的 CIA 三位一体的信息。安全控制可分为以下几大类：

- 预测控制：趋势分析、机器学习（ML）和历史数据统计技术、早期预警系统。
- 预防性控制：访问控制、防火墙、反病毒（AV）软件、入侵预防系统（IPS）、防御性编码、安全策略和流程。
- 检测控制：入侵检测系统（IDS）、安全信息和事件管理系统（SIEM）。
- 纠正控制：纠正或限制事件后损坏的影响（例如，灾难恢复、回退过程、事件响应过程）。
- 隐私控制：安全通道（加密链接、虚拟专用网等）。
- 审核和分析控制：日志和报告工具、法律法规等。

基于技术的控制（如防火墙、入侵检测系统、反病毒软件）通常被大量用于监控。例如，生成计数器、事件日志、统计报告、异常报告和"流"记录。这类检测在体系结构良好的安全解决方案中，可用于通知其他的安全控制。例如，安全信息和事件管理系统可能与来自整个网络的其他安全设备或服务关联,生成高等级的警报、趋势图、资产状态和检查报告。高度集成和工具化良好的安全架构应提高态势感知能力,使安全操作人员能够可视化地看到关键资产的实时状态(通常通过风险仪表板),并使用工具和流程及早识别异常状况并快速从事件中恢复。

原则上这些控制和措施适用于交通信息物理系统。然而,必须考虑到信息物理系统之间的重要差异。企业网络依赖于成熟的技术和标准,并使用相对一致和易于理解的设计模式进行部署。但是,交通信息物理系统包含了大量尚未成熟的新组件,这些组件的集成涉及多样性的部署环境,各类技术规范和处理环境,模拟组件和数字组件的混合,移动性和人类关注点,严格的定时和安全要求等。这种异构性、复杂性和成熟标准的缺乏,是设计安全、可靠和高性能的交通信息物理系统基础设施时面临的主要挑战。

5.2.8　机密性、完整性和可用性的扩展

智能交通中安全敏感的控制系统,例如航空电子、汽车和铁路,这些架构包括了大量实时组件,要求在严格时间容限内保证功能正常运行。如前文图 5.2 所示,首先,CIA 组合强调了机密性、可用性,其次是完整性,而在信息物理系统中,安全通常是主要考虑的问题,因此必须考虑性能、隐私方面的其他限制,以及组件成本、维护便捷性、上市实际等现实条件。尽管最重要的可能是将系统故障导致的风险最小化,但考虑商业部署的实际情况,结合有限的预算,意味着安全变成了多维度的权衡折中,如图 5.4 所示。

在实际部署中,安全性往往是一个折中方案。然而,交通信息物理系统要求非常细致地考虑对安全性(和间接安全性)投入何种的重视程度,以及在存在很多未知和变数的情况下如何理性地预测风险。这需要进行深刻思考并通过严谨的方法进行设计、测试、验证和漏洞评估,也许还需要使用新的方法,例如通过仪器的闭环反馈、集成探索和控制等方法实现入侵容忍。人工智能和软件可编程系统的发展很可能在这里起到主要作用。我们将在本章后文中讨论这一点。

第 5 章 交通信息物理系统安全和隐私

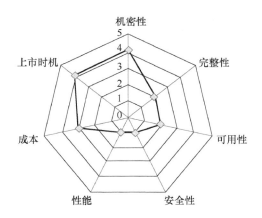

➤ 图 5.4 举例说明 CIA 组合如何用于交通信息物理系统

5.3 交通信息物理系统的威胁和漏洞

考虑到交通信息物理系统基础设施的范围和多样性,与广泛的攻击面相关的潜在威胁和漏洞有很多。在本节中,我们将梳理交通信息物理系统特有的潜在攻击和漏洞。

5.3.1 威胁的场景

为了了解交通信息物理系统中潜在威胁范围的广度,及其与传统网络的不同,以及由此带来的特殊挑战,有必要考虑以下几个示例:

- 在交通监控系统中禁用摄像头和/或控制交通控制系统。
- 破坏车辆的控制器区域网络(CAN)以影响安全敏感的系统,例如提供错误的读数或者激活制动系统。
- 关闭前照灯或者制动灯,关闭发动机或者迫使车辆偏离道路。
- 中断或者改变传感器的遥感,操纵上游的分析和决策控制系统。
- 阻塞车辆之间的通信。
- 破坏车辆的音频传感器,窃听私人谈话。
- 迫使携带敏感情报的无人机落入敌人之手。

- 将恶意配置数据和恶意软件引入飞机系统。
- 通过影响船舶的位置感知,将其移动到易受攻击的位置。
- 欺骗物理系统上的模拟信号,绕过密码控制。

这个列表还远不够详尽,同时我们还处于理解问题空间真正范围的早期阶段[42]。信息物理系统的独特特性,尤其是交通信息物理系统意味着我们将看到前所未有的新威胁。Thacker 等人分析了信息物理系统安全威胁及其后果,说明了信息物理系统与传统信息技术安全的区别,以及对信息物理部署更为合适的动态安全机制[10]。

5.3.2 攻击面

从范围上考虑系统的广度和复杂性,交通信息物理系统提供了广泛、多样性的攻击面:从交通控制系统和后端分析系统到智能车辆(包括网联车辆、电子控制的飞机以及全自动的列车和汽车)。这种复杂度,对无线通信的高度依赖,模拟和数字的混合,通常较差的物理安全性,以及高等级人机交互和依赖性,意味着大量攻击面都不可避免地暴露在不同的抽象层中(图 5.5)。

- 操作交通信息物理系统控制系统的人可能受到社会攻击,例如钓鱼网络和社会工程等。内部威胁和欺诈也可能发生。
- 电子产品可能受到物理攻击,包括侵入性的硬件攻击、侧通道攻击以及逆向工程。
- 软件可能会受到恶意代码的攻击,例如木马、蠕虫、病毒和运行环境攻击,这些攻击反过来可能导致隐私被侵犯和远程控制攻击。
- 通信协议可能受到协议攻击,包括中间人攻击、DoS 攻击和欺骗。
- 模拟系统可能受到影响或者欺骗,从而绕过数据安全控制(例如接入控制和密码安全保障),泄露的敏感信息可能被记录和分析。

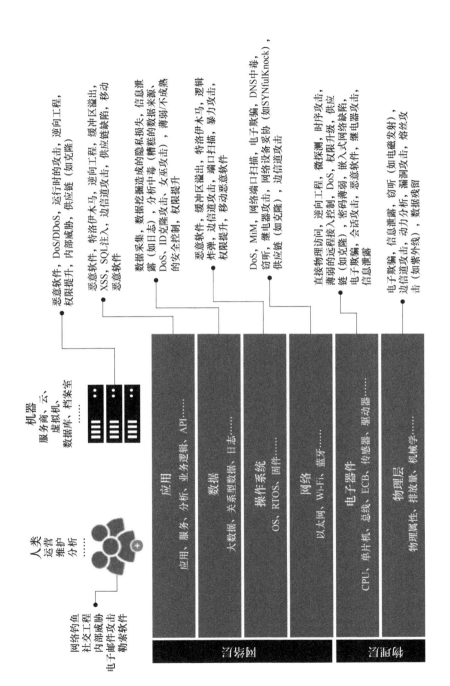

图 5.5 交通信息物理系统的抽象攻击面

DoS—拒绝服务 MiM—中间人 OS—操作系统

5.3.3 对传感器和 Wi-Fi 的依赖

由数字和模拟组件混合构成的传感器网络对网络安全提出了一些独特的挑战。在未来的 10 年中,我们可能会看到在交通信息物理系统中传感器和无线连接的大幅增加。这是由不同的方面驱动的,例如,功能的增强、自动化的提升、维护的改进、操作效率以及成本的降低等。要了解这些系统的复杂性,需要考虑如下方面:

- 当前的汽车平均搭载了 60~100 个传感器,随着汽车变得越来越智能,预计到 2020 年,传感器的数量将超过 200 个。现在的半自动驾驶系统采用多种雷达和摄像系统。自动驾驶车辆需要复杂的集成,需要复杂的算法在强大的处理器上运行,这些处理器用来在大量实时数据流中做出关键决策,这些数据由多样性和复杂的传感器阵列产生。全自动驾驶(安全级别 L4 或者 L5)需要多个冗余传感器系统(用于全自动驾驶的通常有三个,见表 5.2)。

表 5.2 自动驾驶分类等级

等级	描述
0	仅有驾驶员:人类驾驶员独立控制所有功能(油门、制动、转向等)
1	驾驶辅助:辅助系统在一些车辆操作中对人类驾驶员提供帮助(自动巡航控制、防抱死制动等)
2	部分自动驾驶:至少有一个系统是完全自动化的;然而,人类驾驶员必须随时监视系统(例如,巡航控制和车道保持)
3	有条件性自动驾驶:人类操作者监视系统并在需要时进行干预。在某些情况下,安全关键功能被授权给车辆
4	高度自动驾驶:车辆被设计为可运行所有安全关键功能,并在全部的行驶过程中监控道路状况,无需人类驾驶员的干预。有些驾驶场景可能不在车辆的操作范围内,可能需要人工接管
5	完全自动驾驶:全部行驶过程无需人工接管

- 现代商用飞机上可能装配数以千计的传感器,每天会产生 TB 级的数据。虽然大多数飞机发动机只有不到 250 个传感器,但这种情况正在迅速发生变化:例如 Pratt 和 Whitney 的齿轮传动涡轮风扇发送机大约有 5000 个传感器,每秒可产生多达 10 GB 的数据。空客 A380-1000 将在每个机翼上安装 10000 个传感器,据报道机身总共将有 25 万个

传感器。在航空领域，无线传感器的使用成为重要转变方向，至少最初是用于非安全敏感的系统。无线传感器具有显著降低飞机重量和成本的可能性。

随着传感器部署的增加，传感器自身也通过增强的软件、计算和连接功能变得越来越智能。对于低成本无线传感器的日益依赖，将不可避免地导致更多的漏洞和威胁，尤其是对安全敏感的系统。

为了确保交通信息物理系统的正确和安全运行，确保底层系统和组件（特别是嵌入式代码和数据）的完整性，避免被恶意修改，这一点至关重要。近来的研究已经解释了嵌入式系统的多种安全漏洞[11-12]，并且在实现高性价比安全嵌入式系统方面存在特殊的挑战。我们将在第 5.5 节中进行更为详细的讨论。

5.4 交通信息物理系统的安全模型

尽管可以从企业安全的最佳实践中得到重要的经验教训，但确保交通信息物理系统基础设施的安全和隐私需要从不同的角度来考虑。在交通信息物理系统中，不能实时检测（理想状况下是防止）入侵和损害可能导致严重的后果，潜在地会导致生命损失。

- 信息物理世界以设备为中心，通常是无边界的。这与企业具有显著差异。
- 必须定义新的协议和安全标准，以支持低功耗设备、新的嵌入式安全控制以及智能交通系统的最佳实践。
- 可能需要新的方法处理数据管理和隐私问题，例如，敏感数据可能通过汽车跨越国界。
- 传统以资产和成本为中心的风险模型可能不适用于许多交通信息物理系统环境，特别是在需要安全和实时响应的情况下。
- 复杂的异构、低时延环境意味着新的漏洞不可避免。解决方案可能需要具备入侵容忍度、快速缓解和自愈能力。

- 交通信息物理系统的异构性本质意味着关键利益相关者（制造商、政府、监管机构和用户）之间可能需要更多的合作。

设想如果一辆网联车辆遭到入侵，攻击者接入了关键控制系统，控制了车辆的转向、加速、制动，可有效地将汽车变成远程武器系统。交通信息物理系统为信息安全分析师提供了新的、发人深省的场景以及一套全新的约束条件。

5.4.1 挑战

交通信息物理系统本质上是复杂的、异构的，标准和实践还不成熟，采用低成本组件可能提供很少的资源用来部署传统的安全控制。以下是一些构建安全交通信息物理系统基础设施的更广泛的挑战：

- 系统通常是复杂的、异构的，并且包含一些物理的、柔性的以及来自许多不同供应商的数字和模拟组件。这代表了一个很大的攻击面，而且可能没有有效的知识、训练和技能来设计和操作有效的安全解决方案。
- 交通信息物理系统中使用的重要技术并不是公开文档或者经过同行评审的，这极大地限制了系统弱点分析，并为潜在弱点和模糊安全特性的反向工程提供了机会。
- 当试图实现安全控制时，实时约束是极具挑战性的，可能需要有专门构建的操作系统（OS）和重构的安全技术。
- 在争夺安装基础和市场份额的过程中，制造商和开发人员始终低估了安全风险和漏洞。
- 只注重系统安全而不充分注意信息安全，有可能严重损害系统安全本身。
- 现有的安全和隐私模型，对于资源有限的基于传感器和微处理器的设备来说，可能是不足的，甚至是不切实际的。
- 传统基于边界的信息安全方法在某些交通信息物理系统环境中可能完全不合适，特别是在可以直接对系统进行物理访问的情况下。

- 由于特殊的部署和维护流程以及系统性的不成熟，将会暴露出新的漏洞。
- 机器学习技术的进步可能有助于交通信息物理系统的安全自动化，而缺乏训练数据可能会阻碍其有效性。

Adam 讨论了信息物理系统目前在信息安全方面面临的挑战[13]，包括处理这种规模和复杂性方面的知识欠缺，测试和验证技术的不够成熟，满足实时性、可靠性和安全性要求的机制欠缺，风险意识差以及缺乏相关的性能指标。

可以说，目前保护交通信息物理系统的最大挑战之一是计算资源的可用性，尤其是在嵌入式系统中。高密度、普遍性和成本对于确保交通信息物理系统方案的成功至关重要，因为它们涉及诸如物联网和可穿戴技术等宽泛的领域。然而，当考虑信息安全这种缩小规模的能力是有代价的：子系统缺少支持实际安全控制的车载能力（即处理能力、内存、存储、总线宽带等欠缺）。当低端嵌入式组件与关键的任务和安全系统交互时，这个问题尤为严重。

资源限制意味着我们通常在传统网络系统中实现的安全级别可能并不总是可行的。很可能（假定按照摩尔定律和规模效益），愈发复杂和强大的低成本组件将以更低的成本被引入。然而，当前这对安全设计者来说是一个重大挑战。我们可以弱化安保态势（通过隐形安全——这在很多情况下是不可接受的），或者发明一些新的轻量级安全控制、加强全系统的智能化以应对这方面的不足（例如，通过将实时遥测技术与已知操作状态"正常"的多个子系统和组件关联）。

例如，考虑传输层安全（Transport Layer Security，TLS），它实际上是保护传统网络基础设施信道，保护从在线购物到军事信息的所有内容。TLS 在互联互通的系统之间通过公钥基础设施（PKI）进行信息加密收发提供隐私和保密。TLS 使用成熟的、经过充分测试的库进行广泛部署，并得到大型、活跃的开源社区支持。然而，在信息物理世界，在低端系统和组件上部署 TLS 可能是不可行的。例如，很多小型低功耗微控制器没有足够的资源去支持复杂的协议。

典型的 TLS 部署假定通信信道满足大带宽和低延时特性：例如，PKI 证书超过 1KB 的长度，需要两次往返才能建立安全通道。TLS 同样需要足够的处理能力以解决加密函数计算开销较大的问题（至少 4KB 的 RAM，加上支持多达 100 种加密算法的内存）。交通信息物理系统中使用的很多子系统和组件的宽带通信都有低功耗限制，内存和计算资源也受到严格限制。为了应对其中一些的挑战，一些组织正在开发新的轻量级标准，例如 Internet Engineering Task Force（IETF）。具体见 5.4.7 节。

与其他任何技术范式的转变一样，这在一开始就存在相当大的积极性和不确定性：需要认识到，我们正处于交付始终安全、可信、高可用性的交通信息物理系统基础设施这一漫长过程的开端。随着时间的推移，我们的思想和最佳实践将逐渐成熟，这些新领域因破坏和损害所带来的不可避免的后果将更加尖锐。

5.4.2 信息安全架构

在为交通信息物理系统和服务设计新的信息安全架构时，我们不能将现有信息安全模型和实践简单地转移到交通信息物理系统上，必须考虑到一些不同的角度和挑战，包括以下方面：

- 在领域级别（智能交通系统、空中交通管制、高速智能铁路、自动驾驶汽车等）识别和减轻特定交通信息物理系统威胁。
- 改进和开发在交通信息物理系统环境中切实可行的新的安全标准、法规和协议。
- 对故障、噪声和入侵具备容忍度（特别是对于实时安全关键系统），而不损害总体安全性和完整性。
- 在低功耗嵌入式环境中转移或适应最佳实践安全控制的能力（例如，嵌入式防火墙、轻量级安全协议和设备认证技术）。
- 如何保护、侦测、管理隐私被侵犯和敏感资料外泄。
- 传感器状态的完整性和端到端遥测数据的来源。
- 数据可移植性的移动性问题（例如跨境立法问题）。

- 保护物理环境、传感器和上游控制系统之间的接口和信任边界。
- 改进交通信息物理系统安全环境中的规范验证、仿真建模和测试。

交通信息物理系统需要一个安全框架将控制和信息结合起来,以处理特定的约束和威胁,处理信息的敏感性、隐私问题、遥测来源、设备状态和身份识别、联合信任,以及经典信息安全系统的安全、认证、审核和监管。在交通信息物理系统全连接的世界中,我们刚开始看到问题的规模,设备制造商需要在设计和交付产品时发挥更积极的作用,并设计内置安全性。

5.4.3　态势感知

在信息安全背景下,态势感知本质上是一种能够在已知的可接受状态集合中,可视化和量化系统总体健康状态的能力。换句话说,这种能力是验证系统能够被正确地配置,并且在可接受范围内操作。态势感知是通过检测系统实现,并且处理和应用一系列的启发式算法、分析和健康状态检查来确定系统随时间变化的状态,这些方法来自信息、软件、组件供应链。我们需要了解所有子系统的活动状态和可信度,并对生成信息的及时性和可靠性进行定性度量,特别是在定期更新的复杂系统中。从信息安全的角度,我们需要了解以下内容:

- 系统是否处于已知的可接受状态(软件、固件版本、配置文件、策略、访问控制列表等)?
- 系统是否如预期的那样运行,或表现出异常行为?
- 是否有迹象表明该系统可能已破坏或泄露?
- 信息或遥测是否被拦截、泄露、丢失或延迟?
- 我们是否能够确定"正常行为"的基线?这个基线是否会随着时间而改变?
- 我们能否使用当前的行为和仪表来预测未来的故障或额外的资源需求?

交通信息物理系统中的情况感知可以而且应该适用于多个抽象层次。例如,智能交通控制系统可以感知城市交通网络的状态;自动驾驶车辆应完全掌握其所有车载系统的状态；商用飞机应感知其所有机载传感器和安全监管系统的健康状况。对于供应链中具有完全可审核系统的每个关键组件，以及后续的每次替换或者版本升级，其状态、行为、来源需要进行全面检查，需要达到软件、固件、硬件级别。

在交通信息物理系统中，我们可以通过传统技术与新技术混合的方式实现态势感知，尽管这里主要的挑战是传感器部署的规模和复杂度以及实时安全的约束条件。为了确保传感器以及来自传感器的遥测数据的完整性，我们需要定期验证状态并通过行为推断状态（假定存在一些冗余和"正常"状态的概况）。在底层嵌入式系统上部署传统的安全控制（如加密通信）可能不切实际（或者成本过高）。当部署了数以千计的实时传感器，可能就无法对每个传感器进行轮询。我们可能需要依赖于更加有效的探索和广播技术来评估状态与可信度。我们还可以分析事件日志，从而周期性地检查这些系统的状态并寻找趋势。

5.4.4 安全控制

当今，信息物理安全研究仍然高度依赖于现有的互联网信息安全策略和实践，例如密钥管理和完整性验证。如前文所述，虽然我们可以重用一些现有安全模型中的概念，但由于交通信息物理系统的特殊需求，这种方法可能无法满足一些交通信息物理系统对于实时性、可靠性和安全性的要求。传统的安全控制和实践既无法轻易地转移到交通信息物理系统中，也无法满足更高要求的规模等级以及嵌入式系统的自动化水平（在嵌入式系统中可能无法部署）。控制需要被重构，以处理新的安全和隐私挑战，例如随机分布式传感器网络、无处不在的无线网络以及低功耗微系统等。在交通信息物理系统中，安全控制主要分为三类：

- 重用：可以直接从现有安全域重用的控制，例如，使用安全策略、防火墙、IDS、IPS、AV 和 VPN 等。这些可以直接转移至后端交通信息物理系统控制和支持基础设施。

- 重构：在交通信息物理系统约束环境中应用程序必须重构的控制，如轻量级嵌入式防火墙和硬件安全模块（HSM）。
- 创新：针对交通信息物理系统中特定的挑战和威胁而设计的控制（如入侵容忍度的新模型、大规模设备认证的新方法等）。

我们将在第 5.5 节中详细讨论如何在交通信息物理系统环境中应用这些安全控制。

5.4.5 隐私

隐私是针对保护敏感信息和个人身份信息免受直接暴露或者经推断暴露所需要的特殊考虑。隐私主要关注以下问题：

- 应该收集哪些信息？
- 这些信息将与谁共享？
- 允许的用途是什么？
- 信息应该保留多久？
- 访问控制模型的粒度等级是什么？
- 如何撤销使用此信息的权限？

交通信息物理系统在这方面有一些令人感兴趣的挑战。例如，交通信息物理系统中可能部署大量传感器，这些传感器通常很小，很大程度上是隐藏的，并且共同生成大量的数据点。从隐私的角度来说，传感器的隐蔽性和遍布性是一个非常令人担忧的问题，例如，车内的人可能不知不觉地被部署的传感器记录谈话和互动内容。这些系统往往实时进行远程通信，并传输各种各样的信息，包括地理空间和时间数据。如果潜在地对敏感数据进行整理，对于个人来说，可能难以在特定时间和地点进行特定的对话。因此，交通信息物理系统中的一些隐私方面的挑战包括：

- 是否所有这些数据都应该（甚至能够）被加密？
- 数据是否可以被拦截和修改，如果可以，有什么控制措施来检测这些事件？

- 数据是否可以被重构或分析，以揭示更敏感的个人信息（例如，使用大数据推理）？
- 设备是否可以被远程入侵和恶意使用（例如，窃听或泄漏敏感信息）？
- 遵守了哪些法规和保障措施，尤其是交通信息物理系统端点经常移动的情况下（例如，车辆跨越国界）？

下面我们将讨论这些以及相关的问题。

（1）个人身份信息的收集和推断　随着智能交通系统中互联的传感器和系统数量不断增加，交通信息物理系统中的组件可以（合法或者不合法地）用于直接收集敏感的 PII。例如，在网联车辆中，我们可能希望收集诸如地理位置、车辆中乘客数、驾驶员信息（通过身份识别或者推断）、平均速度和最高速度之类的数据。如果不知道整理这些信息的目的，就可能在如何处理和传递信息给其他方面中出现明显的风险。这种风险并不新鲜；移动互联网和电子商务也有类似的问题，我们已经知道如此丰富的数据点可以相互关联（例如，使用大数据分析技术），从而挖掘出购物习惯、经常访问的地点、行为习惯和变化趋势等。交通信息物理系统的不同之处在于，可以有更多的数据点，而这些数据点可能潜在地对行为进行深度挖掘，从而允许相关方可以在不直接收集数据的情况下推断出敏感的个人信息。公司可能会利用这些个人数据来进行信用、保险、健康甚至是雇佣关系的相关决策。后端系统中任何个人身份信息数据的聚合都需要进行充分的管理，确保在破坏事件中不被泄露。

例如，保险公司可能希望收集个人驾驶习惯方面的数据，如紧急制动情况的数量、行驶里程、加速踏板使用情况和驾驶时间等。这些数据可能会被处理，任何用于设定保险费的因素都会被揭示出来，这可能有利于更安全的驾驶员，而且从行业的角度而言，也可能会导致全新的产品和服务的引入（例如动态保险模型）。然而，这些信息可能潜在地对其他驾驶员而言是非常有害的，例如，数据可能被用于增加保费或者做出未来的续费决定，一些驾驶员可能发现很难获得全额赔偿，这基于驾驶习惯决定而不是事故记录。在某种程度上,这种情况已经发生了,尽管很大程度上是自愿的。而令人担忧的是,未来的智能汽车将自动地记录这些数据(尽管是出于其他目的)。

(2)移动收集数据的问题　交通信息物理系统中有一个有趣的情况,在不同的司法管辖区,关于用户敏感信息的收集可能受到不同法律的约束,但很多交通信息物理系统实体(汽车、列车、船舶、飞机)都是移动的。例如,在一个国家收集和发送某些个人身份信息数据是合法的,但当驾驶员跨过国界后,法规和监管制度可能完全不同。因此,部署广泛的控制以确保广泛的接受度至关重要。而且,在某些情况下需要征得用户对特定个人身份信息事务的同意。

(3)潜在的破坏　实际上,所有连接的系统都容易受到攻击、遭到破坏,在交通信息物理系统中,我们应该设计至少可以容忍一定程度破坏的系统:完全消除破坏的代价可能是极高的。交通信息物理系统中遭受破坏的后果可能需要整整一章来讨论,然而,我们可以想象,如果数据或者敏感信息被截获、记录以及可能被修改和欺骗,则会产生何种后果。例如,车辆中的终端漏洞和无线协议中的漏洞可以使技术娴熟的敌人直接仿真麦克风或者视频源,而如果没有监控或者警报系统,驾驶员将完全不知道它们被记录了下来。

(4)收集数据的管理和监管问题　我们还必须从隐私的角度考虑数据存储在何处,数据是否与使用分析关联(并可能丰富),如何管理数据,特别是在当前面临数据泄露高风险的情况下。一般来说,在没有获得驾驶员同意的情况下,数据不应被收集或者处理,在某些司法管辖区,这种行为将违反法律。有关个人身份信息管理的新法规正在出台,例如于2018年5月生效的《通用数据保护条例》。这些法规将适用于交通信息物理系统安全实现,包括对错误处理这类数据的严重处罚。未来,我们很可能会在这方面看到更多的法规。

5.4.6　测试和验证

我们知道,高度复杂的系统往往难以测试和验证,特别是在缺乏一致性和透明度的情况下。传统上，信息物理系统团体关注与有说服力但通常不完整的方法来验证操作的正确性，其准确性很大程度依赖于抽象建模的质量[14]。在工业上基于模型的开发设计中，测试与验证过程面临的主要挑战之一是交通信息物理系统的规模和复杂性，以及这些模型可能不容易与广泛使用的形式化分析和建模工具（例如 Simulink）集成[15]。交通信息物理系统的物理方面使得验证更加具有挑战性，因为现有的验证方式通常不是可转移的。

无法正常验证信息系统的安全挑战很常见。然而，这种具有复杂性和异构性的结果意味着要证明安全性的效果，是有许多困难的。例如，如果我们考虑汽车控制系统，这些系统包括嵌入式硬件上的信息物理离散时间控制器，通过传感器和执行器与连续时间的工厂交互。由于标准软件系统的验证问题是不可判定的，因此可以合理地假设交通信息物理系统的验证问题也是不可证明的。Crenshaw 和 Beye 提出了一个基于组件的可编程多码攻击系统，使用 UPBOT 测试平台，可用于测试信息物理安全的威胁并防御（尽管没有实时解决方案）。

5.4.7 新兴的标准

需要新的标准和法规帮助解决集成和管理方面的挑战，并满足交通信息物理系统的一些独特需求。也许最显而易见的改进范围是采用轻量级协议和数据格式，以适用于支持智能交通基础设施、具备严格约束条件的嵌入式环境中的实现。IETF、国际标准组织（ISO）和其他标准组织正在引入新的标准。一些示例如下：

- 中长范围连续空中接口：ISO 倡议，为智能交通系统（ITS）服务[17]定义标准无线协议和接口。
- 受限应用协议（CoAP）：一种轻量级超文本传输协议，类似于 HTTPS。
- CoAP 对象安全性：用于保护 CoAP 消息。
- 简洁的二进制对象表示（CBOR）：关键值对和数组数据类型的可读数据表示（类似于 JSON，但更紧凑）。
- CBOR 对象签名和加密：用于保护 CBOR 对象。

此列表不是所有的，新标准将被持续开发和批准，制造商将继续发展和使用缺乏安全特性或者弱安全特性的产品，这有可能会存在持续的风险暴露期，使交通信息物理系统容易受到一系列琐碎的攻击。

5.5 交通信息物理系统中的信息安全控制

当前的信息物理安全研究往往严重依赖于现有的安全控制和设计模式。由于交通信息物理系统的特殊需求，这种方法可能不适用于一些关键环境，例如大型低端嵌入式环境、实时安全关键环境和物理安全性较差的无人值守目标。需要针对交通信息物理系统的新解决方案进行进一步的研究和开发。在信息物理安全设计中，必须综合考虑实时需求、网络、物理对象和人之间的反馈、分布式命令和控制、行为和威胁模型的不确定性、测试和仿真的局限性、可伸缩性和地理分布等因素。纽曼讨论了信息物理系统中的安全建模、传感器和执行器的安全、系统架构和应用安全，并提供了一种将安全集成到核心系统设计中的设计方法[18]。

我们现在讨论一些重要的安全控制以及交通信息物理系统安全和隐私方面的实现和研究的挑战。这是一个广泛和迅速发展的领域，因此我们不能在这里探讨每一个方面，这将超出本章的范围。关于一般安全控制、安全体系结构和实践的进一步信息，请参阅参考文献[9]。

5.5.1 嵌入式系统安全

为交通信息物理系统设计有效的安全控制，其关键挑战之一是如何在嵌入式环境中实现这些特性。有大量关于更加复杂（高端）的嵌入式系统安全体系结构的文献（例如，广泛用于移动平台的 ARM 和 Intel 体系结构）。对于这些系统，已经提出了大量安全体系结构，包括基于软件的隔离和虚拟化、基于安全硬件和处理器体系结构的可信计算（提供安全执行）。这些方法可能适用于较大的嵌入式系统或移动设备集成的交通信息物理系统（例如，在车辆娱乐系统中）。这是一个非常活跃的研究领域。例如，Zimmer 等人描述了安全约束的代码执行时间[19]，其结合了静态分析和最坏情况下的执行时间，并提供了执行时间超过限制的系统故障指令。

低端嵌入式系统通常是为特定的任务而设计的，针对低功耗和最低成本进行优化，通常需要满足严格的实时需求。这些平台通常不能支持用于高端嵌入式系统的功能丰富的控件。安全解决方案通常是对安全代码和相同平台上运行其他软件的数据基于硬件执行隔离。例如，通过使用只读存储器运行任务，基于硬件执行的隔离任务，访问受保护的数据区域，固定的内存布局，不间断的任务，安全的进程间通信，加密任务的隐私，在启动时配置任务的隔离和实时调度。例如 SPM[20]、TrustLite[21]、SMART[22]和 SANCUS[23]。正如前面所讨论的，由于严重的资源限制，即使是基本的安全控制（如加密）也可能无法在这样的环境中部署。

5.5.2 访问控制、加密和标识

在企业安全中，对敏感系统的访问一般是通过安全控制进行管理的，如强标识、加密和基于角色的访问控制。这些控制可能同样适用于交通信息物理系统基础设施控制系统和后端支持服务。然而，即使在一些底层嵌入式系统中部署基本的访问控制，也可能不可行。由于资源限制，加密机制的安装可能是不可行的，当考虑规模时，标识在硬件级别的实现也需要仔细考虑。如果加密无法实现，就会引起数据隐私的问题，因此出现了新的标准来提供轻量级的实现（见第 5.4 节）。至于标识，可能会在生产过程中从硬件中产生独特的标识：例如，物理上不可复制的功能（PUF）可能适用于集成电路，并被研究团体和行业广泛讨论，相关研究证明其使用于生成独特的硬件指纹。PUF 可以形成安全实现的基础，这些安全实现需要安全密钥存储和设备身份验证[24]，例如，作为数字系统信任的硬件根，生成和存储系统的私有主密钥[25]。尽管取得了一些进展，但是在许多交通信息物理系统环境中的复杂性、对基本安全控制的缺乏以及物理模拟组件的存在都意味着这些访问控制可能被简单地绕过。本章稍后将讨论入侵容忍的概念。

5.5.3 代码签名

代码签名是一种众所周知的技术，用于确保以已知和可信的状态构建和交付软件包。本质上，我们需要在收到这样一个包时验证发布者的可靠性，对于安全关键系统，代码签名的价值是不言而喻的。代码签名通常使用密码散列（由 PKI 支持）对包和包的所有子组件进行数字签名，从而支持跨越整个软件供应链的完整端到端来源。代码签名使收件人能够质疑（可能忽略）可疑包，并有助于确保系统处于已知状态并有助于简化事件后的取证调查。

5.5.4 设备认证

为了验证系统状态的完整性，我们使用了一种称为认证的机制，它能够检测与已知状态的差异。例如，我们可能希望知道某个特定组件正在运行固件的特定版本。在部署了大量低功耗组件并提出了一些远程认证方法的环境中，这尤其具有挑战性。这些方法大多涉及认证者和验证器的概念，其中认证者定期向验证器发送状态报告，以证明它处于已知和可信的状态（不需要轮询）。验证器针对认证者状态进行验证，确认其没有被修改。为了减少恶意软件的欺骗，认证者发布的报告的真实性通常由安全的硬件和/或可信的软件来保证。基于软件的认证更适合于低端嵌入式设备，因为它不要求使用复杂的硬件或加密密码（因此可能更便宜，尽管不太可靠）。对于安全关键系统，一些基本的安全特性最好在可用的硬件上实现。

下一代用于拓扑结构的嵌入式系统，如车辆自组织网络（VANETs），可能会使用大型设备群（嵌入式设备的动态自组织异构网络）。验证这样一个系统的完整性需要有效的群认证技术来集体验证设备状态。目前，规模化远程认证的应用尚不成熟，如何设计一种有效的认证方案是一个具有挑战性的开放性研究课题。

5.5.5 嵌入式防火墙

防火墙是非常有价值的信息安全控制手段，可以加强安全域之间的信任边界。虽然在传统的网络领域中普遍存在，但是防火墙对资源的要求很高，因此适用于高级控制系统以及有足够的机载资源来支持这些特性的系统。在底层嵌入式系统中实现有状态防火墙可能是不可行的，尽管可以部署相对基本的防火墙功能，比如访问控制规则。Hossain 和 Raghunathan 给出了一种用于无线传感器网络的新型轻量级防火墙部署的细节[26]。

5.5.6 嵌入式硬件安全模块

硬件安全模块广泛应用于传统信息安全领域，为密码学、随机数生成和安全密钥或证书存储等功能提供嵌入式硬件支持。硬件安全模块通常部署为机架安装的安全设备，并可能包含复杂的防篡改功能，以减少未经授权的物理和远程访问。在交通信息物理系统中，小型硬件安全模块越来越有可能直接嵌入到安全关键组件中——如网联车辆中的低层控制系统和电子控制单元[27]。

5.5.7 入侵容限和错误容限

入侵检测系统（IDS）是一种成熟的安全控制技术，在数据网络中得到了广泛的应用。这些控制用于检测以及在某些情况下主动防御攻击，并在针对传统分层安全模型（具有硬安全边界）建立信任后变得越来越普及，而且，在防止入侵方面，真实规模的挑战变得明显。如今，大多数大型企业都认为安全漏洞是不可避免的，行业调查也支持这一观点，入侵检测系统（以及相关的监控解决方案）是为了在出现漏洞时提供早期预警。

安全漏洞的不可避免性对交通信息物理系统具有指导意义，因为交通信息物理系统几乎没有硬安全边界的表征，在某些情况下还可以直接物理访问敏感系统。在信息物理世界中，IDS 仍然与后端基础设施的某些部分高度关联，尽管可能需要对此类控件进行重大重构以处理嵌入式环境中的低级约束和规模。考虑到交通信息物理系统的一些安全影响，我们需要考虑具有入侵容忍度的模型，使用新的试探法和人工智能通过高水平的组件和功能冗余来避免单点故障。在交通信息物理系统中，我们需要从基线行为中检测异常行为的方法，并在组件出现问题或受到损害的情况下采用自修复（或排除）方法。Adam 建议建立安全策略并创建具有安全接口的框架，以增强系统动态行为的安全性，并讨论使用集成的反馈机制实现网络自配置和自修复的方法[13]。关于网联车辆入侵检测的进一步信息，请参阅参考文献[28]。

5.5.8 遥测和消息源

信息流是信息物理系统的界定特征之一，交通信息物理系统融合了多种本地的和远程的有线与无线技术。我们在前面讨论了使用密码学和密码签名来确定通信源，以及最近提出的将区块链作为一种确定消息源的方法（请参阅第 5.5.9 节），尽管实时约束可能使这些解决方案在某些环境下不适用。Tan 等人在参考文献[29]中总结了信息物理系统的信息安全控制问题，描述了消息完整性、可用性、保密问题、欺骗解析以及在物理和控制系统之前信息传递中的 DoS 攻击等，分析了现有的主动防御和被动响应机制的局限性以及安全控制的自动控制理论问题。该项目描述了信息物理系统安全控制研究的挑战和方向，将博弈论应用于入侵检测模型，提出了一种新的主动-被动系统入侵算法。Tang 等人提出了一种安全信息流模型，并将其与电力系统中的柔性交流传输系统相结合进行了验证，为未来信息物理系统的安全设计提供了有益的参考[30]。由于它只描述了安全事件的一个子集，仍然有一些安全漏洞，需要通过进一步的研究来解决。

5.5.9 其他技术

这一领域的研究非常活跃，一些新的方法被提出，工作也扩展到相关的信息安全领域以及更广泛的信息物理系统领域。例如，Little 等人讨论了信息物理系统中的安全控制问题，并评估了应用信息安全和控制理论的可行性[31]。Kottenstette 等人描述了系统在恶意攻击下的被动结构（基于控制理论）和弹性控制的概念，并就如何降低复杂性以及提高分析的准确性提出了建议[32]。最近，区块链技术被提出作为一种潜在的手段用来支持传感器和上游控制系统之间的遥测、消息传递和配置状态的来源，应用于各种环境，如汽车、工业和国防。在后一种情况下，区块链"签名"可用于使用日历哈希函数以确保地面系统和军用飞机之间传输的配置数据的完整性，首先在带时间戳的区块链中注册源状态，然后在接收时验证状态。进一步信息的请参阅参考文献[33]。

5.6 案例：网联汽车

当今的汽车包含了模拟和数字组件的混合物，在很大程度上仍然是驾驶员在掌控。随着谷歌、苹果（Apple）、微软（Microsoft）、优步（Uber）和特斯拉（Tesla）等实力雄厚的公司宣布推出产品，汽车自动化目前正受到研究团体和制造商的大量关注。当我们转向完全网联以及基本自动驾驶的汽车时，发生严重袭击的风险将不可避免地增加。最终，可能会存在较少甚至无人的访问控制，由于因为制造商采取降低成本和复杂性的措施而取消了人工覆盖驾驶员功能的能力。如果这类车辆的网络受到破坏，个体以及宏观上发生严重事故的风险就很可能出现。忽视这些可能性是不明智的，其他领域的经验表明，对安全性进行加装改造（就像目前交通信息物理系统的一些领域所做的那样）很少奏效。在业界关注安全的同时，我们需要从根本上显著提高安全性，在设计阶段就加强安全和隐私控制，寄希望于相关的研究标准的改进以及引入有针对性的监管。

5.6.1 关键利益相关方

正如我们在第 5.2 节中所讨论的，在现实世界互联的系统中提供近乎完美的安全性会变得非常昂贵，而且由于许多原因，实现完美的安全性实际上是不可能的，这就变成了一个风险问题。为了确定为保护网联车辆而部署的安全资源的级别，我们应该首先考虑关键的利益相关方以及所要保护的资产。网联车辆的主要利益相关方如下（注：此列表部分基于参考文献[28]）：

- 私家车车主
- 汽车制造商

- 汽车经销商
- 服务提供商
- 车队所有者和租赁公司
- 软件和硬件公司

必须保护的资产包括广泛的特性，如所有权、隐私、可用性、客户满意度、知识产权、责任和声誉，见参考文献[28]。这个列表针对敌人可能试图追求的本质目标上提供了有用的指导，我们可以从这个列表开始构建攻击树（如第5.2节所述）。

5.6.2 系统和组件架构

信息安全当前是汽车电子系统的一个主要问题，今天的汽车包含许多网联的电子系统、通过精心设计以提供对汽车状态的控制和监控。现代汽车可能包含 50~120 个 ECU，这些嵌入式计算机系统控制着大量的功能，从转向、制动、动力系统、娱乐系统到照明系统[28]。车辆控制系统通常依赖于来自多个制造商的组件，这些组件包括传感器和执行器、多核处理器以及不同制式的无线通信系统。车辆的整体安全依赖于 ECU 之间的接近实时的通信。ECU 之间通过相互通信、负责实现预测碰撞、检测滑块、执行防抱死制动等。

对于车内通信，最广泛使用的消息总线是 CAN，尽管例如 MOST 总线、LIN、FlexRay 和蓝牙等其他系统也被广泛部署。这些本地网络中的安全性可能比较薄弱或根本不存在，而且有些实现可能是专有的。CAN 基于一个简单的数据包总线、允许消息在安全关键系统之间广播。当前 CAN 中没有对安全通信的隐式支持，其总线带宽也有限制：消息长度较短，且定时约束致使在不影响安全系统的情况使嵌入安全性变得很困难。CAN 通过在消息上使用简单的校验和，并且可能通过不同制造商之间的专用差异进行隐藏来实现安全特性。由于这些未文档化的特性，CAN 很容易受到反向工程和欺骗的攻击[34]。因此，CAN 对敌人来说是一个重要且有吸引力的攻击面。

交通信息物理系统

网联车辆通过外部通信（通常通过网关 ECU 和 VANET），使用广域通信技术进行通信，例如微波接入全球互操作系统、车辆环境中的无线接入系统、专用短程通信、通用移动通信系统和长期演进系统。与原始设备制造商（OEM）网络的蜂窝连接通常可用于非关键固件和软件系统进行无线更新（Over-The-Air，OTA），尽管一些制造商已经将 OTA 用于核心 ECU。智能手机应用程序也已经被开发出来以提供一系列功能，比如识别车辆位置、操作门锁以及起动和停止发动机。随着汽车制造商的差异化竞争，应用程序功能可能会得到扩展。

网联车辆越来越依赖于一系列的传感器。图 5.6 显示了高自动驾驶等级所需的传感器的范围。这些传感器都呈现攻击表面，它们的脆弱性取决于它们是安装在内部还是外部，以及相关通信通道的保护程度。

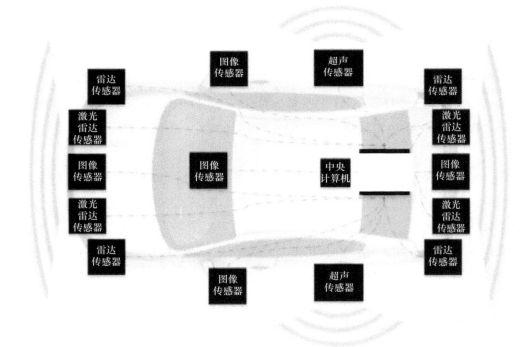

▶ 图 5.6　现代网联汽车中的多个传感器部署

目前，超声波传感器广泛应用于停车场；然而，这些对自动驾驶的重要性是有限的（见表 5.2）。为了实现更高级别的自动化（L3 级及以上），需要三组主要的传感器系统：
- 摄像头（单一的和立体的）
- 雷达（无线电探测和测距）
- 激光雷达（光探测和测距）

摄像头和雷达系统越来越多地用于 L1 级和 L2 级车辆。当同时使用时，这些系统可以提供车辆速度和距离的精确反馈以及对障碍物和移动物体的指示。雷达传感器（短程和长程）位于车辆的前部和后部，用于监测交通状况并能够探测到 1 厘米到几百米的距离。由于成本和可用性的限制，目前激光雷达系统在生产中很少使用，这项技术的潜力还有待充分挖掘。

另一个需要考虑的领域是车辆娱乐系统的使用（通常称为信息娱乐系统）。汽车正在迅速成为一个移动娱乐平台，随着汽车的自动化程度越来越高，信息娱乐系统将成为运输途中为汽车为乘客提供服务的关键部分。今天，这样的系统可以使用商业成品的软件进行交付，包括微软 Windows Embedded Automotive 和 QNX（一种类似 Unix 的实时操作系统，最初由 Quantum Software Systems 开发，后来被 Blackberry Limited 收购），以及 Linux 的开源变体。虽然具有商业吸引力，但这些环境对攻击者来说是潜在的丰富目标，具有可充分理解的攻击表面。移动操作系统通常需要定期打补丁来减少漏洞，如果这些系统与车内控制系统相连接，我们就有可能需要面对潜在的安全、隐私和安全方面的问题，需要对这些功能进行仔细检查。

5.6.3 自动驾驶的演进

表 5.2 列出了自动驾驶的各种分类。这些分类是采用的标准：美国汽车工程师学会（SAE）的 J3016 和欧洲的联邦公路研究所。在撰写本文时，还没有商业生产的汽车达到 L3 级（尽管有一些演示车辆）。一些国家正在努力在 2020 年前使 L3 级车辆合法化。

全自动汽车需要从安全和隐私的角度进行高等级的监视，还需要额外的安全措施来避免重大事故。我们应该把自动驾驶汽车看作是当今网联汽车所有可能的威胁和漏洞放大：攻击面变得更大、更复杂，潜在漏洞的数量显著增加。远程控制的网联车辆是一种潜在的恐怖主义武器，应该从这个角度来看待安全性差所要付出的代价。

5.6.4 威胁和漏洞

现代车辆为敌人提供了各种各样的攻击面，而且它们往往是长时间无人值守的（所以物理安全可能并不总是可用）。研究人员已经证明，车辆可以通过许多接口受到危害，包括直接或间接的物理访问、短程无线通信和远程无线通信[35-39]。这是一个广泛而复杂的话题，我们在这里讨论一个常见威胁和相关研究的样本。更多信息请参阅参考文献[28]。

防盗器系统经常受到攻击，从而允许直接物理接入车辆及其车载系统。这类攻击的技术含量往往低得惊人（比如破坏门锁、找钥匙和给点火装置热接线），尽管目前更加复杂的攻击正被试图在高端汽车上实施，使用的技术包括中继攻击、无线电干扰、DoS 和破解加密密钥[28]。

一旦进入车辆，ECU 可以通过车载诊断（OBD-II）端口被物理访问（OBD-II 端口在美国是强制性的，大多数车辆上都有）。使用这种访问级别，恶意对手可以进行安全攻击，如消息注入、重播、欺骗和隐私攻击，如窃听。通过渗透到单个汽车 ECU，攻击者可以通过通信总线（如 CAN）访问其他 ECU，并可能取得对仪表集群、门锁和安全关键部件（如加速和制动系统以及发动机）等特性的控制。华盛顿大学和加州大学圣地亚哥分校的研究人员展示了恶意软件是如何通过对车辆的物理访问，或通过蓝牙或 Telematics 远程被引入的[40]。他们证实意外故障中的重大威胁，使这些系统的安全受到威胁。需要注意的是，虽然他们的研究是为了证明这种威胁的存在，但作者没有发布利用代码或透露测试中所使用车辆的身份。

研究人员还表明，恶意对手可能通过蓝牙和 Telematics 等多种接口在 ECU 上执行远程代码。Miller 和 Valasek[41]在 DEFCON 13[34]上介绍了两辆现代汽车在 CAN 总线上的各种损害。作者在 CAN 总线上执行了反向工程，并演示了通过淹没网络（本质上使用 DoS 攻击）或通过精心设计的欺骗包破坏网联组件。虽然这些车辆的 CAN 实现排除了一些攻击（比如影响加速），但其他攻击是可能的（比如影响制动速度）。随着汽车网联化和自动化程度的提高，安全关键漏洞的数量很可能会增加。

交通信息物理系统采用不同类型的传感器进行物理信道[3]的参数测量，例如，一辆汽车可能同时装备激光雷达和声呐传感器用来测距，装备一个磁测速仪来测量速度，装备传感器来测量轮胎压力。对手可能会试图破坏特定类型的传感器从而产生特定类型的故障：例如，距离测量传感器可能会被破坏，从而产生错误的距离读数，进而可能导致车辆的制动功能受到破坏。传感器的可信度可能会有所不同，这取决于传感器是放在内部还是外部，以及对手（新手还是老手）是位于车辆[3]内部还是外部。

VANET 可能会因多种原因受到攻击，包括滥用、恐怖主义、从网络监控进行攻击、社交攻击、定时攻击、应用程序攻击到 DoS 攻击等一系列攻击。例如，车主可以发动所谓的 Sybil 攻击，伪造拥堵信息欺骗数千辆汽车，以影响交通控制系统，或这影响其他驾驶员选择另一条路线[28]。

网联汽车组件的远程更新通常是必不可少的，例如，为了修复软件缺陷、升级功能和维护特定的风险配置文件。这些更新越来越多地通过 OTA 无线传输，这就出现了一个丰富的攻击面，可被拦截、DoS、窃听和进行数据操作。

供应链与服务基础设施为网联汽车所有组件的交付和维护提供服务，涉及多种不同的 OEM、供应商和分包商。供应链的复杂性意味着对供应的各个方面进行监督和审查可能是不可行的，而且会实际存在一系列攻击的可能性，涉及内部威胁、欺诈、敏感信息泄露和安全隐患。

5.6.5 降低威胁

为了降低 OTA 更新受到攻击的风险，需要在可行的情况下对相关的通信通道进行加密，理想的情况是使用硬件支持加密功能和密钥存储。软件供应链也需要实现端到端代码签名和定期的状态检查与版本审查以确保系统状态。如果对关键组件进行监视，还应该能够实现回退过程，在活动状态不一致的情况下强制系统返回到已知状态。在参考文献[27]中提出了一种提供安全的 OTA 固件更新的协议；该协议使用硬件安全模块进行密码函数和随机数生成，每个 ECU 包含一个硬件安全模块。

针对安全关键函数和容错性（例如在传感器网络中），交通信息物理系统可以使用多种不同的技术来测量相同的变量，提供一些冗余和检测异常读数的能力。例如，车辆可以使用带有 C2C 的声呐和激光雷达来测量距离。由于噪声、丢包和其他故障，激光雷达很容易发生故障（例如在雾天），传感器的输入也可能不可靠。速度可以使用速度计和 GPS 来测量。由于这些传感器可以放在汽车内部或外部，我们也应该考虑直接的物理攻击。

研究人员已经提出使用消息验证码来保护 CAN 网络，使其免受欺骗和重现攻击[35]，尽管由于消息长度（64bit 有效负载）的限制和实时约束，这些增强在今天的车辆上基于 CAN 实现可能是不可行的。关于 CAN、LIN 以及 MOST 总线的漏洞和相关利用漏洞的详细信息，可以参见参考文献[28]。

当传感器读数有明显偏差时，我们可以考虑采用信号处理技术和先进的探测法（包括降噪、滤波、异常检测和一致性算法等）来防止、检测和容忍传感器输入的不可靠性。这些技术可以用来确定哪些读数是可行的、哪些应该被暂时或永久地排除。例如，可以使用一致性算法，要求一定比例的传感器输入在特定时间内可靠地上报，忽略任何异常值。为了评估传感器读数的可信度，可以采用参考文献[3]中引用的一些方法。

汽车往往会长时间无人值守，如果攻击者能够直接访问传感器和安全关键部件，那么漏洞的范围就会扩大很多。通过在车内部署传感器，并在可能的情况下取消对车内硬件接口的直接物理访问（例如，支持带有访问控制的加密 Wi-Fi），此类风险可能会显著降低。如果立法规定诊断端口（如 OBD 接口）在车辆内应易于访问，则后者可能不可行。如前文所述，在传感器无法直接物理访问的情况下，熟悉车内系统的技术娴熟的对手仍有可能远程破坏车辆，并通过这种方式操纵读数，从而影响关键的安全功能。

这是一个复杂的、不断发展的重要研究领域。从其他安全领域得到的一个教训是，随着时间的推移以及更复杂的安全控制的部署，攻击往往会变得更复杂，特别是在目标足够具有吸引力的情况下。这样的攻击往往会体现精通的系统知识和高水平的技能。有关智能汽车的安全性和隐私问题更详细的分析，请参见参考文献[28]。

5.6.6 小结

鉴于自动化、无线通信（特别是远程信息技术）、OTA 更新（尤其是核心系统）和大规模传感器部署的应用将不断增加，预计汽车电子系统的安全和隐私挑战将显著增加。我们应该假设接口可能易被破坏。因此，采用合适的安全控制、限制破坏范围和部署提前预警功能对异常行为或者非授权的系统状态更改进行告警，从而加强所有的车内系统和外部通信信道的安全控制是至关重要的。与此同时，我们需要探索直接适用于低水平嵌入式设备和大规模网络物理系统的新安全技术。消息总线的脆弱性（可访问安全关键的ECU）是所有新车都需要解决的一个特殊问题，尤其是在我们向前所未有的自动化、网联化和集成水平迈进的过程中。

5.7 新兴技术

信息物理系统已经利用了移动计算的进步，尽管在关键系统的基础设施中仍然部署了大量传统技术。交通信息物理系统和智慧城市等相关方案正越来越多地利用挖掘数据、软件定义网络（SDN）、虚拟化、人工智能、物联网和区块链等新兴技术。现在，我们将在交通信息物理系统的背景下简要讨论其中的一些重要技术。

5.7.1 软件定义网络

有效的网络信息安全仍然是一个难题，即使并不算复杂的环境中（例如企业网络）也是如此；这仍然是一个远未解决的问题。在威胁和脆弱性方面存在着太多的变数和动态因素,包括(而且往往是复合的)与人的互动。网络信息安全领域的持续军备竞赛对维护过程造成压力,在频繁的后台补丁和核心系统级服务进行更新的背景下,运营人员每天都在努力防御现有的和正在出现的威胁。随着新的软件开发过程的引入,变化的速度急剧提升(现在部署新软件版本达到秒级),我们将进入一个网联系统的新阶段,需要网络自身可程序化,以保持速度并实现有限网络资源的有效利用。

SDN 本质上是一种新的网络编配方法,它将核心路由的智能化从传统智能交换机和路由器推向基础设施的边缘。其基本思想是,网络的核心部分应该包含较少的智能系统,但是可以通过可编程策略快速重新配置这些系统,以响应环境中的变化。例如,我们可以选择在检测到网络流量快速增长时实现动态扩展服务,而不需要任何人工干预或手动重新配置。SDN 应该在新兴的交通信息物理系统控制基础设施中证明其有用性(例如,用于灾难恢复、需求的快速响应或动态业务路由选择);然而,它们也有一些风险。使用 SDN,控制变得高度集中,因此遭受损害后的破坏范围更大。虚拟化路由中透明性的缺乏还可能导致长期无法检测到在遥测和消息传递中窃听和操纵。然而,这是一个重要的领域,在交通信息物理系统的使用中也是一个有前景的技术。

5.7.2 虚拟化

虚拟化本质上是在严格控制的软件容器中部署操作系统和组件的能力,这些操作系统和组件将在虚拟机上执行。事实证明,虚拟化对于为数据中心和后端支持服务快速部署所谓的弹性支持基础设施非常有利。虚拟化通过确保跨多个 OS 实例的一致性来加快部署和提高安全性。虚拟化也是新的"DevOps"软件部署方法的一个基本组件,并且很可能是软件定义基础设施的关键支撑因素。虚拟化能够促进沙盒化(包含在容器中执行敏感或危险的功能)、可伸缩性、向外扩展性和高可用性。这些特性对于构建性价比高、安全且灵活的交通信息物理系统基础设施非常有吸引力。在交通信息物理系统中,虚拟化可能还有其他增益,比如改进测试和仿真,将关键系统动态回退到已知状态以及快速部署具有稳定性和一致性的车载系统。

5.7.3 大数据

交通信息物理系统基础设施产生大量的数据，这些数据的容量和速度可能无法使用传统的关系数据库进行存储和分析。大数据（以 Apache Hadoop、Cassandra 和其他"NoSQL"技术的形式）能够在高可用性处理集群中实现大规模非结构化数据集的保存。使用诸如 Hadoop 等技术，可以使用 MapReduce 等专业技术高效地查询大量非结构化数据，而这种跨越大量松散结构化数据的能力通常可以挖掘出惊人的内涵。在交通信息物理系统环境下，我们应该期待大数据在后端支持基础设施中得到大量使用，用于保存和分析消息、遥测、事件日志、地理空间数据甚至视频要素和图像。交通信息物理系统网络是可软件编程的，它也可以创建反馈循环，通过对此类网络的动态调整（例如，响应需求的变化，或者作为预测分析的结果）使分析变得可操作。鉴于前面关于遥测拦截和中毒的讨论，我们将需要确保有足够的保护措施，以避免重要的决策制定和控制系统受到下游传感器数据的操纵。我们还需要注意避免通过关联或推理无意中暴露敏感的个人身份信息数据。

5.7.4 人工智能和机器学习

网络安全入侵和损害实际上是不可避免的，而且交通信息物理系统中这些入侵的后果可能危及生命，因此我们将需要在提高此类网络和系统的智能化方面实现突破。交通信息物理系统基础设施需要具有一定的入侵容忍度，并且需要提供快速的自修复功能以及新的自动化等级。在分析阶段，机器学习（连同混合式探索）很可能在威胁和漏洞分析的自动化方面提供重要的思路和增益[6]。无论是在控制系统层面还是在传感器执行器层面，智能系统和异常检测在区分正常和不良行为方面也有重要作用。机器学习和神经网络以及模糊逻辑等技术可能有助于区分错误、故障、误配置或损坏的组件。机器学习和神经网络也可能通过训练从而根据现有的行为去预测未来的失败。在工业和企业系统等传统安全环境中，这种面向更智能和更主动安全态势的转变可能带来显著的增益。

5.7.5　区块链

区块链是一种基于成熟概念（如 Merkle 树和哈希码）的相对较新的技术，集分布式一致性、不可变状态、时间戳和分布式账本等功能于一体。或许现今最著名的区块链实现是比特币，而且，虽然比特币基于区块链技术，但重要的是区分区块链结构和这些结构上的数字货币及许可的实现。区块链结构在广泛的行业和环境中拥有大量潜在的用途，比特币之前的研究介绍了带时间戳的日历块的应用，这些日历块现在支撑了许多区块链的实现[33]。已经有人提议在许多安全和隐私环境中使用区块链，例如，注册不可变资产状态、维护审计日志的完整性、确保敏感遥测技术的来源、保护健康记录和确保 GDPR 的个人身份信息交易完整性。将这些案例绑定在一起的核心主题是信任、不可变性、身份和规模。由于区块链主要基于加密哈希表的属性，因此它可能在交通信息物理系统环境中很有用，因为在交通信息物理系统环境中，系统需要扩展到数百万个设备，并且无法部署加密（例如，由于资源限制）。哈希表相对容易部署，而且与加密相比，计算成本更低。一个重要且微妙的区别是哈希码侧重提升完整性，而加密侧重提升保密性（参见图 5.2 中的 CIA 组合）。集成的区块链结构也可用于支持网联传输系统中数百万资产的态势感知，例如，Guardtime 设计了区块链基础设施，每秒可接收 1012 个区块链注册[33]。

5.8　总结和展望

这是一个极具吸引力的领域，我们应该认识到，交通信息物理系统的安全保障是一个旅程，但我们出发时有些措手不及。在配置过程的所有兴奋点中，我们也冒着忽视许多经验教训的风险。近三十年来，网络信息安全被广泛认为处于一种窘迫的状态。网络犯罪已被证明是持续的和极其机智的，但现在看来，即便有了我们在网络安全技术和实践方面取得的所有进步，入侵仍是不可避免的。交通信息物理系统为网络犯罪分子提供了一个独特而广泛的攻击面，而且，由于将不受保护的技术整合到新兴的网联设计中，我们未来有可能面临发生严重事件的风险。正如我们前面讨论过的，在交通信息物理系统中，损害的后果可能会有生命威胁，以及重大的直接和间接经济风险以及针对个人隐私的风险。

为了解决与交通信息物理系统有关的独特的安全和隐私风险，需要有一种具有多个抽象层级的整体网络信息安全方法。此外，交通信息物理系统中的特定领域也呈现出设计、实现和风险偏好方面存在的显著差异，应在适当的情况下使用专门的安全控制进行独立处理。这种方法涉及多个不同方面，例如风险评估和建模、平台安全、安全工程、安全管理、身份管理、传感器完整性、遥测来源和个人身份信息管理。交通信息物理系统应采用一种实时的、具有入侵容忍度的方法，采用新的探测方法、交替的传感器反馈和自修复来减少损耗造成的影响。我们应当预见并积极推动技术研发，以显著提高网络信息安全的自动化水平、有效性和准确性，从同步应对新出现的威胁和部署规模。

针对交通信息物理系统，我们有机会从一开始就在安全方面进行设计，通过开发包含安全和隐私的新协议和标准，以及开发可以容忍某种程度的入侵而不会损害安全的系统，从而从根本上解决一些基本问题。在诸如工业和企业网络等更加传统的安全环境中，这种向更加主动和入侵容忍度更高的安全态势的转变，可能带来显著增益。

目前仍有许多重大的研究方向的挑战需要进一步解决。交通信息物理系统的风险评估是仍在起步阶段，重要的是，我们探索了其他学科（例如机器学习）如何被用来提供分析和提高威胁与漏洞分析的自动化水平（例如，通过为关键基础设施和交通运输系统自动生成攻击树[6]）。随着我们向完全自动的系统迈进，实时消息总线设计的安全性提升将是至关重要的。交通信息物理系统特别需要新的轻量级的安全控制来帮助减轻低等级攻击。入侵容忍系统和探测方法需要用来处理来自损坏或者故障组件的异常行为，特别是在物理安全较弱的领域。改进远程认证技术需要不断完善，以确保正确的操作状态，特别是在一些经常更新 OTA 的核心系统。当前远程认证的应用尚不成熟，如何设计一种有效的认证方案成为一个具有挑战性的开放性研究课题。

最后，供应链和服务运营固件的复杂性引起了对安全性和隐私的重要关注，特别是我们如何在部署的所有组件和子组件中提供更大的透明度以及可审核性，以及我们如何最好地对完全组装的系统的安全性和隐私性进行仿真和测试。

练 习

1. 解释智能网联汽车的各种威胁和弱点。
2. 列出交通信息物理系统实现有效网络信息安全不同于传统安全控制的主要原因。
3. 解释交通信息物理系统中隐私可能受到损害的各种方式，给出例子。
4. 解释你可能如何测试交通信息物理系统安全和隐私漏洞，可能使用哪些工具和技术。
5. 任何交通信息物理系统都能保证完全安全吗？举例解释你的推理。
6. 解释交通信息物理系统中安全与信息安全之间的关系。
7. 给出交通信息物理系统被破坏或损害的一些后果，并举例说明你的理由。
8. 使用攻击树简要描述针对自动驾驶车辆潜在的安全攻击。描述一些你可能部署、用来减轻此类攻击的控件。
9. 解释智能网联车辆使用 OTA 更新核心 ECU 的增益和问题。如何改善软件供应链的完整性。

参 考 文 献

[1] L. Marinos, ENISA Threat Taxonomy: A Tool for Structuring Threat Information, 2016.
[2] Geer's Law; Attributed to Dan Geer, an Internationally Recognised Security Analysts. https://en.wikipedia.org/wiki/Dan_Geer. (Accessed on 18/04/2018).
[3] I. Ruchkin, A. Rao, D. De Niz, S. Chaki, D. Garlan, Eliminating inter-domain vulnerabilities in cyber-physical systems: an analysis contracts approach, in: Proceedings of the First ACM Workshop on Cyber-Physical Systems-Security and/or Privacy, ACM, October 2015, pp. 11−22.
[4] B. Schneier, Attack trees, Dr. Dobb's Journal 24 (12) (1999) 21−29.
[5] Open Web Application Security Project (OWASP) Threat Modelling Web pages. https://www.owasp.org/index.php/Threat_Risk_Modeling. (Accessed on 18/04/2018).
[6] MIT Computer Science and Artificial Intelligence Laboratory (CSAIL) Project Page on the Use of AI to Auto-Generate Attack Trees for Critical Infrastructure and Transportation Systems. https://www.csail.mit.edu/research/automated-attack-tree-generation-critical-infrastructure. (Accessed on 18/04/2018).
[7] Lockheed Martin's Web Page Describing the Seven Phases of the Cyber Kill Chain®. https://www.lockheedmartin.com/us/what-we-do/aerospace-defense/cyber/cyber-kill-chain.html. (Accessed on 18/04/2018).
[8] K.J. Higgins, How Lockheed Martin's 'Kill Chain' Stopped SecurID Attack, 2013.

[9] N.A. Sherwood, Enterprise security Architecture: a Business-Driven Approach, CRC Press, 2005.
[10] R.A. Thacker, C.J. Myers, K. Jones, S.R. Little, A new verification method for embedded systems, in: Proc. IEEE Int. Conf. Computer Design, 2009, pp. 193−200. Lake Tahoe, CA.
[11] A.R. Sadeghi, C. Wachsmann, M. Waidner, Security and privacy challenges in industrial internet of things, in: Design Automation Conference (DAC), 2015 52nd ACM/EDAC/IEEE, IEEE, June 2015, pp. 1−6.
[12] A. Costin, J. Zaddach, A. Francillon, D. Balzarotti, S. Antipolis, A large-scale analysis of the security of embedded firmwares, in: USENIX Security Symposium, August 2014, pp. 95−110.
[13] N. Adam, Workshop on future directions in cyber-physical systems security, in: Report on Workshop Organized by Department of Homeland Security (DHS), January 2010.
[14] X. Jin, J.V. Deshmukh, J. Kapinski, K. Ueda, K. Butts, Challenges of applying formal methods to automotive control systems, in: NSF National Workshop on Transportation Cyber-physical Systems, 2014.
[15] Mathworks' Simulink Web Page (Simulation and Model Based Design). https://uk.mathworks.com/products/simulink.html. (Accessed on 18/04/2018).
[16] T.L. Crenshaw, S. Beyer, UPBOT: a testbed for cyber-physical systems, in: Proc. 3rd Int. Conf. Cyber Security Experimentation and Test, 2010. Washington, DC, Article No. 1−8.
[17] ISO Presentation on Continuous Air Interface for Long and Medium Range (CALM) initiative. https://www.ietf.org/proceedings/63/slides/nemo-4.pdf. (Accessed on 18/04/2018).
[18] C. Neuman, Challenges in security for cyber-physical systems, in: DHS: S & T Workshop on Future Directions in Cyber-physical Systems Security, July 2009.
[19] C. Zimmer, B. Bhat, F. Mueller, S. Mohan, Time-based intrusion detection in cyber-physical systems, in: Proc. 1st ACM/IEEE Int. Conf. Cyber-Physical Systems, 2010, pp. 109−118. Stockholm, Sweden.
[20] R. Strackx, F. Piessens, B. Preneel, Efficient isolation of trusted subsystems in embedded systems, in: Security and Privacy in Communication Networks, Springer, 2010.
[21] P. Koeberl, S. Schulz, A.-R. Sadeghi, V. Varadharajan, TrustLite: a security architecture for tiny embedded devices, in: European Conference on Computer Systems (EuroSys), ACM, 2014.
[22] K. Eldefrawy, A. Francillon, D. Perito, G. Tsudik, SMART: secure and minimal architecture for (establishing a dynamic) root of trust, in: Network and Distributed System Security Symposium (NDSS), 2012.
[23] J. Noorman, P. Agten, W. Daniels, R. Strackx, A. Van Herrewege, C. Huygens, B. Preneel, I. Verbauwhede, F. Piessens, Sancus: low-cost trustworthy extensible networked devices with a zero-software trusted computing base, in: USENIX Conference on Security, USENIX Association, 2013.
[24] A. Schaller, V. van der Leest, Physically unclonable functions found in standard components of commercial devices, in: First Workshop on Trustworthy Manufacturing and Utilization of Secure Devices (TRUDEVICE 2013), May 2013, pp. 1−2. Avignon, France.
[25] R. Maes, V. van der Leest, E. van der Sluis, F. Willems, Secure key generation from biased PUFs, in: International Workshop on Cryptographic Hardware and Embedded Systems, Springer, Berlin, Heidelberg, September 2015, pp. 517−534.

[26] M. Hossain, V. Raghunathan, Aegis: a lightweight firewall for wireless sensor networks, in: Distributed Computing in Sensor Systems, 2010, pp. 258−272.
[27] M.S. Idrees, H. Schweppe, Y. Roudier, M. Wolf, D. Scheuermann, O. Henniger, Secure automotive on-board protocols: a case of over-the-air firmware updates, in: International Workshop on Communication Technologies for Vehicles, Springer, Berlin, Heidelberg, March 2011, pp. 224−238.
[28] J. Deng, L. Yu, Y. Fu, O. Hambolu, R.R. Brooks, Security and data privacy of modern automobiles, in: Data Analytics for Intelligent Transportation Systems, 2017, pp. 131−163.
[29] Y. Tan, M.C. Vuran, S. Goddard, Spatio-temporal event model for cyber-physical systems, in: Proc. 29th IEEE Int. Conf. Distributed Computing Systems Workshops, 2009, pp. 44−50. Montreal, QC.
[30] H. Tang, Security Analysis of a Cyber-physical System (M.Sc. thesis), University of Missouri-Rolla, Rolla, 2007.
[31] S. Little, D. Walter, K. Jones, C. Myers, Analog/mixed-signal circuit verification using models generated from simulation traces, in: Proc. 5th Int. Symp. Automated Technology for Verification and Analysis, 2007, pp. 114−128. Tokyo, Japan.
[32] N. Kottenstette, G. Karsai, J. Sztipanovits, A passivity-based framework for resilient cyber physical systems, in: Proc. 2nd Int. Symp. Resilient Control Systems, 2009, pp. 43−50. Idaho Falls, ID.
[33] Guardtime Website. Guardtime is an Estonian based Company That Offers a Novel Range of Blockchain Solutions to Assist in Remote Attestation, Provenance, Compliance, and Situational Awareness. www.guardtime.com. (Accessed on 18/04/2018).
[34] DEFCON, One of the Longest Running and Best Known Annual Hacker Conventions. https://www.defcon.org/. (Accessed on 18/04/2018).
[35] C.W. Lin, Q. Zhu, C. Phung, A. Sangiovanni-Vincentelli, Security-aware mapping for CAN-based real-time distributed automotive systems, in: Proceedings of the International Conference on Computer-Aided Design, IEEE Press, November 2013, pp. 115−121.
[36] S. Checkoway, D. McCoy, B. Kantor, D. Anderson, H. Shacham, S. Savage, K. Koscher, A. Czeskis, F. Roesner, T. Kohno, Comprehensive experimental analyses of automotive attack surfaces, in: USENIX Security Symposium, August 2011.
[37] P. Kleberger, T. Olovsson, E. Jonsson, Security aspects of the in-vehicle network in the connected car, in: IEEE Intelligent Vehicles Symposium, 2011, pp. 528−533.
[38] K. Koscher, A. Czeskis, F. Roesner, S. Patel, T. Kohno, S. Checkoway, D. McCoy, B. Kantor, D. Anderson, H. Shacham, S. Savage, Experimental security analysis of a modern automobile, in: IEEE Symposium on Security and Privacy, 2010, pp. 447−462.
[39] I. Rouf, R. Miller, H. Mustafa, T. Taylor, S. Oh, W. Xu, M. Gruteser, W. Trappe, I. Seskar, Security and privacy vulnerabilities of in-car wireless networks: a tire pressure monitoring system case study, in: USENIX Conference on Security, 2010.
[40] Centre for Automotive Embedded Systems Security. https://www.autosec.org/publications.html. (Accessed on 18/04/2018).
[41] C. Miller, C. Valasek, Adventures in automotive networks and control units, in: DEF CON, 21, 2013, pp. 260−264.
[42] Y. Liu, Y. Peng, B. Wang, S. Yao, Z. Liu, Review on cyber-physical systems, IEEE/CAA Journal of Automatica Sinica 4 (1) (2017) 27−40.

第 6 章
交通信息物理系统基础设施

Brandon Posey[1], Linh Bao Ngo[1], Mashrur Chowdhury[2], Amy Apon[1]
1 美国南卡罗来纳州,克莱姆森大学计算学院
2 美国南卡罗来纳州,克莱姆森大学土木工程系

6.1 交通信息物理系统基础设施概述

在描述交通信息物理系统的复杂数据基础设施需求之前,我们首先通过一个传统数据处理或者说是 web 服务环境的数据基础设施的例子进行介绍。在这个例子中,我们研究通常基于传统 LAMP 架构的 web 服务协议栈[1]。缩略语 LAMP 代表 Linux 操作系统、Apache HTTP 服务器、MySQL 关系数据库管理系统(RDBMS)以及 PHP 编程语言。图 6.1 给出了 LAMP 架构的图形化描述,我们可以识别 LAMP 中各独立组成部分的作用。Linux 用于在硬件资源上提供一套开源、可靠的操作系统。RDBMS(不限定为 MySQL)是

核心数据基础设施，用于存储和访问数据。Apache HTTP 服务器提供一个接口和支持平台，用户可以通过它使用 PHP 或者其他编程语言（例如 javascript）调用编写的应用程序。这些 web 服务将访问 RDBMS 以获取可用于创建供用户使用的数据。RDBMS 中的数据可通过直接输入或者用户提供信息的方式添加。在某种程度上，用于数据采集、输入和展示的 RDBMS 和相关的外部程序或者基于 web 的应用，形成了 web 服务协议栈中的数据基础设施。

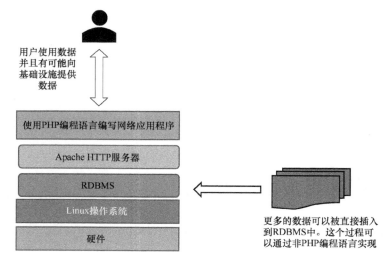

▶ 图 6.1　web 服务的 LAMP 架构概述（RDBMS 为关系数据库管理系统）

为了满足交通信息物理系统复杂数据的挑战，标准数据基础设施需要不断演进，以应对被称为"大数据 5V"的交通信息物理系统数据特征，包括：①容量（volume）；②种类（variety）；③速度（velocity）；④准确性（veracity）；⑤值（value）[2]。一种用来满足这些特性的数据基础设施被提出，称为 lambda 架构[3]，简称为 LA。如图 6.2 所示，LA 中的数据基础设施分为四种主要部分：数据层、批处理层、流层和服务层。LA 中提出的这些概念为交通信息物理系统的应用提供了坚实的基础。在数据层，数据代理组件是连接批处理层和流层的关键组件，为整个基础设施提供了一些关键的服务，这些服务包括通过对数据进行复制和分区以优化数据流的可访问性以及在批处理层和流层获取数据失败时降低数据丢失的风险等。与流层一样，现有的各种软件

第 6 章 | 交通信息物理系统基础设施

架构功能能够提供数据代理。其中，Apache Kafka 是最新的框架，它的开发和动机来自数据企业生产环境[4]。

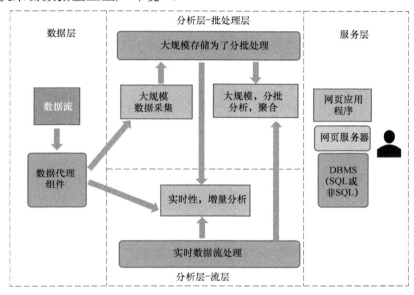

▶ 图 6.2　用于数据基础设施的 Lambda 架构

批处理层由能够存储和处理大量不需要实时服务级需求数据的组件构成。不同于主要支持数据获取和通过查询语言访问数据的传统 DBMS，LA 的批处理层还需要支持对大量数据的开发复杂操作和计算任务的能力。为此，由于数据传输的网络带宽限制，将组件分为计算和大规模存储是不合理的。当前，批处理层中采用的最流行的软件生态之一是 Hadoop 生态系统，包括用于大规模存储的 Hadoop 分布式程序系统（HDFS）[5]和用于数据处理的 Hadoop MapReduce 框架[6]。流层不维护任何永久存储组件，相反，它依赖于能够实时获取和处理数据的流数据处理基础设施。尽管 20 世纪 60 年代起就已经开发出流数据软件[7]，但能够支持大数据所需容量和速度的现代框架很少。其中，Spark[8]、Flink[9]和 Storm[10]是最为著名的，其中 Spark 作为一个学术界和工业界广泛采用的框架脱颖而出。服务层用于用户进行系统中存储数据的交互，而这些系统是前文所述的采用不同编程语言编写的。交通信息物理系统中的每一层及其功能将在本章后文中详细讨论。

6.2 数据基础设施组网

在交通信息物理系统中，基础设施、车辆和人员相互协作，以支持终端用户和其他利益相关方（例如汽车相关行业、驾驶员和公共机构）的应用需求。数据基础设施可以是集中式、分布式或者集中分布式的体系结构，需要与数据发送方、数据接收方以及数据基础设施本身的组件进行通信。通信可以通过无线或者有线介质实现。使用一种还是多种通信介质将取决于多种因素，如通信介质的可用性、应用需求（例如通信范围、可靠性、时延和带宽等）。数据的来源和接收方将包括人员、设备、其他的数据基础设施和服务。根据应用需求，数据基础设施可包括数据存储和处理器的一层或者多层。数据基础设施层数需求的选择，是为了降低网联的信息物理系统提供服务的数据传输时延、降低带宽需求和数据丢包率，以支持大量的信息物理系统单元和同时运行多种不同的交通信息物理系统应用[11]。

美国交通部资助了网联车辆参考实施架构（CVRIA）的开发，将其作为开发网联汽车应用和基础设施的指南。网联车辆的应用即交通数据采集应用物理视图，如图 6.3 所示[12]。应用的物理视图描述了物理对象（系统和设备）以及应用对象和这些物理对象间的高级接口。图 6.3 呈现了交通管理中心和车载设备（OBE）等物理对象以及应用对象，例如车辆态势数据监控和车辆安全（车辆 OBE 物理对象中）等应用对象。物理对象之间的接口用于体现时间（流时间内容）、空间（流空间内容）和安全（流安全）。不同的颜色指示了它们分别属于中心、区域或者车辆的类别。物理对象之间的接口体现了每个流的高级名称及其时间、空间、安全内容的通信。不同物理对象之间的这些接口（可以称为基础设施）是通过有线或无线通信实现的。例如，车辆 OBE（例如一个网联车辆）和路侧设备之间通过无线介质进行三种信息流的通信，包括车辆态势数据参数、车辆态势数据以及用于监控的车辆位置和运动数据。CVRIA 的应用视图可作为针对各种网联车辆应用进行数据架构开发的参考。CVRIA 还为各种网联车辆的应用提供企业、功能和通信视图。

第 6 章 | 交通信息物理系统基础设施

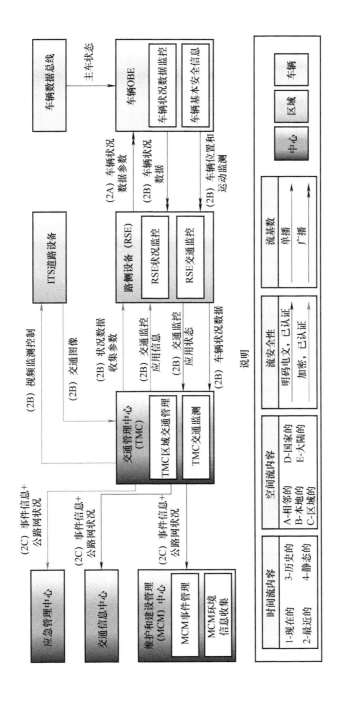

▲ 图 6.3 交通数据采集应用物理视图

ITS—智能交通系统 OBE—车载设备

转载自网联车辆参考实施架构（CVRIA），美国交通部，(https://local.iteris.com/cvria/html/applications/app87.html#tab-3)，(accessed in May 2018).

图 6.4 给出了 Clemson 大学网联车辆测试床的一个分层架构的示例[11]。如图 6.4 所示，分层架构包括：①移动边缘设备；②固定边缘节点；③系统边缘节点。任意的移动边缘节点，例如车辆和行人，都配备了无线通信设备，例如专用短程通信（DSRC）设备，长期演进（LTE）蜂窝设备或者支持 Wi-Fi 的设备等，可以采集和传输位置和移动信息。固定边缘节点接收来自移动边缘节点的信息，通常具有低时延需求，特别是对于与安全高度相关的应用。固定边缘节点与系统边缘节点通过高吞吐量、低延时和高可靠的方式进行连接，例如采用提供回传链路的光纤。系统边缘控制数据存储、数据融合和向外部实体的数据分发。尽管图 6.4 展示了一种三层的数据架构，但层的数量可以根据架构和特定的应用需求支持的应用数量而变化。

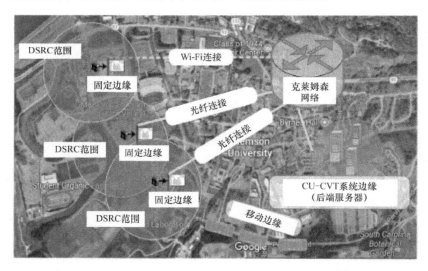

▶ 图 6.4　车辆和数据基础设施通过不同的通信介质[11]连接

根据应用需求，可以采用不同的通信方式连接不同的数据基础设施层。例如，对于网联汽车系统中与安全相关的应用，基于其低时延特性，DSRC 被推荐使用。对于非安全相关的网联车辆应用，由于没有低时延需求，4GLTE 或者 Wi-Fi 可作为可行的无线通信方式。在本章内容的撰写过程中，5GLTE 处于开发阶段、也可能是另一种低时延的通信方案。这些通信方式将在第 11 章中详细介绍。

6.3 数据采集和摄取

交通信息物理系统中数据处理和决策支持基础设施的第一个过程是数据采集。交通信息物理系统可以有多种不同的数据源，需要快速、高效地存储和提取这些设备的所有数据。从这些不同设备上获取不同数据格式的数据将带来独特的挑战，本节将对此进行详细讨论。

这些数据被采集和存储后，需要进行摄取和发送，从而实现数据分析并提取有意义的数据。通常通过数据代理组件来管理数据的发送位置和处理方式。数据代理及其操作将在本节中详细讨论。

6.3.1 交通信息物理系统数据源的挑战

交通信息物理系统数据可以有各种各样的来源，例如与交通灯、网联车辆、卫星甚至行人建立连接的传感器或者摄像机。每一种数据源都将产生面向交通信息物理系统不同方面的、不同类型的数据，例如位置、天气、行驶轨迹、事故避免以及基础设施的总体性能等。这些不同类型的数据需要采用不同的方法处理。采集的数据中有的只需要进行简单的处理甚至不需要处理，例如某段时间内通过特定位置的车辆数量；而其他采集的数据则需要进行大量的处理，例如通过闭路电视摄像头采集的视频。数据类型广泛的可变性以及洞悉数据的处理能力需求显著影响交通信息物理系统所采用的基础设施类型。

对于需要处理密集型任务的交通信息物理系统，底层数据基础设备不仅需要具备处理大量产生的数据的能力，还需要具备高效处理相同数据的能力。交通信息物理系统采集的大量数据可以达到 PB 级规模，如此大的数据量的存储就成为一个问题。除了存储问题，访问和处理数据也会存在问题。这就需要具备鲁棒性的处理引擎和大量的基础设施。在本章后文中将讨论具备可行性的软件系统。

交通信息物理系统的用户对于数据基础设施具有一些特殊需求。例如，一辆网联汽车需要基于来自各类传感器的数据，就是否需要制动进行实时决策。如果数据基础设施不能足够快地处理数据并做出决策，或者数据基础设施不可用，车辆就可能发生碰撞，造成物理损坏或者财产损失。而且，数据基础设施不仅需要高效、可靠，还需要具备安全性和可扩展性。例如，网联车辆的数量不断增长，需要基础设施相应的扩大规模；每一辆网联车辆都在发送位置数据，如果不加以保护，将导致未经授权的用户能够跟踪特定车辆的轨迹。

交通信息物理系统另一方面的特性是数据传输到采集点的方式。交通信息物理系统从安装在移动的车辆上的传感器或者其他设备采集数据，这将带来独特的挑战。由于车辆几乎一直在移动，维护持续的连接并发送数据将是一个挑战。这将导致数据传输到采集设备时出现较高的丢包率，因此需要具备鲁棒性的数据摄取系统来解决这个问题。这也导致了在何处部署采集节点的争议，是在本来靠近设备的位置部署，还是在云端部署？每一种方案都各有优缺点，虚拟主机接近设备能够一定程度上降低传输数据的时延，但会对可扩展性和维护造成较大的问题。而云端的虚拟主机会对数据造成额外的往返时延，但能够有助于解决可扩展性和维护的问题，因为基础设施能够根据当前的需求进行增强或者收缩。

6.3.2 数据代理基础设施

交通信息物理系统数据基础设施具有批处理层和流层的各种组件，本质上是一种大规模分布式系统。因此，当扩展通信基础设施时，它将面临相同的挑战，包括复杂的环境，硬件和软件组件的异构性，动态灵活的部署和高可靠性、吞吐率以及弹性[13]。交通信息物理系统数据基础设施可以采用与分布式系统相同的解决方案，即实现面向消息的中间件（MOM）。在这种情况下，消息是从数据源传输到各种数据存储和处理组件的数据元素。通过MOM，数据从称为生产者的源传输至称为代理的队列。被称为用户的目标处理实体能够通过主动从代理拉取数据或者被动地由代理推送数据来获取数据。用户可以反馈，也可以不反馈确认（另一种数据类型）给代理，确认可以被拉取也可以推送给生产者。在此种情况下，用户充当了生产者的角色，生产者也充当了用户的角色。采用 MOM 基础设施替代组件之间通过远程过程调用数据的一些优点如下所示：

- 生产者和用户之间的通信是异步、松耦合的。
- 代理的中间内存存储可以防止系统故障导致的网络数据丢失。
- 由于通信模式的参与者是松耦合的，将更易于扩展数据基础设施中的单个组件。
- 解耦的通信将降低故障传播。

存在多种 MOM，其中多数是开源的。其中，Apache Kafka 是为 LinkedIn 的数据环境显式设计和构建最新解决方案，为实时数据源提供统一的、高吞吐量和低时延的平台[4]。在 Kafka 中，生产者将数据传输至代理层。预期由相同用户使用的数据直接指向专署和特定的主题。每个主题可被划分为多个分区，这些分区由代理层中不同的代理进行维护。多个生产者和用户可以同时在相同或者不同的主题上发布或者检索数据。主题分区和代理的数量可以根据数据需求动态调整。相比另外两个流行的 MOM 框架 ActiveMQ 和 RabbitMQ，已经证明了 Kafka 的基准性能在数据吞吐量方面具有显著优势[4]。

在类似交通信息物理系统的数据基础设施中，Kafka 用于接收来自外部源的数据流并进行设置，从而使来自批处理层和流层的进程能够并发访问数据。例如，只购买一个 Twitter firehose 的流是划算的。通过将该流导入 Kafka 中的单个主题，一个批处理的用户能够获取并存档 HDFS 中的 Twitter 数据进行长期的预测分析。同时，流用户能够实时分析数据以期进行情绪分析、特殊事件预测和趋势预测。

6.4 数据处理引擎

采集并摄取数据后，下一步是进行数据分析以获得交通信息物理系统所需的信息。交通信息物理系统可以采用两类通用的处理引擎：批处理引擎和流处理引擎。每一类执行不同的分析，为交通信息物理系统的功能提供有价值的理解。

6.4.1 用于交通信息物理系统的批处理引擎

21 世纪初，Google 的研究人员发表了 2 篇存储和处理大数据主题的论文。第一篇论文发表于 2003 年，题为《谷歌文件系统（GFS）》，描述了高度分布式和可扩展的文件管理基础设施，用于支持数据密集型计算应用程序[14]。第二篇论文发表于 2004 年，题为《MapReduce：大型集群的简化数据处理》，讨论了 MapReduce 编程范例和框架的设计，是利用 GFS 对海量数据进行操作[15]。这两篇文章介绍了设计原则、架构和编程实践，很快得到了认可并为开源项目 Apache Hadoop[16]建立了基础。在 Apache Hadoop 的核心组件中，HDFS 是基于 GFS 论文的，而 Hadoop MapReduce 是基于 MapReduce 论文的。随着 Yahoo 将 Hadoop 作为其 Yahoo!搜索引擎后台的主要平台，公司随后在 2008 年和 2009 年分别成功赢得了 terabyte（1TB）和 Gray（超过100TB）基准测试，Hadoop 生态作为一个大数据管理和处理的实际平台快速获得业界认可。HDFS 的设计和实现基于参考文献[14]所述的以下假设：

1）硬件故障是常态而不是个例：随着数据量的增加，需要更多的计算进行数据存储和数据处理。相比计算机数量较少的集群，计算机数量较多的集群发生故障的概率更高。例如，一个具有 12000 台计算机的 Google 数据中心一个月中会有超过 1000 台计算机脱机[17]。

2）流数据存取：当处理大量数据时，避免随机访问至关重要，因为这将导致软件和硬件的性能问题。在流数据的访问中，所有的读写行为都假定是按顺序进行的。

3）设计面向批处理而不是交互式使用：Google 的主要数据源之一是万维网本身的内容。在此环境下，Google 早期的商业模式聚焦于线上内容的索引和搜索。因此，数据操作倾向于更新信息和产生新的索引，从而为搜索过程提供帮助。虽然搜索本身需要快速的反馈时间（即低时延），但数据索引的编写需要建立在 Google 数据采集（高吞吐率）之上，这将有助于搜索速度和准确度的提高。

4）大数据集：随着技术进步，数据的视角会随时间推进而变化。通常，百 G 字节的任何数据集对于 HDFS 来说都可认为是足够大的。

5）简单的一致性模型（一次写入多次读取）：数据写入 HDFS 后将不可更改。这与先前流数据处理和批处理的假设是一致的。

6）移动的计算比移动的数据成本更低：与传统的可计算存储 Beowulf 集群架构不同，GFS/HDFS 假设（合理地）数据处理应用程序的大小通常显著小于数据的大小。因此，将应用程序移动到数据中比其他方式更有增益。

7）异构硬件和软件平台的可移植性：第一项和第四项假设将导致单个计算机被逐步扩展甚至最终被替换的可能性。供应商提供的硬件组件每年都会升级，这样替换/扩展单元将会使用不同的模型，从而出现异构计算集群。同样有可能出现这样的场景，需要跨越不同地理位置和管理区间的数据中心进行数据的存储。在此情况下，有理由期望数据基础设施（GFS/HDFS）能够适应不同的软件平台。

图 6.5 呈现了 Hadoop 分布式文件系统（HDFS）的架构设计。从用户的角度来说，HDFS 中存储的可视化数据与标准 Linux 操作系统中存储的数据是相似的。事实上，HDFS 中许多命令行数据操作所使用的关键字与 Linux 对应相同。在抽象层的下面，数据的物理内容被分为相同预设大小的单独的块。这些块的数据是分布式的，被复制于一组计算机中，称为数据节点（DataNodes）。元数据信息被存储在称为 NameNode 的主计算机上，是关于块属于哪一类原始数据文件，以及这些块所处和复制的位置的信息。为了确保弹性和可靠性，HDFS 使用心跳模型，在此模型中，数据节点必须周期性地与 NameNode 联系以确认其活动状态。如果数据节点操作失败，则 NameNode 将主动启动进程，经由与此数据节点关联的所有块复制到其他数据节点上。图 6.6 显示了 HDFS 如何存储大数据文件的示例。这个文件的大小是 632.7MB。HDFS 上配置的块大小为 128MB。因此，文件被分为 5 个块，前四个块的大小为 128MB，最后一个块的大小为 120.7MB。当复制因子为 2 时，每个块都有唯一的标识，并被存储在两个独立的数据节点上。例如，第

一个块的 ID 为 blk_1105960029_32233103，被存储在 1 个 IP 地址为 10.125.8.221 的数据节点和另一个 IP 地址为 10.125.8.231 的数据节点。

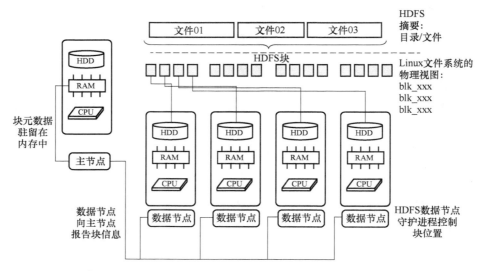

▶ 图 6.5 Hadoop 分布式文件系统（HDFS）的架构设计

▶ 图 6.6 HDFS 如何存储大数据的示例

用户看到的原始数据文件的抽象视图，数据的物理内容作为数据块在数据节点之间进行划分。任何在这些数据上进行操作的应用程序都必须考虑这些数据块的分布式特征，同时考虑第六个假设。换句话说，我们想要这些应用程序是并行的，在独立的数据块上执行操作，同时最小化跨网络的数据传输。从传统并行、分布式计算的角度来说，可能存在一些技术问题，包括如何生成计算流程、如何确定某个流程用于某个数据块、如何聚合部分结果以及如何确保容错和错误恢复。Hadoop MapReduce 是基于 Google 发布的框架[6]，通过对所有基础基数机制进行抽象来解决这些问题，因此，留给用户（程序员）的主要职责只有一个：实现 Map 和 Reduce 阶段的数据操作。

在 HDFS 的数据处理操作中，为 Map 阶段开发的编程代码将在所有独立数据块上执行。Hadoop MapReduce 框架将实际存储数据块并进行高效的计算到数据转移的数据节点上生成 Map 任务。每个 Map 任务将以<Key, Value>对的格式发出中间数据。我们可以将一个<Key, Value>对视为数据元素，其中 Key 代表该数据元素的区别特征（多个数据元素可具有类似的区别特征），Value 代表该元素的实际相关内容。这些中间数据元素存储在内存中，并在生成时分割到本地硬件驱动器中。在所有 Map 任务完成后，Hadoop MapReduce 框架基于 Key 对所有的对进行聚合和排序。具有相同 Key 的对，将其 Value 混合起来，并组成 Value 列表，生成新的聚合对<Key, [Value0, Value1, Value2.]>。这些新的对将被分配到预定数量的 Reducer（默认数量为 1）中，为 Reduce 阶段开发的编程代码将被用于每个独立的对，以实现最终的预期结果。

在后台，Hadoop MapReduce 框架负责一些关键的技术步骤。为了支持并行计算，它充分利用存储在 HDFS 上的数据是被分割和分布在多个数据节点上的实际情况。通过类似于名称节点追踪数据节点的方式，框架对所有 Map 任务进行追踪。由于硬件或者系统故障，导致 Map 任务失败时，需要支持自动的故障修复。在此种情况下，新的 Map 任务将在另一个复制数据上生成并在新的计算环境中有效地重新执行。当 Reduce 任务发生故障时，框架将尝试从所有对应的 Map 任务中对先前的中间数据（对）进行重排。

如果任意一个数据不可用（在运行先前 Map 任务的相同节点上发生故障），这些 Map 任务将被重新运行。

Hadoop MapReduce 框架和 HDFS 是 Hadoop 生态的核心组件，它们提供了可靠的、高度可扩展的环境以支持数据处理。然而，由于算法设计的复杂性（所有环节都必须映射到 Map 和 Reduce 上）以及开销成本（Hadoop 组件需要使用 Java 虚拟机实现），其适用于大量数据的批处理作业，而不适用于较小数据集的交互作业。Hadoop 核心组件是基于 LA 的数据基础设施批处理层的首选组件。

6.4.2 流处理引擎

如前文所述，批处理层更适用于聚合大量数据的、非交互的数据处理任务，但并不需要实时或者接近实时的响应速度。因此，流处理层的职责是以交互的方式处理中小型数据，提供实时的输出。为此，针对 Hadoop MapReduce 框架的不足而开发的 Apache Spark 获得了最大的成功[8]。

值得注意的是，Apache Spark 仍然采用了 MapReduce 的编程范式。也就是说，Spark 中大量核心数据的操作都基于 Map（flatMap, mapValues, map）和 Reduce（reduce, reduceByKey, groupByKey）。然而，Apache Spark 实现了所有数据（原始数据、中间数据以及最终结果）都在内存中进行维护，并且可以在交互作业的不同阶段进行重用/访问。然而，随着 Hadoop 2.0 中包含了新的资源管理器 YARN（另一种资源协商器）[18]，动态 Spark 集群能够部署和运行在同样可支持 HDFS 和 Hadoop MapReduce 的相同硬件基础设施上，如图 6.7 所示。

当用户初始化 Spark 集群时，SparkContext 对象首先在用户端被创建。这里的 SparkContext 表示要创建的 Spark 集群的接入点或者连接。在开始时，SparkContext 仅包含集群初始化的相关参数（例如执行器的数量、每个执行器的内存数量、每个执行器的计算核心数量）。一旦集群成功部署在 Hadoop 基础设施上，用户就可以开始进行编程方式的加载和处理数据。在 Spark 中，数据以弹性分布式数据集（RDD）的形式被加载。也就是说，Spark 将自动地读取数据文件并将其转换为只读的分区记录集合。默认情况下，记录被定义为数据文件中的一行。Spark 的业务操作被分为转换或者操作。转换包括本质上顺畅的并行操作以及从已有的 RDD 抽象新的 RDD。转换的示例包括 Map、Fliter 和 reduceByKey。操作包括向用户返回实际的值（包含更小的数据）的操作。操作的示例包括采集、存储和计数。因为 Spark 是在内存空间中执行业务操作并重用中间数据的，相比传统的 Hadoop MapReduce，它将提升高达 2 个数量级的性能[8]。

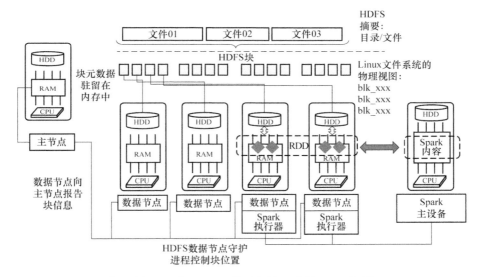

▶ 图 6.7　在 Hadoop 基础架构中进行 Spark 部署

HDFS—Hadoop 分布式文件系统　RDD—弹性分布式数据集　HDD—硬盘驱动器

　　Spark 的实时流分析是通过创建称为 StreamingContext 的另一个数据接入点来实现的，StreamingContext 连接到 SparkContext，并允许数据随着时间推移连续地插入 Spark 集群 RDD 环境。不同于 Flink，Spark 不处理实际的连续数据流，而是将这些流离散化为较小的、为用户定义的计时窗口的流，被称为离散流（DStreams）[19]。DStreams 中的每一个计时窗口均被视为一个 RDD，而所有的标准 Spark 编程功能和实践都适用于这些 RDD。据观察，SparkStream 的吞吐量是 Twitter 开发的另一个流媒体引擎 Storm 的两倍。

6.5 服务层

在 LA 中，服务层是终端用户可以与存储在基础设施中的数据和分析结果进行交互的地方。如前文所述，可以通过基于 web 的应用程序完成，在基于 web 的应用程序中用户可以通过 web 浏览器与数据交互。不过，还有其他的软件工具和选项可以通过使用各种应用程序编程接口（API）进行底层数据的交互，这些 API 也可以归类至服务层。

虽然前面几节中描述的交通信息物理系统数据基础设施组件都基于 Java 编程语言（Spark 的本地语言是 Scala，它也运行在 Java 虚拟机中），但是存在各种 API，用于支持与使用不同编程语言的组件进行直接交互。在这些语言中，Python 和 R 是开发统计和可视化分析任务的首选语言。

在批处理层，Hadoop MapReduce 框架支持执行由 Map 和 Reduce 任务驱动的本地 Python 和 R 代码。Hadoop 流库是核心 Hadoop MapReduce 的一部分，使用 Hadoop 流库，可执行的二进制文件（本例中是 Python 和 R 程序）可被指定为 Map 和 Reduce 任务，并使用 Linux 标准的输入和输出去读取 HDFS 数据块的数据。Python 和 R 中也存在 API，用来支持 Hadoop 生态系统的更多特性。

由于批处理层适用于大规模的非交互式作业，因此它不太适合本质上通常是交互式的交通信息物理系统数据任务。在此情况下，流层中的 Spark 框架成为首选。由于 Spark 的本地语言是规模化的，因此开发团队会采用 Java、Python 和 R 维护最新 API 的大部分特性（如果不是全部特性）。用户可以在本地使用 Python 和 R，通过导入合适的库或者模块（默认封装在 Spark 的标准版本中）来开发基于 Spark 的应用程序，然后把这些应用程序提交并作为 Spark 作业来运行。

还有一些数据库管理系统可以作为批处理层的一部分来部署。例如基于 Google 的 BigTable 论文的 HBase[20]、Cassandra[21]和 MongoDB[22]。近年来，对于安全的需求促成 Accummulo 的出现，Accummulo 也是基于 BigTable，由美国国家安全局开发的一款开源产品。这些数据库管理系统可以通过类似结构化查询语言的语义方式访问，结构化查询语言是所有传统 RDBMS 的默认语法但不具有表达性。

6.6 作为代码的交通信息物理系统基础设施

交通信息物理系统数据基础设施需要对交通信息物理系统产生的数据进行收集、存储、分发和处理，因此交通信息物理系统将是非常庞大和复杂的。更不用说促使基础设施中的资源以最高的效率和效果进行工作是一项艰巨且耗时的任务，需要大量的配置更改、架构迭代以及调试。作为代码（IaC）范式的基础设施旨在通过允许用户使用代码进行基础设施的创建、修改和删除来改变这一点。IaC 是使用云时代技术来构建和管理动态基础设施的一种方式。它将基础设施、工具和服务作为管理基础设施自身的软件系统，通过软件工程实践以结构化的安全方式[23]来管理对于系统的更改。

过去，针对大型基础设施的更改或者新资源的获取和配置，需要系统管理员进行大量的更改，而且通常需要用手工方式进行更改。大多数时候意味着对基础设施进行的这些更改无法得到很好的跟踪。这将导致在试图将基础设施回退到之前的工作状态时，或者在新资源没有很好地运行而且进行调试时，很少有人能够清楚之前所做的确切更改。然而，IaC 允许用户使用标准软件版本来控制系统和跟踪不同时间基础设施所做的更改。IaC 同样允许非系统管理员能够根据需要进行基础设施的创建、修改和删除，从而根本不需要系统管理员。

6.6.1 作为代码的交通信息物理系统云基础设施

云计算在过去几年不断普及，一部分原因是其灵活性。云计算允许用户根据需求大小对基础设施的规模进行扩大和缩小，这对交通信息物理系统尤其有用，这是因为交通信息物理系统在高峰时期需要处理大量数据，而其他时间则仅需处理很少的数据。然而，规模大小调整的灵活性需要在基础设施生成、提供服务和删除的过程中，执行一些传统的自动化操作，以确保这些操作能够以一致性和可跟踪的方式执行。这就是 IaC 能够得到有效利用之处。

许多云计算供应商都有自己的 IaC 解决方案，旨在帮助用户去创建、修改和删除他们在云端的基础设施。Amazon Web Services（AWS）有一个名为 CloudFormation 的服务，允许用户使用简单文本文件（用 JSON 或 YAML 编写），以自动化和安全的模式为基础设施的所有资源进行建模，提供服务。这个文件是云基础设施的唯一正当来源[24]。一个简单的用于启动 AWS EC2 实例的 CloudFormation 模板如图 6.8 所示。Microsoft 的 Azure 也拥有自己的 IaC 解决方案，它与 AWS 的 CloudFormation 类似，称为 Azure 资源管理模板。这些模板采用 JSON 格式编写，并定义 Azure 基础设施所需的基础设施和配置[25]。Google 云平台（GCP）同样应有类似的解决方案，为用户提供云部署管理器，允许使用 YAML 定义的模板文件来部署 GCP 基础设施[26]。这些工具是云端整体 IaC 基础设施的基础。然而，尽管这些服务提供了很多有用的功能，它们却仅解开了 IaC 范式的表面。

```
{
    "Description" : "Create an EC2 instance running the Amazon Linux 32 bit AMI.",
    "Parameters" : {
        "KeyPair" : {
            "Description" : "The EC2 Key Pair to allow SSH access to the instance",
            "Type" : "String"
        }
    },
    "Resources" : {
        "Ec2Instance" : {
            "Type" : "AWS::EC2::Instance",
            "Properties" : {
                "KeyName" : { "Ref" : "KeyPair" },
                "ImageId" : "ami-3b355a52"
            }
        }
    },
    "Outputs" : {
        "InstanceId" : {
            "Description" : "The InstanceId of the newly created EC2 instance",
            "Value" : {
                "Ref" : "Ec2Instance"
            }
        }
    },
    "AWSTemplateFormatVersion" : "2010-09-09"
}
```

▶ 图 6.8　启动 Amazon Web 服务 EC2 进程的 Clound Formation 模板[24]

交通信息物理系统使用 IaC 的另一个优点是在高峰期时，例如交通高峰期和节假日，需要额外的处理能力对生成和采集的数据进行处理。通过使用 IaC，用户可以创建策略，从而使基础设施能够基于需求自动创建新的基础设施组件，并在需求下降到一定程度时删除这些组件。这将允许交通信息物理系统基础设施自动处理流量和请求，而不需要任何用户的干预。这也使构建或者拆除新的基础设施时的配置故障风险最小化，因为过程中间没有人的参与，不会出现忘记步骤或者错误按键的情况。这将保持基础设施的一致性以及持续的更新，有助于使服务器失效或者漏打补丁的风险最小化。

将 IaC 和云计算相结合还能够促使基础设施迭代和更改变得更快、更有效率。通过常规的软件版本控制系统来跟踪对基础设施所做的更改，将更容易确保基础设施更新到最新，并确保所有的更改都被实施。在出现一些非正常运行的问题时，将使基础设施的调整变得更容易，因此版本控制系统中很好地记录了更改的历史。这种速度和敏捷性对于交通信息物理系统至关重要，因此数据存储和计算的需求是不断快速变化的，而基础设施需要跟上这种节奏。

6.6.2　作为代码的物联网基础设施

除了底层的计算 IaC，云还要允许创建、更改和删除物联网设备和传感基础设施。这个过程与计算基础设施稍有不同，因为这个过程不涉及实际资源的部署，例如传感器，而是涉及管理和更新基础设施的能力。其中一个解决方案是 Amazon Greengrass，这是一个允许用户在网联设备上安全地运行多种任务的软件方案，这些任务包括消息传输、数据缓存、同步、机器学习以及本地计算。Greengrass 采用熟悉的编程模型和语言，允许用户首先在云端创建和检测设备软件，然后将其部署到设备上[27]。这将实现快速编码和设备原型设计，以及更好地跟踪在现场部署的传感器和设备运行软件的更改信息。尽管这些类型的 IaC 服务仍然非常新，但它们将改变如何部署数据中心和设备的传统思路。随着用户逐渐意识到这些解决方案所能带来的增益，这些类型的解决方案将逐渐普及。

6.7 发展方向

未来几年，交通信息物理系统产生的大数据将继续快速增长，这将导致对交通信息物理系统的数据处理效率和可扩展性的需求持续增长。这也需要本章所描述的传统数据处理系统与 IaC 所提供的灵活性、可扩展性进行更加紧密的融合。通过使用 IaC，交通信息物理系统将能够动态调整对于更多车辆和其他设备接入系统而导致不断增加的数据量的处理。这将使交通信息物理系统保持高效运行，而无须系统管理员去担忧数据处理需求不断变化的问题。

6.8 总结和结论

在交通信息物理系统中，数据在产生的信息中是最为重要的。数据包含了保持交通信息物理系统可操作性和功能启动所需的信息。类似地，如果没有数据处理基础设施，交通信息物理系统将不能获得或者产生维护可用性所需的信息。随着数据存储和处理需求的变化，交通信息物理系统后台的数据基础设施将随之变化，产生更加高效的系统。IaC 将允许交通信息物理系统自动适应需求的变化，并在更新底层基础设施时允许更快的迭代和调试。这将使从事这些系统工作的人员更多地关注创新，而不是维护和管理现有的系统。

练 习

1. 列举和定义 LAMP 架构的 4 个层。
2. 列举和定义数据基础设施 LA 的 3 个层。
3. 设计和实现 HDFS 所基于的 7 个假设是什么？
4. 批处理引擎和流处理引擎的区别是什么？
5. 交通信息物理系统如何通过 IaC 获得增益？

参 考 文 献

[1] J. Lee, B. Ware, Open Source Web Development with LAMP: Using Linux, Apache, MySQL, Perl, and PHP, Addison-Wesley, 2003.

[2] Y. Demchenko, P. Grosso, C. de Laat, P. Membrey, Addressing big data issues in scientific data infrastructure, in: 2013 International Conference on Collaboration Technologies and Systems (CTS), 2013, pp. 48−55.

[3] N. Mars, J. Warren, Big Data: Principles and Best Practices of Scalable Realtime Data Systems, first ed., Manning Plubications Co., Greenwich, CT, 2017.

[4] G. Wang, J. Koshy, S. Subramanian, K. Paramasivam, M. Zadeh, N. Narkhede, J. Rao, J. Kreps, J. Stein, Building a replicated logging system with Apache Kafka, Proceedings of the VLDB Endowment 8 (12) (Aug. 2015) 1654−1655.

[5] K. Shvachko, H. Kuang, S. Radia, R. Chansler, The hadoop distributed file system, in: 2010 IEEE 26th Symposium on Mass Storage Systems and Technologies (MSST), 2010, pp. 1−10.

[6] R.C. Taylor, An overview of the Hadoop/MapReduce/HBase framework and its current applications in bioinformatics, BMC Bioinformatics 11 (Suppl. 12) (December 2010) S1.

[7] R. Stephens, A survey of stream processing, Acta Informatica 34 (7) (Jul. 1997) 491−541.

[8] M. Zaharia, M.J. Franklin, A. Ghodsi, J. Gonzalez, S. Shenker, I. Stoica, R.S. Xin, P. Wendell, T. Das, M. Armbrust, A. Dave, X. Meng, J. Rosen, S. Venkataraman, Apache Spark, Communications of the ACM 59 (11) (Oct. 2016) 56−65.

[9] A. Katsifodimos, S. Schelter, Apache Flink: stream analytics at scale, in: 2016 IEEE International Conference on Cloud Engineering Workshop (IC2EW), 2016, p. 193.

[10] A. Toshniwal, J. Donham, N. Bhagat, S. Mittal, D. Ryaboy, S. Taneja, A. Shukla, K. Ramasamy, J.M. Patel, S. Kulkarni, J. Jackson, K. Gade, M. Fu, in: Proceedings of the 2014 ACM SIGMOD International Conference on Management of Data - SIGMOD '14, 2014, pp. 147−156.

[11] M. Chowdhury, M. Rahman, A. Rayamajhi, S.M. Khan, M. Islam, M.Z. Khan, J. Martin, Lessons Learned from the Real-World Deployment of a Connected Vehicle Testbed, in: Proceeding of 97th Annual Meeting of the Transportation Research Board, Washington, D.C., 2018.

[12] Connected Vehicle Reference Implementation Architecture (CVRIA), USDOT, https://local.iteris.com/cvria/html/applications/app87.html#tab-3, (accessed in May 2018).

[13] E. Curry, Message-oriented middeware, in: Q.H. Mahmoud (Ed.), Middleware for Communications, Wiley & Sons, 2004, pp. 1−29.

[14] S. Ghemawat, H. Gobioff, S.-T. Leung, S. Ghemawat, H. Gobioff, S.-T. Leung, The google file system, in: Proceedings of the Nineteenth ACM Symposium on Operating Systems Principles - SOSP '03, vol. 37, 2003, p. 29 no. 5.

[15] J. Dean, S. Ghemawat, MapReduce: simplified data processing on large clusters, Communications of the ACM 51 (1) (Jan. 2008) 107−113.

[16] D. Borthakur, S. Rash, R. Schmidt, A. Aiyer, J. Gray, J. Sen Sarma, K. Muthukkaruppan, N. Spiegelberg, H. Kuang, K. Ranganathan, D. Molkov, A. Menon, Apache hadoop goes realtime at facebook, in: Proceedings of the 2011 International Conference on Management of Data - SIGMOD '11, 2011, pp. 1071−1080.

[17] S. Di, D. Kondo, W. Cirne, Characterization and comparison of cloud versus grid workloads, in: 2012 IEEE International Conference on Cluster Computing, 2012, pp. 230−238.
[18] V.K. Vavilapalli, S. Seth, B. Saha, C. Curino, O. O'Malley, S. Radia, B. Reed, E. Baldeschwieler, A.C. Murthy, C. Douglas, S. Agarwal, M. Konar, R. Evans, T. Graves, J. Lowe, H. Shah, Apache hadoop YARN, in: Proceedings of the 4th Annual Symposium on Cloud Computing - SOCC '13, 2013, pp. 1−16.
[19] M. Zaharia, T. Das, H. Li, T. Hunter, S. Shenker, I. Stoica, Discretized streams, in: Proceedings of the Twenty-Fourth ACM Symposium on Operating Systems Principles - SOSP '13, 2013, pp. 423−438.
[20] Mehul Nalin Vora, Hadoop-HBase for large-scale data, in: Proceedings of 2011 International Conference on Computer Science and Network Technology, 2011, pp. 601−605.
[21] G. Wang, J. Tang, The NoSQL principles and basic application of Cassandra model, in: 2012 International Conference on Computer Science and Service System, 2012, pp. 1332−1335.
[22] K. Banker, MongoDB in Action, Manning Publications Co., Greenwich, CT, 2011.
[23] K. Morris, Infrastructure as Code: Managing Servers in the Cloud, OReilly Media, Inc, Sebastopol, CA, 2016.
[24] AWS CloudFormation - Infrastructure as Code & AWS Resource Provisioning, n.d. From https://aws.amazon.com/cloudformation/. (Accessed on 09/05/2018)
[25] Azure Resource Manager, n.d. From https://azure.microsoft.com/en-us/features/resource-manager/. (Accessed on 09/05/2018)
[26] Cloud Deployment Manager - Simplified Cloud Management, Google Cloud Platform, n.d. From https://cloud.google.com/deployment-manager/. (Accessed on 09/05/2018)
[27] AWS Greengrass - Amazon Web Services, n.d. From https://aws.amazon.com/greengrass/. (Accessed on 09/05/2018)

第 7 章

信息物理系统中的数据管理问题

Venkat N. Gudivada[1], Srini Ramaswamy[2], Seshadri Srinivasan[3]
1　美国北卡罗来纳州，格林维尔市东卡罗来纳大学计算机科学系
2　美国俄亥俄州，克利夫兰市 ABB 公司
3　新加坡，新加坡柏克莱教育研究联盟（BEARS）

▶ 7.1　信息物理系统：一个跨学科的融合

　　信息物理系统（CPS）集成了计算与物理过程。美国国家科学基金会（NSF）#16-549 项目将信息物理系统定义为"基于并依赖于计算算法和物理组件无缝集成的工程系统"[1]。"信息"一词在 NSF 的定义中是指支持决策的计算机硬件、程序、数据结构、算法、计算机网络和软件工程的广泛计算技术。物理组件可以是信号灯、车辆、行人穿越路口和道路。信息物理系统的物理部分和信息部分通过反馈控制回路相互连接、相互影响。

交通信息物理系统

信息物理系统是多个子学科的协同融合，包括基于模型的系统设计、系统规范和验证的形式化方法、实时系统、嵌入式系统、传感器和执行器、分布式算法、并发理论、控制理论、物联网（IoT）、认知计算和高性能计算。信息物理系统的特征包括系统规范和验证、稳定性和安全性、通信和互操作性、性能和可伸缩性、可靠性、隐私和安全性。其他方面包括网络安全、电力和能源管理、人为因素和系统可用性[2]。因此，信息物理系统是跨学科融合的典范。信息物理系统还具有变革性，因为它能够极大地增强现有应用程序的功能，例如人造胰腺等创新设备。

虽然信息物理系统的起源可以追溯到20世纪70年代的嵌入式系统和自动过程控制，但是最近在高性能计算和无线传感器网络方面的进步极大地扩展了信息物理系统的功能和应用范围。信息物理系统在发电配电、卫生保健、制造和运输（空运、陆运和海运）方面发挥着越来越重要的作用。由于基于信息物理系统的通信和响应速度比人类更快，因此它们提供效率、适应性、自主性和可靠性的潜力也更大。例如，信息物理系统使汽车、无人驾驶汽车、无人驾驶飞机、智能交通基础设施和智能建筑的高效运行成为可能。

与通用计算应用程序[3]相比，信息物理系统的设计和运行中出现了一些独特的问题。信息物理系统是并发物理进程的组合。信息物理系统执行任务所花费的时间是性能和准确性的度量指标。此外，时间并不是软件的固有属性。与物联网不同，信息和物理过程之间的交互在信息物理系统中更加紧密地集成在一起，特别是在实时控制和安全关键系统中。正确地捕捉信息和物理过程之间的联合动态模型和抽象对于开发信息物理系统是至关重要的。

数据分析（DA）、机器学习（ML）和数据库在控制和决策物理组件/系统方面发挥着关键作用。此外，这些决策可以远程和协同地实现。更具体地说，作为新兴的数据科学学科基础技术能够实时收集、清理、存储、检索和分析海量数据，从而支持信息物理系统进行决策。

本章的主要目标是研究信息物理系统中与数据相关的问题和机遇。更具体地说，我们将讨论如何利用数据的普遍性赋予信息物理系统更丰富的功能。本章还将研究信息物理系统对数据的严重依赖所带来的挑战并指出克服这些挑战的方法。

7.2 信息物理系统多样性

信息物理系统的硬件和软件架构差别很大。片上系统（SoC）是集成电路（IC 芯片），它将计算机的所有功能部件集成在一起。SoC 具有模拟、数字、混合信号和射频功能，全部在一个芯片上。SoC 通常包括可编程处理器、内存单元、加速功能单元、I/O、网络接口和软件。由于低功耗特性，SoC 在移动计算设备、平板电脑和智能手机中很受欢迎。SoC 在医药和卫生保健领域应用也很丰富，例如，SoC 用于血压监测设备。英特尔 Atom、高通 Snapdragon 和英伟达（Nvidia）的 Tegra 都广泛使用 SoC。嵌入式系统是 SoC 的一个重要应用领域。

另一种类型的嵌入式系统，例 Nvidia Drive PX 自动驾驶汽车平台，整个平台的大小不超过一个汽车牌照。最近推出的 Drive PX 型号代号为 Pegasus，它有 16 个专用输入，用于摄像头、雷达、光探测和测距以及超声波。它还具有多个 10KM 以太网连接。其计算性能为每秒 320 万亿次以上的深度学习运算。因此，在不同的信息物理系统应用程序中，计算能力、内存大小、能源需求与数据中心的集成等特性存在显著差异。

下面以交通信息物理系统（TCPS）为例，介绍交通信息物理系统在无信号灯交叉路口的网络安全应用。在本例中，一个基于软件的安全威胁检测系统驻留在服务器中，在一个停车控制的无信号交叉路口监视一个或多个路侧单元。在无信号的[4]十字路口，路侧单位会提醒路边车辆何时可以安全通过有优先通行权的主要街道。然而，任何针对路边车辆的恶意网络攻击都可能危及向路边车辆提供告警的可靠性，从而可能导致该十字路口发生撞车事故。一旦安全检测软件检测到在一个无信号灯的路口的车联网环境中有安全威胁攻击一个路侧单元，它会提醒并指示路侧单元激活预选的安全保护系统抵御袭击。在物理空间中，车辆、路侧单元和网络基础设施，如服务器和安全检测等分析软件通过无线介质相连形成交通信息物理系统，通过在无信号灯交叉路口运行停止标识辅助（Stop Sign Gap Assist，SSGA）来阻止网络攻击[5]。

7.3 数据管理问题

信息物理系统需要一系列的数据管理解决方案，这取决于它们的本机计算能力和能耗限制。一些信息物理系统可能会将计算密集型任务转移到数据中心，并在接近实时的情况下接收结果，而另一些信息物理系统则需要实时的本机数据处理能力。对于信息物理系统来说，有四个与数据相关的问题：①选择一个与信息物理系统功能和非功能需求紧密匹配的数据管理系统；②数据质量；③人类认知偏差；④数据隐私和安全问题。云平台提供的规模经济和无处不在的特性为进行信息物理系统数据管理和分析提供了坚实的基础。

7.3.1 数据管理系统选择

直至今日，关系型数据库管理系统（RDBMS）一直是几乎所有软件应用程序的基础。RDBMS 的基础是用于结构化数据的关系型数据模型和用于数据操作和查询的 ISO/ANSI 标准的 SQL。关系型数据模型基于一阶逻辑，很自然地提供了用于数据库[6]上指定查询的声明性方法。SQL 语言最初是基于关系代数和元组关系微积分[7]设计的。

业界已开始考虑信息物理系统、物联网、大数据、移动计算、Web 2.0 和基于位置的服务等应用的数据库管理需求。根据 Gartner[8]，连接 84 亿个物理设备的物联网在 2017 年投入使用。智能城市等物联网应用将仅通过温度和湿度传感器就能产生前所未有的实时数据量。例如，处理异构和海量数据大数据应用程序需要新的数据库功能来支持个性化、实时预测分析、动态定价、欺诈和异常检测以及通过供应链监控实现实时订单状态等任务。

在上面的许多应用程序中，完整的数据库模式并不预先存在，而是随着时间的推移而发展。此外，一些应用程序需要简单的数据模型，但是快速地插入和查找非常重要。它们需要大规模的插入和检索操作。这需要有效地支持插入和读取操作，而不是更新和删除操作。更新通常以删除后插入的形式实现。部分记录更新只是部分需求。然而，对于其他事务而言，原子性、一致性、隔离性和持久性（ACID）兼容的事务是多余的，因为只有松散的一致性才是大数据适用参考文献[9]标准。此外，应用程序需要多种查询语言，从简单的表述性状态转移（Representational State Transfer，REST）应用程序编程接口（Application Programming Interface，API）到复杂和特殊的查询。特殊查询的交互式处理要求使用 Hadoop 和 Spark 等框架进行大规模并行计算。在这种应用中使用关系型数据库管理系统就像谚语说的"方钉入圆孔"。

非重叠数据分区对于处理大数据量是必要的。自动分片是指数据管理系统以对用户透明的方式在计算节点之间以不重叠的方式分布数据。有些系统将相同数据的多个副本存储在不同的计算机上，以提高数据可用性和查询性能。一些应用程序需要内置对版本控制和压缩的支持。硬件级的容错是保证高可用性的关键。总之，这些特殊需求急需一个数据库管理系统（DBMS）：①支持功能灵活的数据模型，可以随时间而变化，②通过分布式部署实现多个数据中心存储 TB/PB 级别数据量，③提供高可用性和弹性扩展，没有系统停机时间，④对于不需要数据库事务的情况下提供宽松的和用户可配置的一致性，⑤提供接近实时的查询响应时间，⑥支持数以百万计的并发用户。

近年来，为了满足参考文献[9]的需求，出现了大量新的数据管理系统。这些新系统在文献中有各种各样的名称，包括 NoSQL、NewSQL 和 Not only SQL。通常，术语 NoSQL 用于指那些不使用 SQL 作为主要查询语言的系统。NewSQL 系统是指具有新特性的 RDBMS。一些 NoSQL 系统可能使用 SQL，但被称为不仅仅是 SQL。

根据 DB-engine[10]，截至 2018 年 1 月，有超过 341 个系统可用于数据管理。DB-engines 还根据每月更新的分数对这些系统进行排名，该分数是通过使用几个评价指标来计算的。它们包括系统名在谷歌和必应搜索查询、LinkedIn 和 Upwork 记录、工作搜索引擎 Indeed 和 Simply Hired、Twitter tweet、谷歌趋势以及 Stack Overflow 和 DBA Stack Exchange 等问答论坛中的出现频率。这些系统的功能特性差异很大。

按照设计，NoSQL 系统不提供 RDBMS 所有特性，主要关注于为拥有数百万并发用户的应用程序提供接近实时的读写。规模性能一词用来描述这种系统的主要特征。NoSQL 系统在不同程度上满足了新的应用程序需求。然而，它们的功能彼此之间也有很大差异。例如，①Redis 以其数据结构和优秀的查询机制而闻名，②Riak 具有高度的可伸缩性和可用性，③MongoDB 有效地管理深度嵌套的结构化文档并聚合计算，④Neo4j 擅长管理关系丰富的数据。

从信息物理系统的角度，我们将 DBMS 分为：①关系型 DBMS，②面向文档 DBMS，③图形组模 DBMS，④列族 DBMS，⑤原生 XML DBMS，⑥时间序列 DBMS，⑦资源描述框架（RDF）存储 DBMS，⑧键-值存储 DBMS。表 7.1 总结了每种 DBMS 系统的显著特征，并列出了每种系统的代表性系统。有些系统属于多个类别，称为多模型系统。例如，Microsoft Azure Cosmos DB 具有文档、图形、键值对和列族数据库系统等功能。

表 7.1 数据库管理系统的分类

数据库类型	特征	应用系统
关系型 DBMS	有两个子类：面向行和面向列 面向列：为在线事务处理优化读写；执行强大的数据完整性校验；提供事务支持、数据分发、数据复制和细粒度访问控制 面向行：在线分析处理优化读取；强数据完整性，并提供分布式数据分析	Oracle, MySQL, Microsoft SQL Server, PostgreSQL and DB2
面向文档 DBMS	非常适合管理以 JSON 的键-值对形式组织的半结构化、任意嵌套的分层文档数据；支持灵活的模式演化；适应数据记录之间的高数据可变性	MongoDB, Amazon DynamoDB, Couchbase, CouchDB, MarkLogic and Microsoft Azure Cosmos DB

（续）

数据库类型	特征	应用系统
图形组模 DBMS	理想的高效存储，灵活查询关系丰富的数据；强大的操作符，用于遍历图并根据关系类型识别子图和团	Neo4j, Microsoft Azure Cosmos DB, OrientDB, Titan and ArangoDB
列族 DBMS	适用于高效存储稀疏、非事务性和异构数据和检索部分指令；适应灵活和不断发展的数据库模式；容忍网络故障和临时数据不一致；通过水平可伸缩性增加处理能力	Cassandra, HBase, Microsoft Azure Cosmos DB, Microsoft Azure Table Storage, Accumulo, Google Cloud Bigtable
原生 XML DBMS	适用于高效存储和检索稀疏及分层结构的异构数据，以及从一个记录到另一个高变异性应用程序中的所有层都看到相同的数据模型，因此不需要在层之间映射数据模型	MarkLogic, Oracle Berkeley DB, Virtuoso, BaseX, webMethods Tamino, Sedna, eXist-db
时间序列 DBMS	适用于存储和检索时间序列数据，即按时间索引的数据；有效执行范围查询规模特性；支持基于年龄的数据保留和存档	InfluxDB, RRDtool, Graphite, OpenTSDB, Kdbt, Druid, Prometheus
RDF 存储 DBMS	也被称为优化为存储和检索的三元组；使用一种名为 SPARQL 的声明性查询语言，实现了简单而统一的数据模型；通过标准数据格式：N-三元组和 N-四元组进行导入/导出	MarkLogic, Jena, Virtuoso, GraphDB, AllegroGraph, Stardog
键-值存储 DBMS	优化存储键值对，以保证独立于数据量实时检索的基于键的查询机制；通过水平扩展提高处理能力；高可用性和可靠性	Redis, Memcached, Microsoft Azure Cosmos DB, Hazelcast, Ehcache, Riak KV, OrientDB, Aerospike, ArangoDB, Caché

7.3.2 数据质量问题

信息物理系统通常利用人工智能系统和机器学习算法运行。尽管人工智能与机器学习是不同的，它们经常互换使用。与人工智能有关的是开发性能堪比人类的计算机系统。人工智能系统试图用不完整和不一致的数据来量化不确定性和原理。机器学习是开发人工智能系统的数据驱动方法。机器学习的重点是赋予人工智能系统如何学习的能力。前提是更多的数据通常会产生更好的人工智能系统。然而，关键是要有更多正确的数据而不仅仅是更多的数据。数据质量是量化和评估数据对特定目标适用性的一种方法。

正如链条的强度取决于它最薄弱的环节一样，人工智能系统的好坏取决于用来训练系统的数据。关键任务人工智能系统不仅存在安全问题，偏差和排斥等社会问题也同样重要。不使用正确的数据会导致偏差潜入人工智能/机器学习系统。偏差可能对某些社会阶层产生严重的不良后果。算法偏差是指计算系统中隐藏的偏差。有人可能会说，算法偏差并不是真正的偏差，它只是反映了通过训练数据显示的世界现实。在某些情况下，算法偏差是有用的，因为这种调查的目的是揭示偏差。在其他涉及决策的情况下，人们需要认识到算法偏差的严重影响，并设计出挫败人类偏差的方法。在这种情况下，从训练数据中识别和消除偏差是至关重要的。在第7.3节中，我们详细阐述了人类在决策过程中的认知偏差。

传统上，数据质量的研究分为两类。第一类是由计算机科学研究人员提出的，关注的问题包括重复数据的识别、数据不一致性的解决、缺失数据的估算以及从多个来源获得的相关数据的链接和集成。计算机科学家使用基于统计方法[14]的算法方法来研究这些问题。信息系统研究人员[15]解决了数据质量研究的第二类问题，正如参考文献[12]中讨论的使用数据治理驱动框架进行数据质量评估的各种维度。除了传统的维度，这些维度还包括大数据和机器学习应用特有的维度。这些维度包括数据治理、数据规范、完整性、一致性、流通、重复、来源、异构性、准确性、流数据、异常值、降维、特征选择和提取、业务规则、性别偏见、机密性和隐私、可用性和访问控制。

与自动化生成的数据应用程序相比，数据获取错误会显著降低机器生成的数据应用程序（如物联网和信息物理系统）的数据质量。数据采集错误可能来自传感器故障、采样错误、通信错误、数据传输过程中的恶意数据插入和修改，以及数据集成和聚合错误。检测异常值对于确保信息物理系统环境中的数据质量至关重要。Sha 和 Zeadlly 建议使用物理定律和多模态数据交叉验证来检测异常值和错误数据。

7.3.3 决策过程中的人类认知偏差

考虑到信息物理系统中数据质量的重要性和几个信息物理系统应用程

序的关键任务性质，采用人工在环的方法进行计算机决策是必要的。然而，人类的决策也受到一些认知偏差的影响。我们使用参考文献[17]中讨论的20种人类的认知偏差作为本节的基础，列举如下：

1）**锚定偏差**指的是人们倾向于使用他们接收到的第一个信息作为标准来确定随后接收到的数据的有效性。

2）**可用性探索**与人们倾向于将不合理的信息价值分配给容易获得的数据有关。方便的数据采样技术是可用性探索的最佳范例。

3）**从众效应**指的是这样一个事实：对某一假说的相信程度与相信该假说的人数成正比。这会导致非理性的推理和错误的结论。

4）**盲点偏差**指的是不能识别自己的偏差本身就是一种偏差。令人惊讶的是，很容易发现他人的认知和动机偏差。团队决策是克服盲点偏差的有效方法。

5）**支持选择的偏差**指的是人们倾向于合理化他们所做的选择，尽管这个选择可能是错误的或不是最佳的。这种偏差会导致错过更优的决策。

6）**集群错觉**暗示了人类在随机事件中存在假设模式的倾向。基于这些假设的行动没有逻辑基础。

7）**证实性偏差**是指物以类聚、人以群分的现象。人们往往只重视那些证实了其先入之见的数据。

8）**保守主义偏差**指出了这样一个事实：人类对现有证据的重视超过了对新证据的重视。对接受新证据存在着隐性的抵制。

9）**信息偏差**是指人们倾向于寻找不影响行为的信息。重要的不是数据的大小，而是正确的数据。

10）**鸵鸟效应**指的是人们倾向于忽视令人不快的信息。这种影响可能会导致遗漏具有重要决策价值的信息。

11）**结果偏差**指的是仅根据结果来判断一个决策的价值，而忽略了决策的具体过程。这导致无法确定所有影响决策的因素。

12）**过度自信**会鼓励决策时承担更大的风险。

13）**安慰效应**指的是，只要相信期望的结果会发生，那么它就会发生。

14）**支持创新的偏差**高估了有用性却忽视了局限性。

15）**近因**是指相对于旧数据，新数据更受重视的趋势。

16）**凸显性**是用唾手可得这个比喻最能说明的。它指的是人们倾向于关注统计上不可能发生的事件，而不是可能发生的事件。

17）**选择性感知**是指通过我们的期望来感知世界。换句话说，我们的期望会影响我们所感知的事物。

18）**模式化**指的是过度概括，尽管数据存在显著差异。

19）**生存偏差**是指由于数据有偏差或不平衡，以及对有偏差的数据不了解而做出的错误决策。

20）**零风险偏差**是指避免量化不确定性并据此进行推理的倾向。

7.3.4 数据管理中的网络安全问题

在智能电网、交通、工业控制和其他关键基础设施中，信息物理系统无处不在。这些系统应该在发生恶意网络攻击和不可预见的干扰时可靠地运行。虽然信息技术基础设施的目的是保护数据免受攻击，但由于其固有的特性，信息物理系统还有其他安全需求。信息物理系统提出了以下主要的安全挑战：

1）在安全要求方面，信息物理系统应用程序的范围很广。例如，与精确预报天气等其他应用相比，军事和核电站应用需要更高的安全性。

2）在物联网等新兴应用中，信息物理系统组件的计算能力是有限的。这对执行复杂的安全防护措施造成了严重的问题，这些措施可能需要相对较多的计算资源。

3）信息物理系统是由异构组件（不同的计算平台和能力）组成的系统。在这些系统中，硬件、软件和人机交互是密切相关的。大量的安全问题需要在硬件、软件和人机交互级别上加以关注。

4）虽然信息物理系统应该像在 IT 基础设施环境中那样保护数据，但它也应该考虑跨多个系统的安全问题，以及由于用户与这些系统的交互而产生的安全问题。

5）除了安全性之外，信息物理系统对数据有严格的定时要求。这意味着信息物理系统需要敏捷的攻击防御策略。

6）不考虑安全问题的信息物理系统设计方法可能会使此类信息物理系统容易受到安全漏洞的攻击。

7）针对信息物理系统的网络攻击的应对措施应考虑系统的网络和物理方面的相互作用。

8）信息物理系统可能使用不同的网络技术（如有线和无线）和不同的协议，这带来了额外的挑战。

9）通常，信息物理系统是具有嵌入式智能的高度自治系统。虽然这减少了人工干预和监督，但也需要防范恶意攻击。

10）反馈环在信息物理系统控制中起着重要的作用。因此，需要保护反馈数据不被篡改。

这些问题将在本书的其他章节中讨论，本章主要关注以数据库为中心的网络安全问题。数据库是大多数组织的核心，它们的安全漏洞率最高。通过攻击这些漏洞，黑客和恶意人士可以获取敏感数据，快速提取数值，造成损害或影响业务运行。除了财务损失和名誉损害，还可能导致违反监管规定、罚款和法律问题。最近出台的《欧盟通用数据保护条例》（General Data Protection Regulation for the European Union）是首个此类法规，它将对未能满足严格数据保护措施的组织进行处罚。其中一项措施要求具备足够的数据库监控能力，以满足所有个人数据的审计要求。

虽然计算应用领域千差万别，但都面临着相似的网络安全风险。风险范围从窃取信用卡号到破坏现代政治进程和总统选举。2017年9月7日，Equifax表示，多达1.43亿美国人的个人信息被泄露。2016年9月，雅虎证实，至少5亿用户账户的数据被一个代表政府组织[18]的个人窃取。这次入侵被认为发生在2014年底，可能是有史以来最大的安全漏洞。2016年重大数据泄露的受害者包括美国司法部（US Department of Justice）、美国国税局（US Internal Revenue Service）、Verizon Enterprise Solutions、菲律宾选举委员会（Philippine Commission on Elections）、领英（LinkedIn）、甲骨文（Oracle）、Dropbox和思科（Cisco）等[19]。网络攻击跨越了私营企业、工业、政府机构和军事机构。超过57%的组织认为数据库是内部最容易受到攻击的对象。

与 RDBMS 相比，NoSQL 系统面临的主要挑战是数据安全。安全风险的范围从假定 NoSQL 系统在受信任的环境中运行（因此不需要身份验证）到磁盘上无数据加密。授权和细粒度访问控制是另一个安全风险。由于 NoSQL 系统存储数据的副本以优化查询处理，因此很难隔离敏感数据并指定访问控制。虽然 RDBMS 安全解决方案原则上适用于 NoSQL 系统，但是 NoSQL 在数据模型、查询语言和客户端访问方法上的差异需要新的解决方案。

NoSQL 系统中的网络安全问题因数据速度、容量和异构性而加剧。此外，数据源的多样性、流数据、云托管部署和大量云间数据移动进一步加剧了安全问题。为保护小型静态数据而定制的传统安全机制不适用于 NoSQL 系统。表 7.2 显示了通用的数据库安全威胁。最近的 Imperva 白皮书[20]列出了五大数据库安全威胁：①过度的、不恰当的和未使用的特权；②特权滥用；③Web 应用程序安全性/SQL 注入不足；④弱审计跟踪；⑤不安全存储介质。在大多数情况下，可以通过实施简单的步骤、遵循最佳实践和内部控制来预防这些威胁。

表 7.2 通用数据库安全威胁

数据库威胁	描述
过多和未使用的特权	当授予用户的数据库特权超出其工作功能的要求时，可以使用特权访问机密信息。此外，当员工的工作角色发生变化时，对敏感数据访问权限的相应更改通常不会更新。根据 Imperva[20]，47%的公司报告说他们的用户拥有过多的权利。查询级访问控制用于将权限限制在所需操作和数据的最低限度
滥用特权	用户可能会滥用合法的数据库权限进行未经授权的用途。数据库系统管理员（DBA）可以无限制地访问数据库中的所有数据。DBA 可以选择直接访问未经授权的敏感应用程序数据，而无须经过应用程序的授权和访问控制。滥用特权是一种内部威胁。2016 年，超过 65%的数据泄露损失归咎于[20]特权滥用。强制策略不仅限制哪些数据是可访问的，而且还限制如何访问数据
SQL 注入和应用程序安全性不足	黑客插入未经授权的或恶意的 SQL 语句来访问数据并进行复制或修改。querylevel 访问控制可以有效地检测通过 web 应用程序和数据库存储过程注入的未授权查询
弱审计跟踪	未能收集数据库活动的详细审计记录在许多层面上都是一个严重的组织风险。遗憾的是，细粒度审计会降低数据库性能。数据库供应商的本地审计工具通常不足以记录检测攻击所需的上下文详细信息并支持安全性和遵从性审计。基于网络的审计设备独立于所有用户运行，并提供无性能损失的粒度数据收集。Imperva 指出，只有 19%的公司执行了数据库监控[20]

（续）

数据库威胁	描述
不安全存储介质	不受保护的备份存储介质经常被窃取。高权限用户（如 DBA）通常可以直接访问数据库服务器。这样的用户可以关闭本地审计机制，并通过发出 SQL 命令来复制数据。为了防止这种类型的数据泄露，所有数据库备份文件都应该加密
恶意软件和平台漏洞	高级攻击混合了多种策略，如网络钓鱼邮件和恶意软件，被用来穿透组织并获取隐私敏感的数据。入侵检测软件和入侵防御软件（IPS）可以有效地检测和阻止已知的数据库平台漏洞和恶意软件
平台的漏洞	攻击者利用数据库管理系统和底层操作系统中的漏洞。例如，攻击者利用默认账户和密码以及数据库系统配置参数等漏洞来发起攻击
拒绝服务（DoS）	该攻击使系统对经过身份验证和授权的用户不可用。缓冲区溢出、数据损坏、网络泛洪和资源消耗是典型的 DoS 技术。资源消耗是数据库特有的，常常被忽略。从而会导致攻击者可以快速打开大量的数据库连接。这进而会触发连接速率控制，这将防止合法用户无法消耗数据库服务器资源。DoS 预防措施应针对包括网络、应用程序和数据库在内的多个层次。IP 和连接速率控制是对抗 DoS 的有效手段
有限的安全专业知识	许多较小的组织缺乏实现数据和应用程序安全控制和策略所需的专业知识。这一点再加上缺乏用户培训，就为安全漏洞打开了大门。组织应投资安全软件和用户培训

7.4 信息物理系统的数据库系统

如前所述，RDBMS 不适用于信息物理系统、大数据、移动计算和基于位置的服务应用程序。除了 7.3.1 节讨论的问题之外，RDBMS 主要设计用于单节点计算机。可以通过使用更快的 CPU、更多的内存和更大更快的磁盘来适应增加的工作负载和数据量。这种增加计算能力的方法称为垂直扩展（也称为向上扩展）。用于垂直扩展的 RDBMS 供应商解决方案往往需要昂贵的硬件而且常常涉及专用软件。

相比之下，水平扩展（又称向外扩展）是指通过由几台计算机构建的计算集群实现计算能力的增强。计算集群通常由普通的硬件设备或组件构建，这些硬件设备或组件相对便宜，广泛可用，并且很容易与同类型的其他硬件互换。与水平扩展相比，垂直扩展更昂贵，也更有局限性。

数据一致性（所有客户/用户得到对于同样查询的相同的回应）、系统可用性（数据库系统的所有操作最终都会成功）和分区容错性（即使系统服务器发生网络故障，系统将继续正常运转）是决定哪个 DBMS 适用于一个给定的应用程序的三个主要问题。数据一致性、系统可用性和分区容错性之间的相互作用被表述为 CAP 定理[21-22]，任何分布式系统都不可能同时实现这三个特性。例如，为了实现分区容错性，系统可能需要放弃一致性或可用性。这个定理经常被误解，并且这是一个持续争论的话题。选择似乎主要是在一致性和高可用性之间。接下来，我们讨论分布式计算的基本原理，并介绍 Elasticsearch（ES），一个 NoSQL 系统。

7.4.1　基于集群的分布式计算

分布式计算是网络计算机利用通信协作来解决计算问题的一种范式。并发执行、缺少全局时钟和组件独立故障是分布式系统的特征。分布式算法需要解决原子提交、协商一致、分布式搜索、领导选举、互斥、资源分配等分布式系统问题。在 NoSQL 系统中，分布式计算是一种大规模提高性能并实现高可用性和可靠性[24]的方法。

NoSQL 架构由位于网络计算机上的几个组件（例如，存储磁盘、CPU、应用服务器）组成。组件通过共享内存和消息传递等机制来通信和协调它们的动作以实现共同的目标。在 NoSQL 系统中，我们将处理节点定义为由 CPU、内存和磁盘存储器组成的独立计算机（图 7.1）。节点的逻辑集合称为集群，几个节点被物理地安装在机架上。一些 NoSQL 系统运行在集群上，集群的节点位于地理上独立的数据中心。在所有情况下，节点通过高速计算机网络相互连接。

客户端-服务器体系结构是一种广泛用于分布式应用程序的计算模型。服务器通过 API 或协议向客户端提供服务。通常，服务器和客户机驻留在物理上不同的计算机上，通过网络进行通信。但是，服务器和客户机可能位于同一物理计算机上。工作负载在服务器和客户机之间进行分配。NoSQL 系统将它们的服务作为服务器提供。

第 7 章 | 信息物理系统中的数据管理问题

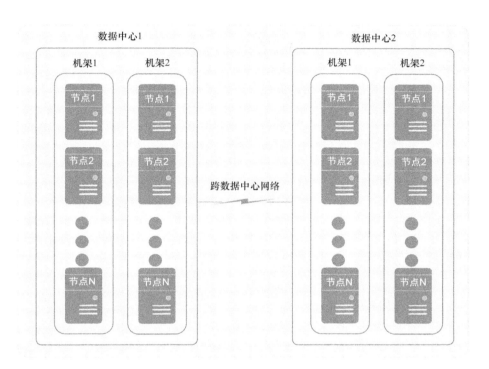

➤ 图 7.1 数据中心集群

NoSQL 服务器通常在生产环境的集群上运行。处理客户请求以及在各个节点之间分配和协调工作负载的方式可以是集中式或分布式的，图 7.2 显示了这两种方式的架构。左边显示的是主从架构。一个特定的节点被指定为主节点，负责拦截客户机请求并将它们委托给工作节点。在这个意义上，主节点充当负载均衡器，还负责协调整个集群的活动。这种体系结构简化了集群管理，但是主节点变成了单点故障点。如果主节点失败，备用主节点将接管。

如图 7.2b）所示，是主从架构的替代方案，这种架构称为 master-master 或 p2p。集群中的所有节点都被同等对待。在任何给定的时间点，一个特定的节点被赋予一个主节点的角色。如果主节点失败，则选择其余节点中的一个作为新主节点。还有一种架构称为多主节点，它在底层上采用了分层主机和主从架构风格的层次结构。

交通信息物理系统

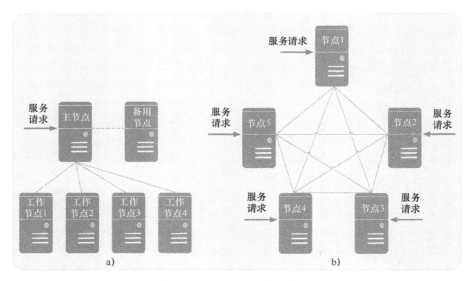

图 7.2 无共享集群架构
a) 集中式 master-worker 无共享架构 b) 分布式 master-master 无共享架构

主从配置和 master-master 配置是无共享架构，因为节点是独立的并不共享资源。这两种体系结构都将数据分布在集群中的各个节点上，以实现大规模的性能，还将数据复制到节点的一个子集以确保高可用性。一些 NoSQL 系统允许在不中断服务的情况下添加新节点或删除现有节点（有意或由于节点故障）。基于无共享架构的 NoSQL 系统通过水平扩展来适应增加的工作负载。使用 master-master 架构的 NoSQL 系统比使用 master-worker 架构的 NoSQL 系统更容易测试。

一些 NoSQL 系统可以作为名为数据库即服务（Database as a Service，DBaaS）的云托管服务使用。这样能够不需要本地技术专家或本地安装 NoSQL 系统就可以使用数据库服务。云计算运营商根据需要提供资源以满足应用程序工作负载的弹性和可伸缩性，Amazon 的简单存储服务和 DynamoDB 就是 DBaaS 的两个例子。

无共享架构通过在数据库集群-分片的节点之间以非重叠的方式分布数据来提高性能。分布式数据也被复制到节点的一个子集中。数据分布和复制是正交概念。它们共同为高可用性做出了贡献——应用程序的所有客户机总

— 206 —

是可以从应用程序读取数据并将数据写入应用程序。

7.4.2 宽松的数据一致性需求

ACID 是原子性、一致性、隔离性和持久性的缩写。ACID 描述了关系型数据库管理系统中事务执行所需的属性。原子性指的是将数据库事务作为单个工作单元执行。尽管事务可能由多个任务组成，但原子性要求所有任务必须作为单个工作单元执行，这是一个全有或全无的命题。假设数据库在事务执行之前处于一致状态，那么在事务执行之后数据库也应该保持一致状态。隔离性属性要求允许多个事务并发执行，每个事务以自己的速度执行，并且不影响其他并发执行的事务。最后，持久性属性是指确保事务执行的结果在软件和硬件出现故障时仍然保持持久性。

与 ACID 不同，NoSQL 系统通过三个设计特性提供了一系列选项来维护数据一致性——基本可用性、软状态和最终一致性，这些特性称为 BASE（一个人为的缩写）。基本的可用性特性保证系统始终可用于读写操作。这个特性对于客户端应用程序在网络不可用的情况下正常工作是非常重要的。软状态允许临时数据不一致。只要有足够的时间，所有的更新都会传播到整个系统，最终影响数据的一致性。最好考虑跨范围的数据一致性，一端是严格的一致性，另一端是最终的一致性。严格一致性的目的是在系统中实现即时的数据一致性，而最终一致性将允许在系统中出现临时的数据不一致性。NoSQL 系统通常提供可调的一致性，使用应用程序时可以选择适当级别的数据一致性来满足应用程序的要求。

在 NoSQL 系统中，对数据库事务的支持差异很大。有些在总体层面上提供支持。其他则将分布式数据库事务实现所需的两阶段提交委托给应用程序。一些系统使用内存映射文件，这可能会妨碍应用程序从一个平台迁移到另一个平台。虽然一些 NoSQL 系统提供了严格的数据一致性，但是大多数系统都支持最终一致性以支持非常快的插入和读取操作。

架构的类型（参见图 7.2）、数据分区和复制方法（第 7.4.7 节）决定了实现数据一致性模型的难度。一些 NoSQL 系统为客户端提供选项来选择所需的数据一致性级别——可调一致性。例如，Cassandra 为读写分离提供了选择一致性级别的方法。

写入一致性级别指定在向客户端应用程序返回确认写入成功之前必须成功写入的副本数量。级别可以从写入任何一个节点、任何一个节点和一个副本到任何一个节点和所有副本。读取一致性指定在将结果返回到客户机应用程序之前必须响应多少个副本。假设数据被复制到 n 个节点上（即复制因子=n）和 quorum 被定义为（$n/2+1$）。读取一致性水平对应从以下方面读取：①附近的一个节点，②节点数等于本地数据中心的 quorum 数，③节点数等于每个数据中心的 quorum 数，④所有副本节点。如果来自不同读取的数据项值不相同，Cassandra 将返回带有最新时间戳的值。

7.4.3 哈希功能

哈希函数和相关的数据结构在 NoSQL 系统中扮演着重要的角色。哈希函数接受一个可变长度的字节序列，并返回一个固定长度的位序列。函数的输入被称为键，返回的结果被各种名称调用，包括散列、散列值、消息摘要（MD5）或校验和。通常，哈希函数会为给定的键生成唯一的哈希。然而，根据哈希算法和键值的分布，两个键可能会产生相同的哈希，这种情况称为碰撞。

MD5 和安全哈希算法（SHA）是广泛使用的哈希函数。MD5 算法产生一个 128 位的散列值。SHA 由美国国家安全局设计，用于加密应用。SHA 版本包括 SHA-1、SHA-2 和 SHA-3。SHA-1 产生 160 位的输出，而 SHA-2 和 SHA-3 提供 224 位、256 位、383 位和 512 位散列值的选项。例如，SHA-1 算法生成的哈希码为 a5630b89be6530ae79f855ea90f218db8949ad28（十六进制表示法），其关键字为"cyber-physical systems"。

散列在 NoSQL 系统中用于确定集群中的哪个节点存储新文档。在集群节点之间随机而均匀地分布文档有助于负载均衡和消除任何一个节点上的过度负载。对文档进行散列处理，并使用该值确定存储文档的集群节点。散列也用于缓存数据库查询。当接收到一个查询时，将对其进行散列处理，并使用散列值来确定查询结果（来自前一次执行）是否已经存在于 RAM 中。如果是，则返回缓存的结果；否则，执行查询并将结果返回给客户机并缓存在 RAM 中。数据库查询缓存实现为（键、值）对，其中键是数据库查询的散列，值是数据库查询执行的结果。

7.4.4 哈希树

将哈希的固定长度的输出作为给定数据段的唯一且简短的表示，这是有帮助的。哈希树（又名 Merkle 树）是一种数据结构，其中每个非叶节点都用其子节点标签的哈希标记。哈希树的一个重要用途是对计算机之间传输的数据进行有效且安全的验证以确保准确性，另一个用途是确定层次目录结构中的内容文件是否与其备份（即副本）相同。此外，如果它们不相同，哈希树提供了一种有效的方法来确定哪些文件是不同的。

构造一个层次化目录的哈希值从最底层的目录（第 n 级）开始。该目录中的每个文件首先被哈希，然后产生的哈希值再次被哈希，从而产生另一个哈希值——哈希的哈希。后者是父级 $n-1$ 的散列值，该值与兄弟节点的散列值再次生成父级 $n-2$ 的散列值。这个过程将继续下去，直到为最顶层目录生成一个散列值。本质上，子节点的哈希值用于生成父节点的哈希值。上述哈希值共同组成了目录的哈希树。

确定目录及其副本是否相同只需要计算相应顶级目录的哈希值。如果哈希值相等，则目录及其副本相同，否则，两个哈希树的逐节点哈希值比较将显示哪些文件不同。

NoSQL 系统使用散列树来有效地将处于断开连接状态的节点与数据库集群中的其他节点进行同步。散列树只允许复制在断开连接状态期间更改的文件。

7.4.5 一致性哈希

将记录分配给数据库集群节点的一种方法是基于记录键值。如果键值不是均匀分布的，这种分配可能会导致热点，一些节点可能存储大量的记录，而另一些节点可能只接收到很少的记录。解决这个问题的一种方法是将一条记录随机分配给一个节点。这样做的一个副作用是丢失了键的顺序。而且，最好将一个地理位置的所有记录保存在一个节点上以改进局部性。面向列的 NoSQL 系统（如 HBase 和谷歌的 BigTable）将某个地理位置的所有记录存储在一个节点上，当达到某个阈值时，节点被分成两个。

在传统的哈希中，对记录键应用哈希算法，产生的哈希值用于确定存储记录的集群节点。集群中的节点数是这些散列算法的一个参数。如果我们更改集群中的节点数量，几乎所有键都将重新映射到新节点。一致性哈希是一种技术，它限制了在向集群中添加或从集群中删除节点时重新平衡集群中的节点数的排序次数。如果 k 是键的数量，n 是集群节点的数量，一致性哈希保证平均不超过 k/n 个键被重映射到新节点。总之，在分布式系统中，当添加新节点或从分布式系统中删除现有节点时，一致性哈希在最小化重新洗牌的数量方面起着核心作用。

7.4.6 内存映射文件、分布式文件系统和向量时钟

一些 NoSQL 系统使用内存映射文件来提高 I/O 性能，特别是对于大型文件。内存映射文件是虚拟内存的一段，它们与操作系统文件或类似文件的资源（例如，设备、共享内存）进行字节级的通信。但是，它们可能会妨碍应用程序从一个平台迁移到另一个平台。

如前所述，NoSQL 系统被设计为在使用普通硬件组装的集群计算机上运行。因此，与使用更昂贵和非商业化的集群相比，节点故障率和潜在的数据丢失率更大。高 I/O 吞吐量是处理数据量的关键。此外，在某些情况下需要对文件系统数据进行流处理，这就需要分布式容错文件系统。这些系统包括谷歌文件系统和 Hadoop 分布式文件系统（HDFS）。HDFS 为应用程序提供接口，使计算更接近数据源。

向量时钟是一种在分布式系统中同步数据的算法。它用于通过基于事件时间戳的事件推理来确定哪个版本的数据是最新的。它是 RDBMS 多版本并发控制在多台服务器上的扩展。每个服务器都有自己的向量时钟副本。当服

务器之间发送和接收消息时,向量时钟将递增并附加消息。偏序关系是基于服务器向量时钟定义的,用于推导数据更新之间的因果关系。Riak 是一个基于 NoSQL 系统的键值对数据模型,它使用向量时钟实现最终的数据一致性。

7.4.7 数据分区、复制、版本控制和压缩

数据分区(又称分片)、副本和版本控制是正交概念。数据分区和复制提高了读写操作的吞吐量、数据可用性和查询性能。数据记录的键值范围称为键空间。在自动分片中,使用一致性哈希或非重叠键空间区域等算法自动将数据跨多个节点进行分区。客户机管理的分片是指通过应用程序逻辑以编程方式指定的数据分布。

复制涉及将数据的多个副本保存在不同的节点上以获得高可用性和可恢复性。复制数据的副本数量称为复制度。例如,可以将每个数据记录复制到其他三个节点。在对称复制中,如果节点 A 复制到节点 B,那么节点 B 将反向复制到节点 A。不对称复制是单向的。此外,复制可以是同步的,也可以是异步的。当数据项在一个节点上更新时,它在其他节点上的副本要么同时更新(同步复制),要么稍后更新(异步复制)。

间歇和连续为复制增加了另一个维度。顾名思义,连续复制是指不间断的复制,而间歇复制是根据时间安排进行的。例如,在数据中心的集群节点之间使用连续模式进行复制,而在非高峰时间使用间歇模式进行跨数据中心节点之间的复制。数据分区和复制可以合并。

在同步复制中,在将 x 写入到节点 a 的所有副本节点完成之前,写入过程是不完整的。相同数据的多个副本存储在不同的计算机(即节点)上,以提高数据可用性和查询性能。复制可以是连续的,也可以根据计划进行。数据分片是指以不重叠的方式在节点之间分布数据。当系统以对用户透明的方式完成此任务时就称为自动分片。

维护一个数据项的多个时间戳副本称为版本控制。它支持在过去某个时间点检索数据项的值。版本控制与复制相结合会很快导致对磁盘空间的巨大需求。数据压缩有助于缓解这个问题。一些 NoSQL 系统还提供了在数据过

期后自动清除数据的功能。对于信息物理系统应用程序来说，这是一个很有价值的特性，因为在某些时间窗口之后，数据就没有价值了。

7.4.8 Elasticsearch：一个搜索和分析引擎

在本节中，我们将重点介绍一个名为 ES（Elastic search）的 NoSQL 系统[25,26]。ES 是一个基于集群的分布式搜索和分析引擎，它提供水平可伸缩性，擅长管理非结构化和半结构化数据。它支持按比例索引文本文档，并使用纯文本中指定的查询进行搜索。此外，它还有助于向应用程序添加自定义搜索功能。使用预测分析和相关度排序可以增强搜索结果。识别欺诈和异常检测等任务非常适合于 ES，因为它具有近乎实时的处理能力。ES 不需要预先定义数据库模式，而且模式会随着应用程序的发展而扩展。最后，ES 的高级查询语言支持强大而灵活的查询。

7.4.9 Elasticsearch 系统架构

ES 逻辑架构如图 7.3 所示。左列中显示的组件是开源的，统称为弹性堆栈。Logstash 是一个成熟的数据提取、转换和加载平台，用于将大量数据导入 ES。相比之下，Beats 是一个用于接收实时数据的轻量级组件。ES 是对文档进行索引并将索引分布到集群的各个节点的主要组件。ES 提供了超文本传输协议（HTTP） REST 接口，允许应用程序和用户查询 ES 索引。它还提供了几个内置的算法来搜索和为文档评分，并自定义搜索结果。Kibana 把 ES 变成了数据分析平台。Kibana 运行在 web 浏览器中，为查询和数据可视化提供了一个优秀的用户界面。

在右栏中显示的是称为 X-Pack（扩展包）的附加组件，它们不是开源的。这些附加组件对于企业应用程序非常重要，它们提供各种功能，包括通过 Kerberos 进行授权和身份验证。例如，数据驱动事件的警报和通知、监视、用于启用某些类型的搜索的图引擎和 ML 库。开源 ES 和 X-Pack ES 在一个名为 Elastic cloud 的云平台上可用。

第7章 | 信息物理系统中的数据管理问题

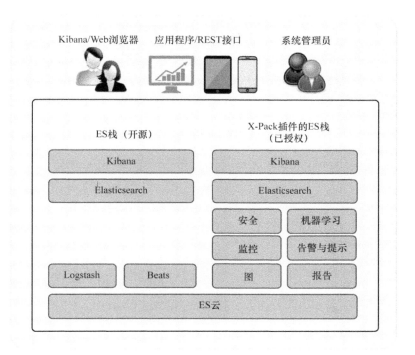

➤ 图 7.3　Elasticsearch 逻辑架构

ES 使用分片和复制来实现大规模的性能和高可用性。如图 7.4 所示为 ES 的逻辑和物理索引结构。考虑逻辑索引结构（图 7.4a)），ES 索引大致对应于 RDBMS 中的数据库模式。就像 RDBMS 数据库由几个表组成一样，ES 索引包含一个或多个类型，类型对应于 RDBMS 中的表，可划分索引。智能交通系统（ITS）索引（数据库）存储在集群节点 1 上。该索引由两种类型（表）组成:交通数据和天气数据。流量数据是文档的集合，存储在流量数据类型下。文档被视为 JSON 格式指定的属性值对序列。映射（图中未显示）对应于属性及其数据类型之间的关联。可以显式地指定映射，也可以让 ES 自动（隐式映射）解析。Node 2 使用两种类型（土壤数据和卫星数据）存储精确农业应用程序的索引。

ES 的物理索引结构如图 7.4b）所示，与逻辑索引相比，物理索引显示了分片和复制的细节。为了提高性能和可用性，索引被划分为称为"分片"

的片段。"主副本"指的是原始分片,副本指的是它的备份版本。例如,其应用数据的索引被分为三个分片:智能交通主分片 1、智能交通主分片 2 和智能交通主分片 3。每个主分片存储在不同的节点上,同样地,对应的副本也存储在不同的节点上,因此没有主分片及其副本驻留在同一节点上。同样的三个节点也用于存储精准农业应用程序的主分片和复制分片。

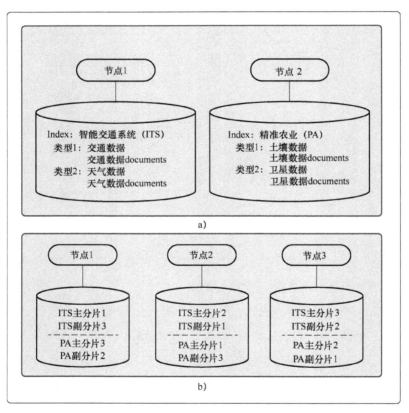

> 图 7.4 Elasticsearch 数据分片和复制
> a)逻辑索引结构 b)物理索引结构

虽然 ES 通常在企业应用程序的集群上运行,但它也可以安装在一台计算机上。这里不讨论安装细节,因为它们随着时间的推移而变化,并且在不同的平台之间也有所不同。但是,我们将详细讨论一些配置。配置目录有三个主文件:elasticsearch.yml(主配置文件),jvm.options(Java VM 选项)和

第 7 章 | 信息物理系统中的数据管理问题

log4j2.properties（日志配置文件）。ES 需要 Java JDK。

通过 web 浏览器（http://localhost:9200/）、命令行（curl http://localhost:9200/）或 Kibana（http://localhost:5601/）可直接访问 ES。接下来，将演示如何创建一个简单的 ES 数据库来管理研究人员的学术出版物。此任务的一些基本 ES 命令总结在表 7.3 中。图 7.5 显示了在 Kibana 中执行"GET/publications/journals/1"查询后的结果。

表 7.3　Elasticsearch 基本命令

ES 命令	结果描述
PUT/publications	创建名为 publications 的索引
PUT/publications/journals	为 publications 索引创建 journals 类型
PUT/publications/books	为 publications 索引创建 books 类型
PUT/publications/chapters	为 publications 索引创建 chapters 类型
PUT/publications/journals/1{…}	插入 id 值为 1 的 journals 类型的文档。文档内容位于{}之间并以 JSON 格式描述
GET/publications/journals/1	获取 id 值为 1 的 journals 类型的文档。文档内容以 JSON 格式描述（图 7.5）

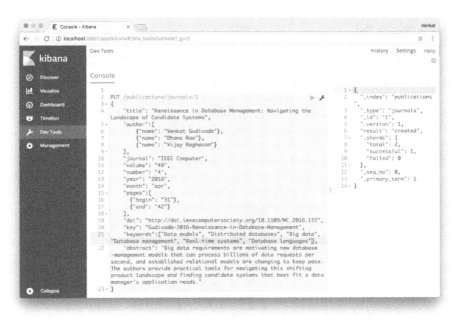

图 7.5　在 Kibana 中执行"GET/publications/journals/1"查询后的结果

7.5 信息物理系统的数据分析

数据分析（Data Analytics，DA）是一门对来自多个数据源的异构数据进行推理、预测和洞察的科学。DA 起源于对早期版本的计算机电子表格和 RDBMS 进行在线分析处理，数据挖掘、商业智能、视觉分析和认知分析等不同的名称代表了它的发展和进步。这种演变主要是由机器学习、高性能计算和大数据驱动的。数据分析现在已经成为一个普遍的术语，包括视频分析、文本分析和道路交通分析，现在指的是从非结构化数据中提取信息并使用这些信息进行定量决策的过程。

以 DA 在智能交通中的角色为例。DA 集成了来自不同来源的异构数据，包括车联网、汽车导航系统、嵌入路侧设施的天气传感器、交通信号控制系统等。对这些不同的数据进行清洗、转换和集成，可以构建 DA 应用程序，例如实时交通预测和规划、自动执行限速、动态交通灯时序以及车车通信和协作。

7.5.1 数据分析的类型

根据其预期目的，DA 可分为四类:描述性、诊断性、预测性和规范性。这些类是高度相关的，它们的功能重叠也很重要。这些类应该被看作跨越一个工作流的一个整体，而不是四个不同的类别。

无论在哪个领域，DA 都包括三个活动:数据获取、清洗、转换和加载；方法和算法以及隐式地包含工作流；最佳实现的计算平台。第一个活动涉及准备输入数据并将其加载到计算平台。第二个任务是使用各种统计、机器学习算法和数据分析方法来完成的。最后，计算平台集成了前两个活动，并为用户和其他应用程序提供接口。

7.5.2 描述性分析

描述性分析的目标是提供对过去直至现在的洞察。它有助于从过去的经验中学习，并利用这些知识来提高操作效率，发现消耗过多资源的活动（即资源消耗）。描述性统计和探索性数据分析（EDA）是实现描述性分析的主要工具。描述统计学是一种对数据进行概括描述的工具，它以图形的形式对数据进行定量描述。EDA 以直方图、散点图、矩阵图、盒须图、茎-叶图、根图、抗时间序列平滑图和气泡图的形式为描述性分析提供视觉维度。这种可视化的探索有助于获得对数据的直观理解，并为 GUI 查询提供了框架。它还有助于确定需要进一步调查的研究问题。

7.5.3 诊断分析

诊断分析有助于确定哪些因素是通过描述性分析观察到的。换句话说，它解决了"为什么会发生这种事？"包括数据挖掘和数据仓库在内的一些技术被用来回答这个问题。它是探索性质的，需要人的参与。诊断分析在教育和学习领域的应用由来已久，其名称为诊断评估，这是一个人工过程。

7.5.4 预测分析

预测分析是基于过去预测未来[27]。它通过使用推理统计学和预测技术建立预测模型来回答"如果"的问题。预测分析有助于实施预防措施或改变过程。预测模型本质上是概率性的，需要大量的数据来建立模型。

选择用来建立预测模型的变量被称为变量/特征选择。EDA 经常揭示哪些变量是模型构建的较好候选。相关系数（r）量化了两个变量之间的关联程度。r 的值域是在-1 至 1 之间。如果两个变量高度相关，这意味着变量表现出相似性，因此模型构建只需要考虑其中的一个。线性回归是预测分析[28]的一种流行技术。其他回归模型包括离散选择、多项逻辑回归、probit、logit、时间序列、生存分析、分类回归树和多元自适应回归。预测分析还使用了朴素贝叶斯、多层感知器、神经网络、径向基函数、支持向量机和 k 近邻等分类算法。

7.5.5 规范分析

规范分析与诊断和预测分析紧密相关。诊断分析回答了"为什么会发生这种情况？"预测值分析有助于回答"可能会发生什么"这个问题。规范分析被用来增加实现期望事件的机会,或者减少不希望事件发生的机会。

规范分析正在演变成所谓的认知分析[29]。认知计算和认知科学是认知分析的基础。认知分析的一个方面是计算多个问题的答案,并在一定程度上与每个答案联系起来。由于认知分析固有的复杂性,很少有组织实施它。

7.5.6　数据分析资源和工具

数据分析系统有各种不同的形式和功能,功能差异很大。商业供应商包括 SAS、微软、甲骨文、Teradata 和 Tableau 软件。Python、Java 和 R[31]是实现 DA 的非常流行的编程语言。TensorFlow[32]、Weka3[33]和 Keras[34]等机器学习框架和库提供了适当的模型抽象来支持 DA 应用程序。

Apache UIMA 项目提供了从非结构化数据[35]中提取信息的开源框架、工具和注释器。Apache Hadoop 和 Spark 是被广泛用于大数据处理和认知分析的开源计算平台。

7.6　当前的趋势和研究问题

信息物理系统应用程序及其复杂性正以指数级速度增长。硬件和软件在网络空间中的行为,以及物理环境中的物理系统的行为都是孤立的。然而,当网络系统与物理世界交互时产生的特性是复杂的,不适合建模和分析。临时的信息物理系统设计和实现方法可能会导致系统脆弱、不可伸缩和缺乏设计灵活性。信息物理系统设计的规范方法需要提供自动验证和确认,从而最小化软件错误和硬件故障,并且阻止网络安全攻击。

一般来说,基于信息物理系统的智能交通系统,特别是车车和车路通信,将对各行各业的人们产生重大影响。信息物理系统将对汽车服务产生更大的影响,如测试、开发、维护和维修。信息物理系统的普及需要教育和劳动力的发展。信息物理系统课程的六个基础已经确定[2],包括基本计算概念、物理世界的计算、离散和连续数学、跨域应用、建模和信息物理系统开发。

考虑到数据质量和网络安全问题,任务关键型应用程序的信息物理系统决策必须涉及人员在环。而且采用这种方法时，也应该认识到 7.3.3 节中讨论的认知和动机偏差。

参 考 文 献

[1] National Science Foundation, Cyber-Physical Systems (CPS), March 2016. https://www.nsf.gov/publications/pub_summ.jsp?ods_key= nsf16549. (Accessed on 18/04/2018).

[2] National Academies of Sciences, Engineering, and Medicine, A 21st Century Cyber-Physical Systems Education, National Academies Press, Washington, DC, 2016. https://doi.org/10.17226/24x. (Accessed on 18/04/2018).

[3] E.A. Lee, S.A. Seshia, Introduction to Embedded Systems: A Cyber-Physical Systems Approach, The MIT Press, Cambridge, Massachusetts, 2017.

[4] M. Islam, M. Chowdhury, H. Li, H. Hu, Cybersecurity attacks in vehicle-to-infrastructure (V2I)Applications and their prevention, in: Transportation Research Board Annual Meeting, Washington, DC, 2018.

[5] Connected Vehicle Reference Implementation Architecture, (n.d.). http://local.iteris.com/cvria/html/applications/applications.html. (Accessed on 18/04/2018).

[6] E.F. Codd, A relational model of data for large shared data banks, Communications of the ACM 13 (6) (June 1970) 377−387.

[7] D.D. Chamberlin, R.F. Boyce, SEQUEL: a structured English query language, in: Proceedings of the 1974 ACM SIGFIDET (Now SIGMOD) Workshop on Data Description, Access and Control. SIGFIDET '74, ACM, New York, NY, 1974, pp. 249−264.

[8] R. van der Meulen, 8.4 billion Connected "things" Will Be in Use in 2017, up 31 Percent From 2016, February 2017. https://www.gartner.com/newsroom/id/3598917. (Accessed on 18/04/2018).

[9] V. Gudivada, D. Rao, V. Raghavan, Renaissance in database management: navigating the landscape of candidate systems, IEEE Computer 49 (4) (April. 2016) 31−42.

[10] solid IT, Knowledge Base of Relational and Nosql Database Management Systems, 2018. https://db-engines.com/en/. (Accessed on 18/04/2018).

[11] V. Gudivada, A. Apon, D. Rao, Database systems for big data storage and retrieval, in: R. Segall, N. Gupta, J. Cook (Eds.), Handbook of Research on Big Data Storage and Visualization Techniques. Advances in Data Mining and Database Management, IDG Global, Boston, MA, 2018, pp. 76−100.

[12] V. Gudivada, A. Apon, J. Ding, Data quality considerations for big data and machine learning: going beyond data cleaning and transformations, International Journal on Advances in Software 10 (1) (2017) 1−20.

[13] V. Ganti, A.D. Sarma, Data cleaning: a practical perspective, in: Synthesis Lectures on Data Management, Morgan & Claypool Publishers, 2013.

[14] J.W. Osborne, Best Practices in Data Cleaning: A Complete Guide to Everything You Need to Do Before and After Collecting Your Data, SAGE, Thousand Oaks, CA, 2013.

[15] D. McGilvray, Executing Data Quality Projects: Ten Steps to Quality Data and Trusted Information, Morgan Kaufmann Publishers Inc., San Francisco, CA, 2008.

[16] K. Sha, S. Zeadally, Data quality challenges in cyber-physical systems, Journal of Data and Information Quality 6 (2−3) (Jun. 2015) 8:1−8:4.
[17] S. Lebowitz, S. Lee, Cognitive Biases that Screw up Your Decisions, 20 August 2015. http://www.businessinsider.com/cognitive-biases-that-affect-decisions-2015-8. (Accessed on 18/04/2018).
[18] S. Fiegerman, Yahoo Says 500 Million Accounts Stolen, 2016. http://money.cnn.com/2016/09/22/technology/yahoo-data-breach/. (Accessed on 18/04/2018).
[19] IndentityForce, The Biggest Data Breaches in 2016, So Far, 2016. https://www.identityforce.com/blog/2016-data-breaches. (Accessed on 18/04/2018).
[20] Imperva, Top 5 Database Security Threats, 2016. https://www.imperva.com/docs/gated/WP_Top_5_Database_Security_Threats.pdf. (Accessed on 18/04/2018).
[21] E. Brewer, CAP twelve years later: how the "rules" have changed, Computer 45 (2) (2012) 23−29.
[22] E.A. Brewer, Towards robust distributed systems (abstract), in: Proceedings of the Nineteenth Annual ACM Symposium on Principles of Distributed Computing. PODC '00, ACM, New York, NY, USA, 2000, p. 7.
[23] W. Fokkink, Distributed Algorithms: An Intuitive Approach, The MIT Press, Cambridge, Massachusetts, 2013.
[24] M. Kleppmann, Designing Data-Intensive Applications: The Big Ideas Behind Reliable, Scalable, and Maintainable Systems, O'Reilly Media, Sebastopol, California, 2017.
[25] R. Gheorghe, M.L. Hinman, R. Russo, Elasticsearch in Action, Manning Publications, Shelter Island, New York, 2015.
[26] C. Gormley, Z. Tong, Elasticsearch: the definitive guide, in: A Distributed Real-time Search and Analytics Engine, O'Reilly Media, Sebastopol, California, 2015.
[27] V. Dhar, Data science and prediction, Communications of the ACM 56 (12) (December 2013) 64−73.
[28] G. James, An Introduction to Statistical Learning with Applications in R, Springer, New York, NY, 2013. https://doi.org/10.1007/978-1-4614-7138-7. (Accessed on 18/04/2018).
[29] V. Gudivada, M. Irfan, E. Fathi, D. Rao, Cognitive analytics: going beyond big data analytics and machine learning, in: V. Gudivada, V. Raghavan, V. Govindaraju, C.R. Rao (Eds.), Cognitive Computing: Theory and Applications. Volume 35 of Handbook of Statistics, Elsevier, New York, NY, October 2016, pp. 169−205, 978-0-444-63744-4.
[30] V. Gudivada, V. Raghavan, V. Govindaraju, C. Rao (Eds.), Cognitive Computing: Theory and Applications. Volume 35 of Handbook of Statistics, Elsevier, New York, NY, October 2016.
[31] The R Foundation, The R Project for Statistical Computing, 2018. https://www.r-project.org/. (Accessed on 18/04/2018).
[32] TensorFlow, An Open Source Software Library for Numerical Computation Using Data Flow Graphs, 2018. https://www.tensorflow.org/. (Accessed on 18/04/2018).
[33] The University of Waikato, Weka 3: Data Mining Software in Java, 2018. http://www.cs.waikato.ac.nz/ml/weka/. (Accessed on 18/04/2018).
[34] Keras, The Python Deep Learning Library, 2018. https://keras.io/. (Accessed on 18/04/2018).
[35] Apache, The UIMA Project, 2018. http://uima.apache.org/. (Accessed on 18/04/2018).

第 8 章

交通信息物理系统中的人为因素：SmartATRS 案例研究

Paul Whittington，Huseyin Dogan
英国普尔，伯恩茅斯大学科学与技术学院计算机与信息系

▶ 8.1 引言

人为因素，也被称为"人机工程学"，被定义为一门研究人类与系统其他要素之间的相互作用的学科[1]。HF 包含的基本原理是研究如何设计一个系统，使其通过完善能力来适用于目标用户，而不是让用户被动地适应挑战性的设计。为了实现这一目标，有必要了解用户的可变性与多样性，包括年龄、认知能力、文化多样性[2]和身体差异。通过让目标用户参与其中，来考虑人为因素，将会形成以用户为中心的设计而且用户可以影响设计的进程[3]。这一过程的第二个好处是来自不同学科用户的个人认知和专业知识可以应用

于设计之中。以用户为中心的设计过程是高度迭代的,因此需要进行连续测试以确保设计满足用户要求。

这种用户参与开发过程、在整个开发周期中包含直接的用户反馈的活动被称为用户体验。用户体验专业协会[4]将用户体验定义为"构成用户对整体感知的、用户与产品、服务或公司交互的各个方面"。UX决定了用户对系统的实际特性(如易用性)的看法,因此,由于看法是随着时间的推移而变化,UX是主观的。影响UX的因素有很多,可以分为环境因素、用户因素和系统因素。环境因素涉及社会性的、生理上的和技能方面的经历,用户因素受个体对系统的情绪和期望的影响,而系统因素包括功能性设计和界面设计。

在以用户为中心的设计中,另一个需要考虑的方面是可访问性或通用性设计,即确保产品设计对所有人适用而无须通过适应来满足人类的多样性、社会包容性和平等性[5]。需要指出,要实现通用性设计,目标用户群应参与设计过程,而设计者应负责设计哪些用户群体应参与其中。"网页内容无障碍浏览指南"[6]是无障碍规则的一个典型例子,该指南为网页内容无障碍浏览提供了一个满足个人、组织和政府的国际需求共享标准。

人为因素被英国国防部视为体系化的系统工程过程,被称为人为因素集成(HFI),它识别、跟踪和解决与人类相关的考虑,以确保技术和人类能力的平衡发展。这一概念可以应用于交通信息物理系统的开发、以用户为中心的设计、用户体验和通用性设计,来确保系统满足预期效果。然而,通常针对信息物理系统的无障碍指南相关研究很有限。

在交通运输领域,采用了人为因素方法的信息物理系统有很多例子,包括飞机飞行甲板、空中交通管制系统和车辆设计[7]。在本章中,智能自动化运输和无障碍系统(SmartATRS)被视为一个交通信息物理系统,在该系统中进行可用性评估,以评估系统是否适合身体残疾的用户群体。SmartATRS为自动化运输和无障碍系统(ATRS)提供了可选的交互方式。ATRS是一种先进的技术系统,它利用激光测距技术自动将电动轮椅停靠在车辆的升降机平台上[8],而该技术最初是为"儒勒·凡尔纳"号(Jules Verne)航天器与国际空间站对接而开发的[9]。

8.2 相关人为因素方法

为了开发 SmartATRS，有必要从人机交互（HCI）的人机工程学、通用性设计和全民通用设计的角度考虑人机交互的各个方面，即最初被公认的以人为中心的设计（HCD）[10]。它可以被定义为一个由五个核心阶段组成的迭代过程。第一个阶段是理解使用环境，以便生成用户需求，然后利用需求产生可以根据用户需求进行评估的设计方案。以人为中心的设计的迭代特性是由用户在设计过程中的参与而产生的，这可能伴随着对系统设计的修改。

8.2.1 人为因素集成

人为因素集成（HFI）被认为是一个系统工程过程，它能够识别系统中人的组成部分，以及权衡任何可能对开发产生不利影响的与人相关的方面。该过程存在于性能管理中，涉及用户性能规划、生成和交付角色的职责[11]。规划角色包括根据用户对当前差距的反馈，为现有性能可以改进的领域制订计划和演进方案。最终角色与新集成的系统有关，并涉及用户对新系统的启动和接受情况。这种用户反馈也适用于生成角色，在此角色中，新系统被集成到当前流程并进行评估。

据称，人为因素集成具有多种益处，包括通过对人为因素的彻底正确分析，将设计中的错误最小化，从而减少产品召回、开发成本、用户培训和持续维护成本。人为因素集成由一个包含七个领域的框架组成，以确保捕获问题、风险、假设、约束和需求。这些领域包括人力、人员、培训、人为因素工程、系统安全、健康危害以及社会和组织[11]。人力领域涉及操作、维护、维持和提供系统培训所需的若干用户，考虑因素包括新系统与现有系统在所需人力水平和用户必要的专业知识方面的比较。人员领域与实现最佳系统性能所需的用户的人类特性相关联，可以通过确定系统操作所需的认知和身体属性，以及达到最佳效率所需的技能和教育水平来确定。培训领域评估教育和在职培训的综合情况，以发展人员的知识和能力，确保系统能够运行和维护到所需的水平。为了确定这一点，应考虑所需的培训范围。第四个领域是将人的特性全面集成到系统中，需要考虑的因素包括评估用户界面设计如何适合用户的认知能力以及技术集成的潜在影响。系统安全被视为第五个领域，旨在尽量减低因正常或异常的系统运作而发生的风险，包括错误源识别和缓解，以及降低意外错误可能影响安全性的程度。人为因素集成的第六个领域需要确定和处理潜在的健康危害，以防止死亡、伤害、疾病、残疾或用户体能表现下降。以上是通过满足现有的健康和安全标准来实现的。最后的社会和组织领域应用现有的工具和技术，从心理学研究的角度考虑系统的组织环境，这与管理组件之间的互操作性以及评估新系统对当前实践的影响有关。

人为因素集成过程可应用于交通信息物理系统中，对其与现有过程的集成进行评估。人力和人员领域与预期的维护和最终用户相关，通过信息物理系统的可用性评估可以评估培训和人为因素工程领域。对于可能具有导致受伤或死亡的高潜在风险的交通系统来说，系统安全领域是至关重要的。应在第五个领域通过采用具有更高安全水平的替代技术来减轻这些风险。在整合新的信息物理系统后，应进行评估，以确保该系统不会对用户的行为表现产生不利影响。

8.2.2 以人为中心的设计

以人为中心的设计（HCD）的关键原则之一是系统的设计和开发过程中潜在用户的参与。珀利斯等人建议在设计过程开始时进行背景访谈，以获取关于用户需求和期望的信息[3]。在设计过程的后期，将使用诸如演练、角色扮演和原型模拟等技术方法来评估设计，并可能获得额外的需求。该过程应当通过测试收集定量化的可用数据，并通过访谈和问卷调查收集定性的满意度测评。上述建议在案例研究的开发过程中得到了实践：通过引发身体残疾者在日常生活中遇到的不便之处，来获得可用性数据的系统可用性量表（SUS）和 NASA 任务负载指数（TLX）及诱发的用户关于他们经验的定性数据。

可以通过遵循诺曼提出的四个建议来将用户放在设计的中心，以达到 ISO 标准的要求[12]。系统必须易于评估、用户可以在任何时间点确定可能的操作、系统的结构必须对用户透明，系统包括任何概念模型、可选操作和操作的结果。诺曼最后的建议是，一个系统应该遵循意图和所需行动之间的自然映射[12]。诺曼还定义了七个设计原则，确保用户在执行任务时能够得到帮助[12]。这些原则包括创建可理解的操作手册、简化任务结构以避免内存过载、对用户错误进行规划以确保始终能够恢复，以及确保为实现系统目标需要执行的操作的直观性。实践证明，遵循以人为中心的设计流程可以使设计师更好地理解影响技术的社会、人体工程学、组织和心理因素，以及该系统是否适合预期的用户群体。有一些例子表明，采用这种方法可以避免一些错误，比如定义不清的需求，而这通常是导致信息技术项目失败的原因[13]。

8.2.3 可用性评估

可用性定义为用户在与产品或系统交互时体验的质量，或可被定义为一个可以通过有效性、效率和满意度来衡量的系统[14]。影响可用性的因素有很多，包括易学性、易记性、出错频率和设计的直观性，这些都可以通过采用焦点小组、场景、调查和访谈等参与性调查的方法来评估[14]。了解系统对新用户或不经常使用的用户的可学习性的另一种策略是认知演练，即从用户的角度执行一系列任务[15]。有一些例子已经将这种技术应用于智能手机消息应用程序的评估[16]。评估 SmartATRS 的可用性，以确定其交互模式是否适合行动不便的用户群体是非常重要的。

系统可用性量表和 NASA 任务负载指数是两个可以用来评估设计的直观性和用户在交互时体验到的需求的工具。系统可用性量表最初是由 Brooke[17]开发的，目的是提供一个"快速而又粗糙"的可靠工具来测量可用性，包括一个含有 10 个项目的问卷，涵盖从"非常同意"到"非常不同意"的 5 个回答选项。NASA 任务负载指数是一个主观的任务负载评估工具，它根据心理需求、身体需求、时间需求、性能、努力程度和挫折等分项得出总体可用性评分，从而确定每种交互方式对用户的影响。NASA 任务负载指数的结果可以通过使用"形容词评级量表"来分析[18]，该量表定义了可用性的级别，从"想象中最糟糕的"到"想象中最好的"。其他可用性评估技术包括启发式评估，它通过将设计与可用性原则（如尼尔森的启发式）[19]进行比较来对用户界面进行评估。然而，只有当训练有素的可用性专家参与评估过程以有效地应用启发式评估时，才能成功地实现这些目标。另一种技术是"出声思考测试"，当用户被观察到与系统交互时，用户被要求"出声思考"。主观任务负载优势法（SWORD）可以代替 NASA 任务负载指数来度量工作经验。然而，SWORD 是对一个任务相对于另一个任务的任务负载优势进行了评估，因此只提供任务比其他任务产生更大任务负载的评级，而不提供参与者任务负载[20]的评级。与系统可用性量表类似的一种技术是用户交互满意度[21]问卷（QUIS），参与者根据他们对用户界面上特定部分的满意度对 27 个问题进行 10 分制的评分。与系统可用性量表相比，用户交互满意度问卷被认为更加复杂，并且对于参与者来说完成起来更加烦琐。

8.2.4 交互模式

传统上，人机交互被认为是单一模式的，用户只能通过一个通道进行交互，例如键盘。然而它实质上是多模态的，因为用户可以与多种设备进行交互，如使用键盘、鼠标和显示器来执行任务。多模态系统最初由 Oviatt[22]定义为"以一种与多媒体输出协调的方式处理两个或多个组合用户输入模式的系统"。多模态背后的基本原理是为用户提供可选的通道，以便配合自然的交互方法（即，通过视觉、听觉、触觉、嗅觉和味觉五种主要感官）[23]。硬件和软件的进步使多模态系统得以出现，人们可以通过自然的方式进行交互，包括语音、触摸和手势[24]。智能手机的出现体现出了多模态交互，即设备可以通过多种方法操作。在辅助技术中也有多模态的例子，包括 Kunze 等人与老年人一起进行了一项头戴式显示器的试验[25]，Miller 等人调查了谷歌眼镜的使用情况，以帮助听力较差的学生上课[26]。车辆是一个多模态交互的现代化例子，可以通过包括分层菜单和语音命令在内的模态控制车辆的信息和娱乐系统。

▶ 8.3 案例研究

SmartATRS 可以被认为是一个交通信息物理系统，因为它允许用户在车辆运送他们的电动轮椅[27]。此外，该系统由多个可独立操作的子系统（例如自动尾门、平台升降机和电动驾驶座椅，如图 8.1 所示）组成，只有当这些系统组合为一个信息物理系统时才能够提供 SmartATRS 的功能。SmartATRS 最初由自由科学公司开发，是为了控制一种名为 ATRS 的现有辅助技术。ATRS 是一种技术先进的系统，首次出现在《新科学家》杂志[9]上，其目标是为轮椅用户创造一种可靠的方法来自动将电动轮椅停靠在平台升降机上而不需要助手[8]。ATRS 要求标准的多用途车辆安装三个组件：一种可旋转并通过驾驶员的车门离开车辆的电动座椅，自动尾门和安装在车辆后部的平台升降机。

➤ 图 8.1　ATRS 操作区

使用附加在驾驶员座位上的操纵杆，行动不便的用户可以将电动椅操纵到汽车后部，直到它靠近电梯并处于两个高度反射基准的视线范围内。当用户进行输入时（通过按下按钮），激光雷达系统组成一个紧密的光探测和测距（雷达）单元，再加上安装在电动轮椅上的机器人，来定位电梯的确切位置，然后自动将电动轮椅驾驶到平台上，ATRS 操作区如图 8.1 所示。当电动轮椅行驶在自主控制区域外时，操作将立即停止，需要用户通过操纵杆进行干预，才能将电动轮椅返回到该区域以内。用于控制座椅、电梯和尾门的小型无线遥控装置（类似于那些操作自动闸门的遥控装置）具有小按钮，需要按住这些小按钮才能与系统交互，用于控制 ATRS 的无线按钮如图 8.2 所示。由于遥控装置很容易掉落，对于手指灵活性较差的电动椅使用者来说，可能会出现问题，尤其是当它们掉到伸手不可及的地方（例如，掉落车辆下面时）。

➢ 图 8.2　用于控制 ATRS 的无线按钮

8.3.1　需求

SmartATRS 的开发是为了在智能手机界面上提供遥控装置的精确功能。在 2011 年英国消费者活动"移动路演"（Mobility Road Show）上，对行动不便的用户进行了 ATRS 演示，展示了移动产品及其创新。演示显示由于操作遥控装置的小按钮需要手指灵巧，对潜在用户具有限制作用。遥控装置也会很容易掉落，可能会掉到电动轮椅用户够不到的地方。根据移动路演上的演示，使用"Volere requirements shells"[28]为 SmartATRS 定义了需求，并根据功能（FR）、互操作性（IR）、可维护性（MR）、性能（PR）、可移植性（PTR）、可靠性（RR）、安全性（SFR）和可用性（UR）进行了分类。定义的需求如下：

① （SFR1） SmartATRS 不应阻碍 ATRS 由操作仪或按键操作。

② （FR1） SmartATRS 应该能够控制以下功能：释放座椅、跟踪升降机和自动尾门。

③ （SFR2） SmartATRS 应确保所有 ATRS 功能的安全运行。

④（UR1）SmartATRS 的用户界面应该设计成手指灵活性较低的用户也能够使用的界面。

⑤（RR1）SmartATRS 应该是可靠的，因为用户的独立性取决于系统。

⑥（FR2）ATRS [⊖]应该仍然像操作操作仪和按键一样工作。

⑦（PR1）SmartATRS 应将 ATRS 运作的任何额外延迟减至最少。

⑧（MR1）SmartATRS 应该易于安装人员配置。

⑨（MR2）SmartATRS 应该易于安装到标准 ATRS 中。

⑩（PTR1）SmartATRS 应该兼容所有流行的智能手机操作系统，这些操作系统都具有 web 浏览器和可定制的语音控制功能。

8.3.2 系统架构

SmartATRS 最初是用两种交互方法（触摸和操纵杆）开发的，但后来通过结合头部和基于智能眼镜的交互模式，这一功能得到了增强。

图 8.3 展示了 SmartATRS 的系统架构图，包括现有的 ATRS 组件，以及组件和用户交互方式。在标准的 ATRS 中，按键和操作仪是唯一的交互方法，而在 SmartATRS 中，最初的交互方法是基于触摸或操纵杆的。接线盒的制造是为了保留现有的操作仪作为备份方法。所有 ATRS 组件均包含中继，嵌入式 Web 服务器的中继板用于组件和 JavaScript 之间的接口。服务器将 HTML 和 JavaScript 图形用户界面（GUI）存储为 web 页面和 JavaScript XML HTTP 请求，即在 web 浏览器和服务器[29]之间传输数据的对象被传输给可扩展标记语言（XML）文件。该文件包含每个 ATRS 函数的定时器持续时间，用整数表示每个函数被打开的毫秒数。使用 XML 编辑器查看和更改计时器持续时间，从而确保过程对于终端用户的不可见性。网络服务器通过以太网连接到车辆中的 Wi-Fi 路由器。路由器创建了一个安全的 Wi-Fi 保护的 Access II 网络，智能手机或其他支持 Wi-Fi 的设备可以通过输入 URL 或访问书签连接到 GUI。与 iPortal[30]集成后，经由蓝牙将操纵杆向左或向右移动以进行导航的设备转发以供选择。

⊖ 原文为 ATRS，疑为 SmartATRS——译者注。

交通信息物理系统

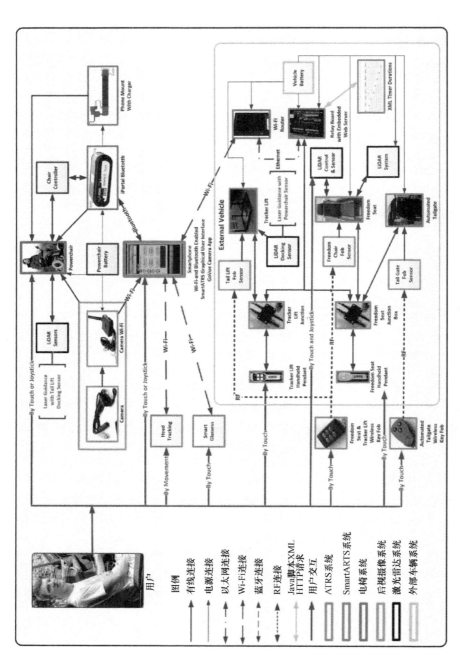

▶ 图 8.3 SmartATRS 系统架构图（见彩图）

注：组件交互用黑色和黄色线表示（打印版本中为浅灰色线），用户交互用红色线表示（打印版本中为深灰色线）

8.3.3 用户界面设计

SmartATRS 用户界面（图 8.4）是基于 2011 年"移动路演"用户的观点开发的，并加入了遥控装置中没有的用户反馈和安全特性。使用七个命令按钮来激活每个 ATRS 功能。红色的急停按钮是其他按钮宽度的两倍，可以在紧急情况下快速选择。大按钮的设计减少了手指灵活性较低的用户选择错误的风险。命令按钮根据 SmartATRS 的当前状态改变颜色，蓝色代表当前的操作特性，橙色代表禁用的功能。某些功能被禁用是为了维护标准 ATRS 中不存在的安全性问题而创建的联锁。一个例子是在尾门和电梯之间的联锁，当电梯没有装载时，尾门是禁用的。这消除了关闭升降机尾门的风险，该风险可能导致两个部件的损坏（这在标准系统中是可能发生的）。

➤ 图 8.4 SmartATRS 用户界面

8.3.4 风险分析

正如人为因素集成过程的第五个系统安全领域所指出的，为了实现以用户为中心的设计，考虑风险是很重要的。由于使用了机动化的物理组件，交通信息物理系统会给用户带来多种风险。因此，SmartATRS 案例研究被用于建立交通信息物理系统技术在三个阶段潜在风险 SoS 风险分析框架，包括威胁识别、风险分析和风险评估[31]。为了识别风险，需要从威胁源和易受攻击的系统要素两方面深入了解系统的结构。这样可以识别系统环境中存在的风险。识别出的系统风险包括要求智能手机必须在 Wi-Fi 路由器范围内才能访问用户界面。这一情况下，如果智能手机不可用，SmartATRS 就无法接收命令。

第二阶段确定前一阶段强调的风险的后果。评估方法包括五个步骤，包括可能性分析、对系统的影响分析、互操作性分析、影响级别分析和风险级别分析。可能性分析阶段包括分析风险发生的效率和概率，而第二步或者说对系统的影响这一步形成了针对风险对系统产生的影响的定性评估。互操作性分析这一步确定了风险对 SoS 互操作性的影响。第四步确定风险对系统的影响程度，最后一步测量风险的可能性和影响程度。表 8.1 是根据风险评估第一阶段确定的系统威胁而制定的，该阶段确定了风险对 SmartATRS 的可能性和影响。风险评估的第三阶段使控制措施得以规划以减轻风险，包括两个进一步的步骤：控制措施和风险评估结果的文件编制。本阶段的目的是确定任何不可接受的风险，并针对这些风险制订适当的措施，将风险降低到可接受的水平[32]，并优先考虑任何高级别风险。SmartATRS 采用的一项控制措施是确保为可能在操作一种模式时遇到困难的用户（例如不会操作智能眼镜的用户可以使用智能手机）提供替代的交互模式。另一个示例措施是在所有功能上设置保护计时器，这样如果智能手机和 Wi-Fi 路由器之间的通信失败（导致 JavaScript 计时器不可用），装载的每个继电器的硬件计时器将确保功能终止。

SmartATRS 作为研究案例，进行了受控的可用性评估，以评估对于行动不便人群的交互方式的可用性。由于 SmartATRS 依赖于组件之间的互操作性，这些组件之间的互操作性可视为组成系统，因此该案例研究可被视为一种信息物理系统。SmartATRS 和现有 ATRS 的组件都被认为是

SmartATRS 的，因为在信息物理系统中，这些组件不仅可以独立工作，而且只有在信息物理系统中组合起来时才能提供 SmartATRS 的功能。组成系统示例包括提供自动对接的雷达单元、电动轮椅和智能手机。与现有 ATRS 的集成是通过使用带有嵌入式 web 服务器的中继板来存储 SmartATRS 用户界面，并添加接线盒，以使无线密钥交换器和操作仪作为备份交互模式来保持运行。

表 8.1 SmartATRS 风险的可能性和影响

ID	识别到的风险	可能性 (L、M、H)	对系统的影响	对互操作性的影响	影响级别 (L、M、H)	风险等级 (L、M、H)
S1	智能手机必须在路由器的范围内才能接入 Wi-Fi	L	智能手机将无法连接 Wi-Fi 系统不能使用	智能手机将无法与其他系统连接和通信	H	M
S2	如果智能手机不可用，车辆无法接收命令	M	没有智能手机系统不能运行	系统不能运作	H	H

8.3.5 任务分析、可用性、评估和工作量度量

通过在用户社区中进行受控可用性评估，可以获得对不同模式可用性的准确评估。在进行评估之前，有必要进行层次任务分析（HTA），以了解与操作 SmartATRS 相关的任务。

1. *层次任务分析*

采用层次任务分析使受控可用性评估中的任务得以执行。这是通过使用分层结构中的编号系统将高级父任务（例如离开或到达车辆）分解为子任务来实现的，从车内离开过程的 SmartATRS 层次任务分析如图 8.5 所示。

SmartATRS 离开车辆场景中的层次任务分析由 6 个子任务组成：①准备车辆，②启动车辆外的升降平台和电动座椅，③维修电动座椅，④自动对接，⑤启动进入车辆的升降平台和电动座椅，⑥离场。这些任务需要按顺序执行，以成功地离开车辆与进行电动座椅安全堆放。在层次任务分析中添加 SmartATRS 的画面，突出显示了当前智能手机交互支持的任务。

```
            ┌─────────────────┐
            │      2.        │
            │ 将升降机和座椅移出车辆 │
            └─────────────────┘
```

| 2.1 点击电动座椅上的'-'按钮 | 2.2 轻敲操纵杆导航到移出按钮 |  2.3 选择"移出"按钮 | 2.4 轻敲操纵杆导航到下落按钮 |  2.5 选择"下落"按钮 |

▶ 图 8.5 从车内离开过程的 SmartATRS 层次任务分析

  任务 1 包括通过将操纵杆按要求的方向移动，将电动座椅靠近驾驶员的车门，使得驾驶员能够到达车门，以便在任务 2 中将电动座椅推出。升降机和电动座椅在任务 2 中被激活，使用 iPortal 通过电动座椅操纵杆控制智能手机。当 iPortal 使用操纵杆控件上的按钮进行操作后，需要轻击操纵杆才能出现 SmartATRS 用户界面上的"出发"按钮。"抬出"按钮是通过相同的操纵杆使用方法激活的。当升降机和电动座椅被推出车辆后，驾驶员进入任务 3，为与电动座椅进行自动对接做好准备。这还包括另外五项任务：打开用于对接的雷达装置，抬高脚踏板，使电动座椅能够安装到升降机上，驾驶员转移到电动座椅上，并用操纵杆折叠座椅靠背以确保电动座椅的位置足够低能够安装到汽车上。任务 4 使用 ATRS 通过附加在驾驶员座位一侧的操纵杆控制模块来激活远程控制功能。然后，驾驶员使用操纵杆控制模块上的远程控制将电动座椅导航到汽车后部。一旦电动座椅在与升降机相连的基准视线内，就可通过模块上的按钮启动自动对接。对接完成后，升降机和座椅通过基于触摸的交互，并在 SmartATRS 用户界面操作，实现被装载到任务 5 中的车辆中。最后一项任务是关好驾驶员的车门，系好安全带，将方向盘调整到驾驶员喜欢的位置，并启动点火装置。乘坐装有 SmartATRS 的车辆下车场景的层次任务分析将由一组相同的任务按相反的顺序组成。

  创建层次任务分析还有助于向参与者提供指导，以确保系统的安全交互，并允许更好地理解 SmartATRS 中涉及的过程。

2. 评估1（基于按键、触摸和操纵杆的交互）

第一个受控可用性评估是为了评估交互方法的可用性：按键、触摸和操纵杆[27]。该评估还提供了一种方法来验证 SmartATRS 的 GUI 设计，以确保其"适合使用"。评估的参与者（包括 8 名男性和 4 名女性，年龄在 20~60 岁之间）在户外环境中驾驶一辆装有 ATRS 的车辆。户外评估对那些不熟悉 ATRS 操作的参与者产生了安全隐患。在随后的评估中，使用了模拟方法。

在评估开始前，参加者获得了一条简报，内容包括 ATRS 及 SmartATRS 的简介、评估的目的及参加者的期望，并且还设有一个提问的机会。

参与者在完成关于这些方法可用性的问卷前，使用按键、触摸和操纵杆进行了一系列的六项任务。第一部分包含了来自系统可用性量表（SUS）的 10 个陈述，参与者在一致性程度的 5 分制中对 10 个陈述进行打分，从"非常不同意"到"非常同意"。典型的陈述包括：①"我认为使用按键按钮很容易"，②"我认为触摸 SmartATRS 的紧急停止功能是安全的"，③"我可以想象大多数人会很快学会用操纵杆来使用 SmartATRS"。第二部分包含了关于基于 NASA 任务负载指数在任务期间所经历的工作量的问题。测量的工作量类型包括：身体需求、精神需求、时间需求、表现、努力和挫折，参与者对所需工作量的评分从非常低到非常高。示例问题包括：①使用按键开关对脑力的要求有多高；②通过触摸使用 SmartATRS 对体力的要求有多高；③通过操纵杆使用 SmartATRS 完成紧急停车任务有多匆忙。在评估过程中，参与者执行了以下六个预先确定的任务，包括操作座椅、尾门和电梯的 ATRS 组件，以及执行紧急停车。

之所以选择组件任务，是因为必须在使用 SmartATRS 的同时执行组件任务，并包含紧急停止任务以评估安全性。SmartATRS 无法执行其他额外任务。例如，在紧急停车任务中，同时操作升降机和座椅时发出了"停止升降机！"命令，参加者必须立即停止升降机。在这一过程中，参加者知道必须进行紧急停车，但不知道是否要停止升降机或座椅。案例研究中使用秒表来测量发出命令到升降机停止之间的时间。

3. 评估 1 的结果

系统可用性量表（SUS）：形容词评定量表的分析显示，按键互动的得分为 50.5（"可用性差"），而触摸交互的得分为 81.3（"可用性好"），使用操纵杆的互动得分为 63.8（"可用性良好"）。这清楚地强调了触摸交互是最有用的，大多数参与者发现按键交互具有挑战性。

其中，一个最重要的结论是强调了紧急停止功能的安全性，100%的参与者同意使用 SmartATRS 是安全的，而对于使用按键，只有 33%的参与者同意。这个结论得到了按键交互和触摸交互的紧急停止时间的印证。参与者均表示，在使用按键时，必须决定按哪个按钮停止升降机，而在触摸交互中，触摸紧急停止按钮可立即停止所有功能。按键交互时间的标准偏差为 6.8s，而触摸交互只有 1.2s。

NASA 任务负载指数：图 8.6 和 8.7 提供了一个示例，用于比较使用按键交互、触摸交互和基于操纵杆交互时的任务负载。

图 8.7 显示了交互方法所经历的任务负载的差异，并显示了最小值、下四分位数、中值、上四分位数和最大值。可以看出，在所有任务负载类型中，基于触摸的交互的任务负载级别都明显低于基于按键的交互。

与基于触摸的交互相比，使用按键交互有更高的精神和身体需求。由于使用按键交互完成任务失败的可能性增加，因此时间需求较高，而使用基于触摸的交互，时间需求较低，因为成功完成任务的机会增加。

第二个值得注意的发现是，与基于触摸的交互相比，基于操纵杆的交互所需的努力程度和挫折感更高，这可能是由更陡峭的学习曲线造成的。研究还发现，基于触摸的交互的上述最大值和大多数数据之间存在较大的差异。条形图表明，基于触摸的交互是最有效和最不需要交互的方法。

第二次受控可用性评估通过将 iOS 开关控制集成到 SmartATRS 中，比较了基于触摸和头部的交互方法，以确定头部交互对于行动不便者是否是一种可行的替代方式。

第 8 章 | 交通信息物理系统中的人为因素：SmartATRS 案例研究

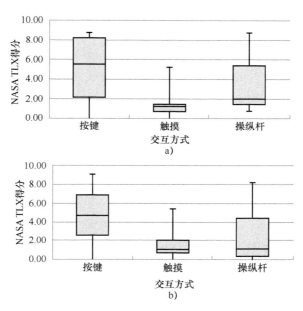

> 图 8.6 比较参与者经历的精神和身体需求
> a）心理需求　b）身体需求

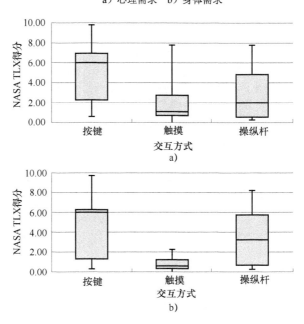

> 图 8.7 比较参与者经历的努力和挫折
> a）努力　b）挫折

4. 评估 2（基于触摸和头部的交互）

第二次控制可用性评估的目的是通过 SmartATRS 仿真比较基于触摸和头部交互两种模式[33]。进行的模拟包括带有嵌入式 web 服务器的中继板（与车内的中继板相同）、智能手机、Windows 笔记本计算机和投影仪。中继板上的 web 服务器连接到无线 LAN 模块，因此智能手机可以无线连接到中继板。仿真中 SmartATRS 的用户界面是相同的，继电器是通过 JavaScript 操作的，但是继电器没有连接到任何功能。一台 Windows 笔记本计算机也无线连接到继电器板，并执行 JavaScript 代码，持续监控继电器的状态。仿真显示了视频剪辑来展示当前以 MPEG-4 文件形式存储在笔记本计算机上的正在运行的继电器。创建 6 个视频剪辑来表示每个 ATRS 功能，并全部显示在一个界面上，如图 8.8 所示。

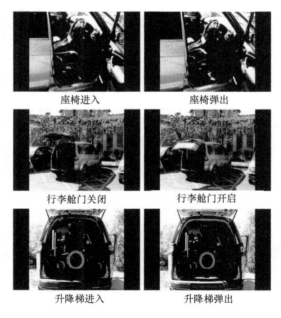

▶ 图 8.8 智能 ATRS 仿真界面

当操作继电器时，在功能完成或继电器在完成前被关闭时，相应的视频将会开始播放或停止播放。在后一种情况下，一旦继电器打开，视频就会暂停并恢复。不能同时播放相反的运动视频（例如，座椅拿进来和座椅拿出来），因为这在真实的系统中是不可能的。因此，会暂停播放相反的运动视频。

评估的用户组由 17 名参与者组成，他们有不同的残疾（如脑瘫、杜氏肌营养不良和共济失调毛细血管扩张症），需要使用电动轮椅或轮椅，他们的灵活性或语言能力均降低。参与者完成了与评估 1 中相同的一组任务，并获得了关于每种模式的交互方法的说明。不同的是，使用摄像机代替秒表提高了紧急停止任务的准确性，记录了整个任务，使用视频编辑软件进行分析并计算出命令与功能终止之间的确切持续时间。通过观察在笔记本计算机上播放的视频剪辑是否符合参与者想要激活的功能，来评估交互方法的可用性。如果视频剪辑不对应，则参与者在选择过程中产生了错误。

5. 评估 2 的结果

SUS：形容词评定量表分析显示，基于触摸的交互获得了 75.7 分（"良好的可用性"），而基于头部的交互获得了 36.7 分（"糟糕的可用性"）。这清楚地强调了触摸交互是最有用的，大多数参与者发现基于头部的交互具有挑战性。

第二个重要的结论确定了每种交互方法的紧急停止功能的安全性。结果显示，手指交互时间的标准偏差为 4s，而头部交互时间的标准偏差为 14s。平均停车时间分别为 4s 和 16s。据观察，头部交互的停止时间显著增加，这是使用开关控制导航到紧急停止按钮所花费的时间，这表明使用头部交互比手指交互更不可预测。

NASA 任务负载指数：图 8.9 中的条形图比较说明了基于触摸和基于头部的交互在任务负载体验上的差异。

从最小值、下四分位数、中值、上四分位数和最大值可以明显看出，手指交互对精神和时间的要求较低，从而证明头部交互需要更多精神和压力才能有效完成。第二个重要的观察结论是，对头部交互的身体需求相当高，导致 65% 的参与者要么根本不能充分使用开关控制，要么发现它极具挑战性。其余 35% 的参与者在使用头部交互时，由于颈部的活动范围很宽，他们的工作量较低。与手指交互相比，头部交互的局限性还体现在"努力程度"和"挫败程度"的增加上。总的来说，在这个特殊的例子中，条形图对于基于触摸的交互比基于头部的交互更有效这一点是相当确定的。

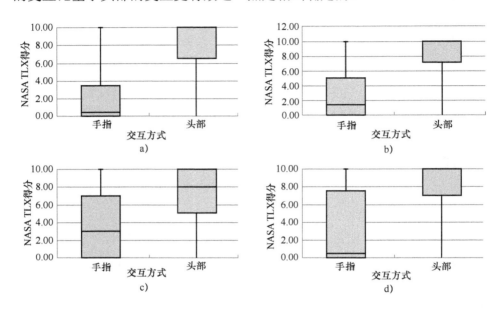

▶ 图8.9 NASA任务负载指数（TLX）的条形图比较结果

a）身体需求 b）心理需求 c）努力 d）挫折

6. 评估3（基于触摸和智能眼镜的交互）

第三项评估比较了基于触摸和基于智能眼镜的交互，以确定智能眼镜是否可能对肢体残障的人有用。该评估是在2016年Mobility Roadshow使用Recon Jet运动智能眼镜的参与者中进行的。将用于评估2的SmartATRS仿真应用于此评估，消除了车辆和ATRS组件的使用。由于显示器尺寸较小，需要为Recon Jet运动智能眼镜开发单独SmartATRS用户界面，如图8.10所示。

该界面保留了与智能手机界面相同的布局，但按钮的尺寸减小了，因此所有按钮都可以在单一屏幕上查看。为了在运动智能眼镜上启用触摸板导航，开发了额外的JavaScript代码，将触摸板生成的美国信息交换标准代码（ASCII）转换为焦点事件。由于之前在可行性试验中建立的运动智能眼镜的可用性较差，因此决定不进行受控可用性评估，故未得到统计结果。

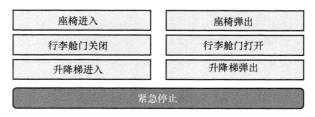

▶ 图 8.10 应用于 Recon Jet 运动智能眼镜的 SmartATRS 用户界面

参与评估的参与者身体状况各异（包括患脑瘫、脊柱裂、关节炎和脊髓灰质炎等病症），因此需要使用手动或电动轮椅。运动智能眼镜被集成到 SmartATRS 网络中，以便显示用户界面，并邀请参与者戴上智能眼镜，以确定他们是否能阅读显示的内容。如果是可阅读的，参与者将被告知智能眼镜触摸板和按钮的操作说明，以及模拟功能指导。

7. 评估 3 的结果

由于不够灵巧，大多数用户在将智能眼镜戴在头上时都遇到了困难。进一步的挑战是用户界面上的小字，导致按钮名称不可读，因此参与者无法进行评估。对大多数参与者来说，另一个困难是设备上的小按钮，需要非常灵巧的手才能操作。评估的总体结论是，智能运动眼镜不适合作为 SmartATRS 的替代模式。

8.4 讨论

本案例研究的重点是控制 ATRS 的 SmartATRS。这是一个交通信息物理系统的例子，它由相互作用的子系统组成，以便从车辆中运输电动轮椅。SmartATRS 的开发是为了给 ATRS 提供一种可替代的交互模式，以取代现有的对手指灵活性较低的人来说极具挑战的按键交互方式。该系统围绕一个中继板与嵌入式网络服务器、接口与 ATRS 功能设计。由于可以从任何支持 Wi-Fi 的设备访问用户界面，因此产生了一种与智能手机无关的解决方案。为了维护 SmartATRS 的完整性，使用 XML 进行配置以提供终端用户不可见的方法。这确保了用户没有篡改或意外更改计时器持续时间的风险，因为这风险可能导致 SmartATRS 变得不安全。SmartATRS 的发展凸显了在实现信息物理系统时可能遇到的潜在困难。维护 ATRS 的原始功能非常重要,方法是确保按键保持可操作状态,以用作备份交互模式。为了确保继电器板成功地控制 ATRS 功能,必须分析现有接线图,以确定每个组件中包含的继电器类型。在 SmartATRS 与 ATRS 集成之后,有必要对每个功能进行彻底的测试,以确保操作符合预期,并且不会对 ATRS 造成不良的安全影响。

信息物理系统的安全性是为 SoS 开发风险分析框架的基本原理[31]。风险考虑的三个关键要素是 HIS、互操作性分析和紧急行为。第一个元素 HSI 关注的是通过分析人在信息物理系统中扮演的角色和职责,以及与系统之间的关系来帮助识别人对信息物理系统的参与。第二个元素提供了对可能对互操作性产生负面影响的风险类型的定性评估,最后一个元素考虑了这些风险如何影响用户和系统。结论是可以根据重要性和设计控制措施来对风险进行优先级排序。

SmartATRS 交互模式的可用性是通过进行受控可用性评估来进行的,这些可用性评估比较了基于按键、触摸、头部和智能眼镜的交互。然而,在肢体能力降低的用户群体中执行受控的可用性评估有许多挑战。首先,由于这可以被认为是一个小众用户群体,因此要获得足够数量的肢体能力降低但具有执行任务所需的必要认知能力的参与者可能会比较困难。为了最大限度地提高潜在参与者的积极性,我们联系了许多能够接触到用户群体的组织。第二个挑战是,标准的系统可用性量表(SUS)和 NASA 任务负载指数问卷过于复杂,以至于用户组无法理解。因此,我们简化了语言风格,同时保留了问题的原意。但是,评价结果证明这是一种有效的方法,可以对 SUS 和 NASA 任务负载指数问卷的形式和资料统计数据进行交叉比较,从而得出结论。

当进行评估 1(基于按键、触摸和操纵杆的交互)时,很明显,使用按键颜色(根据系统状态的变化而变化)和使用 SmartATRS 的清晰文本进行反馈是基于按键交互的一个相当大的优势。参与者评论说,在操作升降机时,反馈特别有用,因为在使用按键时无法从驾驶员的角度观察升降机的状态。显然,SmartATRS 没有按键那么显眼,因为除了智能手机,用户不需要携带其他设备。因此，这符合 Metsis 等人[34]的评论，即辅助环境不应该是突出的。第一次评估的主要结论是系统的安全性提高了，因为它有一个紧急停止功能，可以使用一个按钮立即终止所有功能，而不是使用单独停止每个功能的按键。按键的紧急停车时间为 6.8s，SmartATRS 的紧急停车时间为 1.2s，这一差异反映了这一点，并且 100%的参与者承认紧急停车功能是安全的。至于安全问题，一名参与者说："紧急停车按钮又大又清楚，特别是红色的。令人放心的是，紧急停止按钮将立即停止一切，这减少了担忧和恐慌。"基于操纵杆的交互被认为具有比触摸交互更陡峭的学习曲线；然而，参与者表示，通过反复使用，他们将能够习惯。NASA 任务负载指数分析发现，与通过 SmartATRS 进行的基于触摸的交互相比，使用键盘的人对精神和身体上的需求明显增加。一名参与者总结了工作量增加的原因："我总是会忘记要按哪个按钮，因为键盘上没有文字。"很明显，缺少文本和使用小的、难以区分的符号是按键交互的主要限制。评估结论 1 表明，按键没有体现出"简单易用"和"省力"[35]的通用设计原则，这在 SmartATRS 中是显而易见的。

评估 2（基于触摸和头部的交互）表明，在特定情况下，由于二者 SUS 得分分别为 75.7 和 36.7 的差异显著，基于触摸的交互比基于头部的交互要求更低。基于头部的交互可用性差，体现在基于触摸的紧急停止功能的安全性上，其停止时间标准偏差为 4s，而使用头部交互执行该功能时为 14s。人们认识到，14s 是紧急情况下不可接受的时间，因此得出结论，使用头部交互不是一种可靠的交互手段。Metsis 等人认识到拥有强大的辅助技术的重要性，建议这种技术必须支持不寻常的情况，以应对用户的操作错误[34]。NASA 任务负载指数对评估结果的分析表明，基于头部的互动显著增加了对身体、精神和时间上的需求，以及更大的努力和挫折程度。通过观察，我们发现，基于触摸和基于头部的交互在物理需求上的差异，主要是因为参与者不具备 iOS 开关控制识别头部运动所需的颈部运动范围（ROM）。这一发现使人们更加认识到，ROM 可以被视为一项技术是否适合用户的决定因素，而不是用户的残疾类型。

最终评估的目的在于提高人们对智能眼镜作为一种潜在辅助技术的认识,而不仅仅是一种用于体育和休闲活动的产品。基于对运动智能眼镜进行评估的参与者反馈,确定该技术需要良好的视觉灵敏度来查看用户界面,并且需要灵巧地操作小的选择按钮。由于无论用户的感知能力如何,都无法有效地将所需信息传达给用户,智能眼镜无法满足"感知信息"的通用设计原则[35]。执行此评估时的另一个挑战是提供有关智能眼镜使用的充分说明,因为在参与者佩戴该设备时无法查看显示屏。

8.5 结论和展望

通过 SmartATRS 的开发所获得的知识可以为交通信息物理系统提供未来的发展方向。提供不同交互方式的技术集成可以改善残障人士的可用性和以用户为中心的设计。可研究的其他交互模式包括手势、脑电图、头部跟踪和眼睛跟踪。这将为那些不具备通过传统的基于触摸的媒介进行交互所需的灵活性的用户提供交互方法。第二个方向是促进交通信息物理系统的可访问性和通用设计。通过文献回顾,很明显这些概念只适用于 web 可访问性(例如,WCAG 2.0),但是对信息物理系统的指导是有限的。最后一项指令是在美国国防部现有人为因素集成的基础上,为信息物理系统的人为因素集成建立具体的指导方针。Dogan 等人认为 HFI 中处理 SoS 方面的方法和方法的不足与技术和组织的复杂性有关[36]。在这项研究中,还重申了开发高频功能作为应对 SoS 复杂性的关键机制的迫切需求。

SmartATRS 作为一个提供电动轮椅车内运输的由很多组成系统的信息物理系统,其组成系统包括机动车驾驶员座椅的原始 ARTS 组件、自动尾门、平台升降机、提供电动轮椅自动对接的雷达单元。该系统还包括 SmartATRS 组件,包括中继板和接线盒,以使 ATRS 按键作为备份交互方式保持功能。SmartATRS 的开发遵循了为人为中心的设计、通用设计和人人适用设计的设计原则。这涉及对 ATRS 的原始交互方式和用户群体所遇到的局限性的反馈。开发的 SmartATRS 随后为开发风险分析框架奠定了基础,该框架可应用于其他信息物理系统，分析潜在风险及其对系统的影响。

为了评估 SmartATRS 与以人为中心的设计的可用性，我们进行了三次控制可用性评估，比较了按键、触摸、操纵杆、头部和智能眼镜的交互模式。每次评估都使用系统可用性量表（SUS）和 NASA 任务负载指数来度量可用性并进行比较。总的来说：按键由于具有小按钮，重点需要手指的灵巧性；触摸式交互呈现出了最大的可用性；操纵杆需要协调才能同时操作设备和观察智能手机；头部互动只适用于颈部适应完全 80° 转动的用户；由于具有小巧的显示屏和小按钮，智能眼镜颇具挑战性。这表明 ROM 在决定技术是否适合残障人士方面很重要，将是未来开发智能框架工作的依据。

未来计划评估其他技术集成到 SmartATRS 信息物理系统中的可能性。确定这些技术是否保留系统的安全性和现有功能以使电动轮椅能够在车辆中运送至关重要。本案例研究是一个交通信息物理系统的示例，该系统旨在通过集成技术提供额外的交互模式来提高 ATRS 的可用性。预计通过这些指令的实施以及 SmartATRS 未来的发展，其他交通信息物理系统也将得到实施，可以进一步改善残障人士的生活质量。

练 习

1. 为什么把交通系统看作是信息物理系统很重要？
2. 概述国际标准化组织人机工程学标准的各个阶段，并加以说明。
3. 为什么必须让用户参与到以用户为中心的网络物理系统设计过程中来？
4. 描述人为因素集成（HFI）的七个领域，并提供采用此过程的两个好处。
5. 使用系统可用性量表（SUS）作为评估信息物理系统可用性的方法有哪些优点？
6. 使用 NASA 任务负载指数，如何用形容词评定量表来解释工作量评分？
7. 除了系统可用性量表（SUS）和 NASA 任务负载指数，请列举另外两种可以使用的评估技术，以及如何将它们应用于信息物理系统。
8. 定义层次任务分析（HTA），并提供该技术的两个潜在应用示例。
9. 基于本章描述的受控可用性评估，概述在进行信息物理系统实验时应该遵循的五个准则。
10. 提供信息物理系统中交互模式的五个例子。

参 考 文 献

[1] International Ergonomics Association, What is Ergonomics? 2018. http://www.iea.cc/whats/. (Accessed on 18/04/2018).

[2] Chartered Institute of Ergonomics and Human Factors, Transport: Increasing Safety, Comfort and Efficiency, 2018. https://www.ergonomics.org.uk/Public/Resources/Sectors/Transport.aspx. (Accessed on 18/04/2018).

[3] J. Preece, H. Sharp, Y. Rogers, Interaction Design: Beyond Human-Computer Interaction, first ed., John Wiley & Sons, Chichester, 2015.

[4] User Experience Professionals Association, Definitions of User Experience and Usability, 2010. http://www.usabilitybok.org/glossary. (Accessed on 18/04/2018).

[5] European Institute for Design and Disability, The EIDD Stockholm Declaration, 2004. http://www.designforalleurope.org/Design-for-All/EIDD-Documents/Stockholm-Declaration/. (Accessed on 18/04/2018).

[6] W3C, Web Content Accessibility Guidelines (WCAG), 2008. https://www.w3.org/TR/WCAG20/. (Accessed on 18/04/2018).

[7] Chartered Institute of Ergonomics and Human Factors, What is Ergonomics? Find Out How it Makes Life Better, 2018. https://www.ergonomics.org.uk/Public/Resources/What_is_Ergonomics_/Public/Resources/What_is_Ergonomics_.aspx?hkey=2769db3e-4b5b-46c2-864c-dfcf2e44372d. (Accessed on 18/04/2018).

[8] A. Gao, T. Miller, J.R. Spletzer, I. Hoffman, T. Panzarella, Autonomous docking of a smart wheelchair for the automated transport and retrieval system (ATRS), Journal of Field Robotics 25 (2008) 203—222.

[9] K. Kleiner. Robotic Wheelchair Docks Like a Spaceship, 2008. http://www.newscientist.com/article/dn13805-robotic-wheelchair-docks-like-a-spaceship.html. (Accessed on 18/04/2018).

[10] D.A. Norman, S.W. Draper, User Centred System Design: New Perspectives on Human-Computer Interaction, first ed., Lawrence Erlbaum Associates, Hillsdale, 1986.

[11] Human Factors Integration Defence Technology Centre, The People in Systems TLCM Handbook: "A Guide to the Consideration of People Factors Within Through Life Capability Management", 1 September, 2009 ed., BAE Systems, London, 2009.

[12] D.A. Norman, The Design of Everyday Things, 2002 ed., Basic Books, New York, 2002.

[13] Project Management Solutions, Strategies for Project Recovery: A PM Solutions Research Report, 2011. http://www.pmsolutions.com/collateral/research/Strategies%20for%20Project%20Recovery%202011.pdf. (Accessed on 18/04/2018).

[14] Usability.gov, Usability Evaluation Basics, 2018. https://www.usability.gov/what-and-why/usability-evaluation.html. (Accessed on 18/04/2018).

[15] Usability Body of Knowledge, Cognitive Walkthrough, 2010. http://www.usabilitybok.org/cognitive-walkthrough. (Accessed on 18/04/2018).

[16] D. Jadhav, G. Bhutker, V. Mehta, Usability evaluation of messenger applications for Android phones using cognitive walkthrough, in: The 11th Asia Pacific Conference on Computer Human Interaction, vols. 9—18, 2013.

[17] J. Brooke, SUS: a "quick and dirty" usability scale, in: P.W. Jordan, B. Thomas, B. Weerdmeester, I.L. McClelland (Eds.), Usability Evaluation in Industry, Taylor & Francis, London, 1986, pp. 189−194.

[18] A. Bangor, P. Kortum, J. Miller, Determining what individual SUS scores mean: adding an adjective rating scale, Journal of Usability Studies 4 (2009) 114−123.

[19] J. Nielsen. 10 Usability Heuristics for User Interface Design, 1995. https://www.nngroup.com/articles/ten-usability-heuristics/. (Accessed on 18/04/2018).

[20] N.A. Stanton, P.M. Salmon, L.A. Rafferty, G.H. Walker, C. Baber, D.P. Jenkins, Human Factors Methods, a Practical Guide for Engineering and Design, second ed., CRC Press, Boca Raton, 2013, pp. 315−320.

[21] Human-Computer Interaction Lab, QUIS: Questionnaire for User Interaction Satisfaction, 2018. http://www.lap.umd.edu/QUIS/index.html. (Accessed on 18/04/2018).

[22] S. Oviatt, Multimodal interfaces, in: S. Oviatt (Ed.), The Human-Computer Interaction Handbook, Lawrence Erlbaum Associates Inc., 2003, pp. 286−304.

[23] M. Turk, Multimodal interaction: a review, Pattern Recognition Letters 36 (2013) 189−195.

[24] B. Pfleging, S. Schneegass, A. Schmidt, Multimodal interaction in the car − combining speech and gestures on the steering wheel, in: The 4th International Conference on Automotive User Interfaces and Interactive Vehicular Applications, 2012, pp. 463−468.

[25] K. Kunze, N. Henze, K. Kise, Wearable computing for older adults − initial insights into head-mounted display usage, in: The 2014 ACM International Joint Conference on Pervasive and Ubiquitous Computing, 2014, pp. 83−86.

[26] A. Miller, J. Malasig, B. Castro, V.L. Hanson, H. Nicolau, A. Brandao, The use of smart glasses for lecture comprehension by deaf and hard of hearing students, in: The 2017 CHI Conference Extended Abstracts on Human Factors in Computing Systems, 2017, pp. 1909−1915.

[27] P. Whittington, H. Dogan, K. Phalp, Evaluating the usability of an automated transport and retrieval system, in: The 5th International Conference on Pervasive and Embedded Computing and Communication Systems, 2015, pp. 59−66.

[28] J. Robertson, S. Robertson. Atomic Requirements: Where the Rubber Hits the Road, 2009. http://www.volere.co.uk/pdf%20files/06%20Atomic%20Requirements.pdf. (Accessed on 18/04/2018).

[29] Mozilla Developer Network, XMLHttpRequest, 2018. https://developer.mozilla.org/en-US/docs/Web/API/XMLHttpRequest. (Accessed on 18/04/2018).

[30] Dynamic Controls, iPortal 2 Your Communication to the World: User Manual, 2013. https://dynamiccontrols.com/images/IPortalAccAdditionalInfoandLinks/GBK52983-iPortal2-User-Manual-Issue-3.pdf. (Accessed on 18/04/2018).

[31] D. Ki-Aries, H. Dogan, S. Faily, P. Whittington, C. Williams, From requirements to operation: components for risk assessment in a pervasive system of systems, in: The 4th International Workshop on Evolving Security and Privacy Requirements Engineering, 2017.

[32] G. Stoneburner, A.Y. Goguen, A. Feringa, Sp 800−830. Risk Management Guide for Information Technology Systems, 2002.

[33] P. Whittington, H. Dogan, Improving user interaction through a SmartDisability frame-

work, in: The 30th International BCS Human Computer Interaction Conference, 2016.
[34] V. Metsis, L. Zhengyi, Y. Lei, F. Makedon, Towards an evaluation framework for assistive technology environments, in: The 1st International Conference on PErvasive Technologies Related to Assistive Environments, 2008, p. 12.
[35] H. Snider, N. Takeda. Design for All: Implications for Bank Operations, 2008. http://siteresources.worldbank.org/DISABILITY/Resources/Universal_Design.pdf. (Accessed on 18/04/2018).
[36] H. Dogan, S.A. Pilfold, M. Henshaw, The role of human factors in addressing systems of systems complexity, IEEE SMC (2011) 1244−1249.

第 9 章

交通信息物理系统专业教育体系

Michael Henshaw[1], Lipika Deka[2]
1 英国拉夫堡，拉夫堡大学机械、电气和制造工程学院
2 英国莱斯特郡，德蒙福特大学计算机科学与信息学院

9.1 引言

信息物理系统（CPS）通常非常复杂，系统包含一些关键的物理组件，并由嵌入式计算核心进行监测和控制，这些系统经常需要实时响应（例如，无人驾驶汽车中的自动避撞）。信息物理系统可以是一个单独系统，包含嵌入式控制单元（比如汽车）；也可以是由许多异构系统集成组成的系统，每个异构系统包含成千上万个嵌入式单元，比如城市交通管理系统。这些系统经常需要通过网络协议连接（但并不总是），此时可以称之为物联网[1]。这些复杂的系统同时也要考虑到与人（组织者、开发者、运营商、最终用户，

甚至可能是恶意黑客）频繁且多模态的交互，这使得信息物理系统设计和操作需要更多复杂的和大量非工程专业知识。2009 年，Ebert 和 Jones 指出，"嵌入式系统严重影响其周围系统的设计和工程约束，反之亦然"[2]；结合交通信息物理系统（TCPS）有效发展所需要的人机交互和社会科学知识，显然有必要重新考虑传授给理工科学生的知识和技能。

"信息物理系统"是由美国国家科学基金会（NSF）海伦·吉尔在 2006 年提出，信息物理系统不管作为一门学科还是一个领域都是有争议的，但它确实是一个重要并且相对较新的研究领域[3]。正如 Cheng[4]所说，信息物理系统不是一个联合体，而是多个学科（工程学和社会学）的交叉，如控制理论、嵌入式系统、信号处理、传感器和通信网络、网络安全、数据分析、人因、道德、法律等，以及自动化、仪器仪表、航空电子设备、电力工程、土木工程等领域的专业知识。信息物理系统的概念图中将信息物理系统称作一门学科[5]，在本文中，我们将采用这种描述，并始终认为它是由多种学科整合而成的一门学科。在某种程度上，信息物理系统的范围是由科研项目界定的，欧盟和美国的资助机构已承诺推动信息物理系统的研发。欧盟 2030 年远景倡议已拨出超过 150 亿欧元[6]，美国国家科学基金会也投入了大量资金，将信息物理系统作为一项战略性的工业和社会尝试，其他国家也为信息物理系统的研究发展提供了大量的资金支持，而交通运输是信息物理系统创新和发展的一个主要领域。

近年来，在开发创建系统时，越来越强调工程师人们在整体上进行分工和协同[7]，信息物理系统就证明了这一需求，并可能将其扩展。事实上，威尔金森引用信息物理系统作为传统的系统工程综合学科中新型的驱动因素[8]。一直以来，传统工程学科的工程师必须与其他学科的工程师合作才能设计出一个有用的系统，但贡献的划分开始变得模糊，因此工程师必须有更加前沿的和更广泛的学科知识，所有的工程师对于软件知识的需求要比过去更强烈，例如，按照传统的航空航天学位课程接受教育的航空航天工程师，他们不太可能对现代航空航天系统的核心概念如面向对象抽象和基于模型的实时系统设计原则等计算机科学概念具有深入的了解[9]。

在任何跨学科领域开发有效的高等教育课程都应该通过"调查的基本目的"来解决[10]，在本书的研究背景下，本章的目的是研究信息物理系统在交通信息物理系统这一特定领域中的高等教育问题。然而，交通信息物理系统除了车辆之外还包括许多智能技术（如信息物理系统单元和网络），使得关于交通运输域划分是相对比较模糊的，因此，本文的讨论将重点基于通用的信息物理系统。信息物理系统的教育或培训不应仅限于学术研究，欧盟 ROAD2CPS 项目对客户和开发者（运营商）进行了区分[11]，并指出这两个群体都需要进行合适的培训，客户培训不在本章的讨论范围之内，但考虑开发人员/操作员的培训和教育可以为学术课程的范围提供帮助，为本文的探讨提供信息。

英国智慧出行公司（UK Transport Catapult）2016 年发布的一份能力评估报告显示，到 2025 年，英国移动智能领域的短期人才缺口将达到 74.2 万人，这些专业主要涉及科学、技术、工程和数学（STEM），也包括大约 8000 个管理和心理学专业[12]，这说明了交通信息物理系统在世界范围内都面临着人才短缺问题。该报告建议，可以通过各种教育干预措施来解决这一短缺问题，但很大一部分取决于学术课程，尤其是研究生课程。除了课程发展，报告也建议产业界与学术界加强联系，以弥补技能上的不足，强调以实践为基础的学习是学术研究的一部分。世界经济论坛（World Economic Forum）强调了变革的必要性，不仅指出第四次工业革命（例如信息物理系统）技能人才的短缺，而且还指出全球高等教育存在的不足，凸显出"人文与科学、应用与纯培训之间的两分法"[13]。报告的结论是：为了服务于交通信息物理系统所需的技能，即使是在短期内，大学和学院也必须从传统的知识传授转变为提供更广泛的课程，更加强调实践（真实世界）经验。交通信息物理系统的快速发展暴露了工程师技能的短缺，大多数国家已经在经历技能缺口。

本章剩下章节的安排如下：首先考虑学科的性质（第 9.2 节），然后讨论交通信息物理系统所需的学科（第 9.3 节和第 9.4 节），第 9.5 节考虑了不同类型的教育产品，第 9.6 节给出了本章的结论。

9.2 背景

9.2.1 学术学科

传统的学术学科专注于将明确定义的知识体系分为可辨别的院系分支（例如科学、人文科学、社会科学、工程学等）。Becher 和 Trowler 将它们描述为主要通过特定学科的语言区分的部落，这些学科既可以用于研究，也可以用于教育。在研究的广度问题上有很大的国际差异，也就是所谓的学位的"纯度"[14]。最近几十年，大学在课程的广泛性方面有两个重要进展：第一，联合荣誉学位越来越普及，尽管联合的两个科目通常隶属于同一个学院；第二，课程开始反映应用类型（例如，机电一体化）。参考文献[15]将学术学科按照硬或软（即以物质为中心或以人为中心）、非生命系统或生命系统、纯粹的（通常是理论上的）或应用的进行分类，如图 9.1 所示。有趣的是，1973 年的这一分类可能会在 2018 年受到挑战，因为许多学科的课程都在扩展。学科的扩展和合并会催生新的学科。参考文献[16]提出学科的发展应受与自然进化过程相似的规律支配。

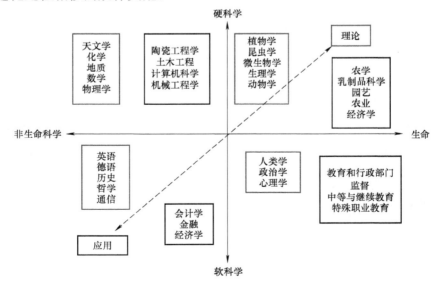

▶ 图 9.1 Anthony Biglan 学术学科分类[14]

Cohen 和 Lloyd 提出了以下可以形象描述学科发展过程的四个阶段[16],分别为:

- 遗传:相同的特征代代相传。
- 变异:通过突变、重组和自然选择,产生新的且适应性更强的物种(指学科)。
- 物种形成:新物种的形成。
- 灭绝:物种的消失。

但就本章而言,更有趣的是 Cohen 和 Lloyd 基于杂交优势来考虑混合学科的问题。杂交优势(有时称为杂交活力)意味着杂交后代具有改善任何生物属性的功能。就学科而言,Cohen 和 Lloyd 指出,借鉴利用超出本学科研究范围的研究成果,可以使学科变得更优秀[16]。有一些核心学科,比如数学、物理学和生物学等,其产生的原因是需要了解世界及其环境的运作方式,这些学科由于纯粹的学术好奇心而不断发展和演进。而农业这样的学科,由于需要提高经济生产力,因此在早期出现了轮流耕作和灌溉等,在现代科学发展水平条件下则出现了转基因作物等概念。许多相对现代的学科,特别是科学和工程学科,面临气候变化、能源危机、人口增长、更高的预期寿命和移民等全球挑战,人类为寻求更好的生活质量,必须追求技术的进步。

在探究策略方面,可以大致将研究人员分为实证主义者(科学和工程学)和建构主义者(社会科学和人文科学),但近年来将二者结合的混合方法策略的使用显著增加[17]。混合方法策略对于研究者来说是非常具有挑战性的,因为实证主义者和建构主义者具有根本不同的世界观,但对于许多复杂的工程学(举例而言),对社会观点的理解是必不可少的。混合方法策略不是简单地将实证主义和建构主义方法论任意应用,而应是以一种有纪律的、完全理解的方法的角度提供可验证的结论。与信息物理系统类似的系统工程学科[1],以采用多元认识论方法进行探究,使用实证主义和建构主义方法的组合来理解复杂人类环境中系统的发展和运作[19]。

Horlick-Jones 和 Sime 认为需要采用跨学科的方法来解决复杂的社会问题[20],他们特别注意到信息物理系统与交通运输的相关性。跨学科建议采用整体的方法，而不是单纯的多学科（加法）和跨学科（互动）。区分二者很重要，因为这需要采用适当的方法进行选择，并且接下来我们将看到，在研究和教授交通信息物理系统时处理许多学科问题的方法可能很重要。

原则上，课程和教学方法是由支持和发展学科的研究定义的。上面的讨论集中在研究作为定义学科的手段，现在的任务是了解如何将研究所定义的信息物理系统学科的范围转化为课程和教学。

9.2.2 交通运输系统

人类出行更远、更快、更安全的雄心使得交通系统日益复杂，同时增加了这些系统的复杂性。在最基本的情况下，交通系统仅包括移动、导航和控制能力（图9.2）。下一步是使用交通工具（在交通发展早期，这些交通工具可能是坐骑），并且针对不同的区域和地形开发了不同的推进方式。由于运输工具应用越来越广泛，种类越来越多，因此需要进行一定程度的协调。在早期，规章制度就成为协调车辆的一个基本方面[21]。在撰写本文时，人们正在研究基于交通信息物理系统赋能新的车辆协同方法，并且正在大力关注和努力制订适当的规章制度（见第10章）。

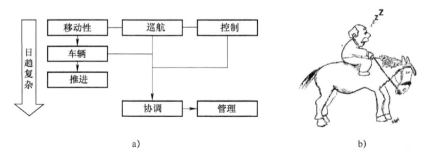

图9.2 交通系统的演变和早期自主运输（漫画作者：Miles J de C Henshaw）
a）交通系统的演变　b）早期自主运输

在工业时代，交通运输系统得到了快速发展，新的学科应运而生，如交通工程、公路工程、城市交通等，而航空航天工程、海事工程、汽车工程、空间系统等则是土木工程和交通领域的分支。子学科通常在硕士学位阶段进行教学，建立在更一般的科学或工程学位的基础上。在20世纪下半叶，计算、传感、数据分析和通信技术的快速发展催生了智能交通系统（ITS）这一新学科。ITS 致力于开展更好的协同提供更安全的运输解决方案和服务，而无需整合"智能"。但近年来，运输系统变得真正"智能化"，具有感知、分析和决策和控制的能力；车辆与车辆、车辆与基础设施之间，可以通过 V2X 技术（如 DSRC）进行相互通信[22]。交通信息物理系统包括各种自动化和自主功能，从驾驶员辅助到完全自动驾驶车辆，从自动信号到自动交通管理。

9.2.3 对交通信息物理系统工程师的需求

信息物理系统是从嵌入式系统学科发展而来的，嵌入式系统的硬件、软件和固件之间有着明确的界限，而信息物理系统则是硬件、软件和固件之间错综复杂地集成在一起，彼此之间相互影响[23]。基于概念划分界定了三类不同的设计人员，但由于系统的高度集成，意味着不同类别的设计人员必须互相了解。系统的演变主要归因于计算机科学的发展和进步（系统功能从硬件转向软件）、通信技术的进步（特别是无线技术促进计算核心的连接）以及按照摩尔定律每个集成电路中晶体管数量增加（导致小型化）。对于信息物理系统而言，紧急行为的预测不仅更加困难，还存在与社会安全和网络安全相关的新风险，需要新的设计方法[24]。因此，信息物理系统的教育计划应尽快推进[23,25-28]，美国科学院建议将信息物理系统教育纳入工程和计算机科学的本科教育[29]。

▶ 9.3 信息物理系统人才需求

随着信息物理系统人才需求变得紧迫，有人建议未来的信息物理系统人才将包括以下三种类型[23,28]：

1）来自传统学科的工程师，如电气工程、机械工程、系统工程、控制工程、计算机科学等。

2）在特定应用领域或子学科中接受过培训的工程师，如航空航天、土木工程、车辆工程、运输工程等。

3）经过专门培训的信息物理系统工程师（专注于信息物理系统的各个应用领域，如交通信息物理系统），其知识领域将处于"信息"和"物理"世界的前沿。

美国国家科学院[28]强烈建议信息物理系统教育计划应强调信息物理系统信息和物理方面之间的相互作用，并且这应该属于信息物理系统工程师的主要知识领域。

几乎所有相关系统都是信息物理系统[8]，在这个时候（2018年），应该同等重视课程开发，以便现有劳动力和未来劳动力的可持续发展。本科课程应确保了解完整的信息物理系统生命周期，包括概念建立、设计、开发、验证、部署和维护/支持。对于这些发展生命周期阶段中的需求知识，特别是在设计中的验证和模型使用中，应该计划在未来几年中经常使用新的方法和技术更新课程[30]。

然而，上述建议仅涉及工程方面，显然信息物理系统还需要考虑社会和环境方面[5]，以及人为因素和伦理道德因素[30-32]。

9.4 信息物理系统知识与技能

本节首先回顾信息物理系统课程的各种来源，然后根据所有需要考虑的要素绘制所需知识图谱。

9.4.1 信息物理系统课程建议

2016年，美国国家科学院开展了一项关于信息物理系统教育需求的研究报告，并提出了信息物理系统教育指南。根据学术界和工业界的反馈，该报告[28-29]大力提倡将信息物理系统中引入大学课程，建议注重三个领域的教育：①信息物理系统原理，②基础技能，③系统特性。其中，第一个领域涉及物理、数学、传感器技术、数据/信号分析和控制理论，作为网络和物理组成部分的基础。基础技能主要与上述信息物理系统原理有关，但更加注重实际的可执行性；基础技能主要关注数值和计算方面，也包括动力学建模和异构系统这些内容。系统特性主要关注系统相关的专业特性，如安全性、安全性、稳定性、人因等[33]。

考虑现有系统工程课程能否满足信息物理系统需求很有必要。从广义上讲，内容领域（如 ISO 15288[33]中定义的系统和软件工程生命周期）基本覆盖了工程领域的各个方面，但不一定是社会考虑因素，在某些特定的过程中，当前的工具和方法是不够的，尤其是验证、架构和专业工程方面[30]。

史蒂文斯学院（Stevens Institute）逆向设计了信息物理系统课程，通过从学生需要提交的可交付成果开始，以展示足够的知识和技能。基于此，他们构建了"信息物理系统工程"课程，通过分析得出了一个包括四门课程的方案：

- ➢ 课程 1-信息物理系统概念：决定要建立什么以及为什么要建立？
- ➢ 课程 2-信息物理系统设计：确保系统正常工作且具有鲁棒性？
- ➢ 课程 3-信息物理系统实施：如何为生活带来解决方案？
- ➢ 课程 4-信息物理系统维持：演进管理。

本质上，该方案使用传统的系统工程技术（如质量功能部署），但考虑到信息物理系统的特殊性。课程的重点是针对现有的人才（如第 9.3 节中的第 1 组和第 2 组），因此课程设置在硕士学位水平。

在一项特定领域的研究中，参考文献[9]回顾现有的航空航天工程、计算机科学和机械工程的课程体系，发现了一些知识缺口，例如，在将控制理论概念集成到实时计算资源的优化和在线管理中，会使得刚毕业的学生"无所适从"。航空航天课程保持传统，主要注重结构（物理）、气体动力学、动力学和控制，没有培养学生的"计算思维"。通过对航空航天领域进行深入研究发现，这些专业工程师，尤其是参与飞行器或航天器项目管理的人员，在刚入职时，必须开展嵌入式系统和/或软件工程培训，培养他们的"计算思维"。然而，由于所需涵盖的内容的广度和深度限制，不可能开设一门关于信息物理系统的综合专业知识课程，因此他们建议结合目前的航空航天本科课程，考虑结合"计算机"和"基础计算"思维，增加实时计算、控制系统以及协同建模和设计等课程，不开设新的学科。认识到建模是信息物理系统的一个关键问题，参考文献[34]提出了一个建模语言和工具集，可以通过建模学习信息物理系统。课程的重点是信息、控制建模和仿真。

美国国家标准与技术协会（NIST）2013年发布的报告推动了信息物理系统一系列教育发展，报告提出了一些先进的培训理念，但都是为了确保"一个跨学科、动态的信息物理系统学术环境，提供实验室经验，涵盖人类行为以及信息物理系统的商业业务"[35]。报告建议，信息物理系统学位应该丰富多样，以拓宽学科的宽度。受到这份报告的启发，加利福尼亚大学欧文分校2013年启动了嵌入式和信息物理系统的研究生学位项目，课程第一年是理论内容，第二年（最后一年）转向实践方面，涉及设计、案例研究和项目工作，重点强调可以获得的实践技能。

参考文献[36]强调了课程的实践性，并将创建教育实验室描述为信息物理系统教学的一种服务。测试床是物理的，不是模拟的，但可用于处理大量学生的虚拟化教学。尽管这是一个未来的计划，而不是一个已实施的培训计划，但由于预期需求巨大，作者建议实验室应该通过大规模在线开放课程（MOOC）提供。同样，参考文献[37]也提到MOOC，通过自动化训练教具的开发来提供信息物理系统培训。本文的重点是训练方法，而不是简单地作为范例使用的信息物理系统。然而，与面对面教学相比，在线培训需要已经有工作经验的工程师（第9.3节第1和第2类），促进了在线学习的使用，这一观点得到了关于市场研究结果的支持[27]。

信息物理系统的人才满足显然依赖于足够多的人接受STEM学科的教育。为了鼓励孩子们把这些课程提升到学位水平，并作为职业选择，参考文献[26]指出基于国家自然科学基金会资助的"混合环境下的自动驾驶"项目，其中一部分项目内容就是开发了一个针对高中生的课程项目。该项目通过一个关于"自动驾驶和无人驾驶汽车避障"的亲手实践工程项目，向青少年介绍信息物理系统。为了能够完成任务，学生们按照不同的主题分别进行学习，例如C/++编程，物理、数学和信息物理系统工具，以及全球定位系统等各种传感器、激光测距仪和雷达系统。

综上所述，过去五年来，在发展信息物理系统教育和确定适当课程内容方面开展了大量工作，虽然主要是在美国进行的。在建议信息物理系统教育采取的措施上存在一些共识，关键点是：
- 课程范围应广泛，包括一些工程学科、计算机科学和社会科学，并要注重各种不同要素的整合。
- 实践经验是必不可少的，实践活动（例如项目）是在现实世界或接近现实的场景下进行的。

9.4.2 信息物理系统知识图谱

参考文献[28]为信息物理系统提供了详细的课程图谱，并列出了在一定程度上符合它要求的美国学位课程，提出的科目侧重于技术系统，仅仅部分涉及社会问题。下述内容引用并扩展了美国国家科学院提出的课程图谱。

工程信息物理系统四种相互依赖的技能如图 9.3 所示，这些都是系统工程师应该具备的技能，特别是信息和物理的融合[38]。图 9.4～图 9.7 分别是对这四种技能的细分，但这些还不足以覆盖所有需要的技能，信息物理系统开发人员必须了解的其他技能，如图 9.8 所示。

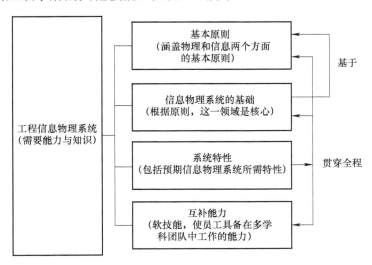

▶ 图 9.3 工程信息物理系统四种相互依赖的技能[28]

交通信息物理系统

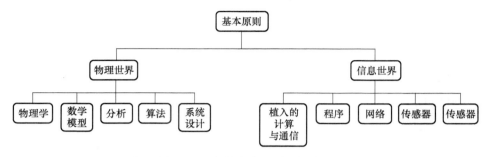

▶ 图9.4 工程信息物理系统的基本原则

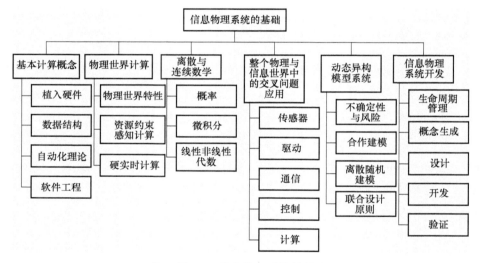

▶ 图9.5 信息物理系统的基础

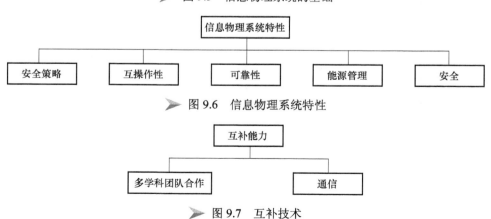

▶ 图9.6 信息物理系统特性

▶ 图9.7 互补技术

第9章 交通信息物理系统专业教育体系

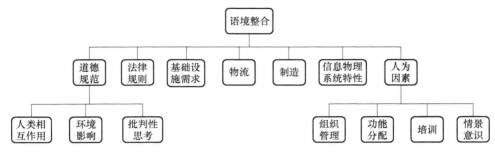

> 图9.8 信息物理系统语义与集成

信息物理系统的高度互联性，尤其是嵌入式智能，意味着信息物理系统工程师必须从简单的功能考虑到长期的影响。学习系统的部署使得考虑将来在某些情况下不道德行为的可能性变得尤为重要。随着学习系统的发展应用，迫切需要考虑未来在某些情况下可能发生的不道德的行为[31]，因此，课程必须包括伦理和法律法规方面的内容。既要考虑对人类的影响，也要考虑系统对自然环境的影响，这对于交通信息物理系统来说尤为重要，因为它与公众的交互作用以及对环境的影响可能很大。

信息物理系统可以被设计成在特定的基础设施特征下运行，但是考虑生命周期过程，就必须考虑基础设施的开发或升级对系统带来的影响，以及单个信息物理系统对所依赖基础设施的其他系统的影响。同样，对于交通信息物理系统来说，物流必须被认为是有效设计的一个关键因素，因此，课程体系也应包括物流。所有的系统设计最终都要通过生产制造实现，所以课程中也应包括一些制造方面的知识；此外，考虑到对环境的影响，还必须关注材料的可用性，保证系统基于环境和业务的可持续运行。由参考文献[28]定义的信息物理系统特征（图 9.6）可以认为是语境和融合问题的子集。虽然人为因素在多个主题中并没有明确说明，但认为应适当地考虑其重要性（图9.8）。交通信息物理系统与组织架构有关，因为系统将与不同规模的企业进行交互；治理是一个重要的考虑因素，因为必须正确理解和定义已部署交通信息物理系统的责任，这与监管问题有关。功能的分配工作在更详细的层次上进行，涉及人工操作员和交通信息物理系统之间的任务共享；这些对设计有重要的影响，可能需要考虑系统的适应性和未来的变化。对于交通信息物理系统，将需要对操作员、维护者等进行培训，并应将培训不同利益相关者使用交通信息物理系统的方式列入课程。最后，状态感知对安全具有重要意义（见第 10 章）。

上述被确定为信息物理系统相关的学科和科目已被置于 A. biglan[15]框架中，由 E.B.[16]重新配置，如图 9.9 所示。对于交通信息物理系统中的特定实体，附加的学科可能包括推进、空气动力学、稳定性、材料等。显然，信息物理系统课程将包括应用科学、自然科学和社会科学三个主要学科领域的内容，设计美学也可能是相关的课程，在这种情况下，四个象限均将被占用。这就引出了这样一个问题：如此密集的课程是否真的合理，因为它要求学生接受截然不同的哲学观点，以及各种方法和技术的混合。更合理的说法是，

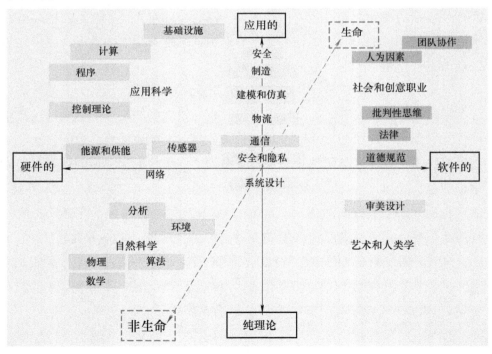

▶ 图 9.9 基于重构框架的交通信息物理系统学科分类[16]

注：阴影表示沿第三轴的非生命、生命或两者都有

课程应包含核心要素和一定程度的灵活性，以便学生能够编写出 T 型 CV，对所有学科中都有一定的认识，但在一两个学科中有很深的专业性。这强调了团队合作的重要性，并确保团队其他成员对创建或运营交通信息物理系统的总体目标有所了解。

9.4.3 抗解问题

除了最简单的系统之外，信息物理系统通常被归类为系统之系统（SoS）的子集[1]，并且它通常可被描述为"抗解问题"[39]。抗解问题最初是由参考文献[40]提出的，它们是复杂的，没有明确的公式，没有停止规则，而且通常解决方案不能用好或坏来描述，且没有模板，因为每个问题都是一次性的。交通信息物理系统可以在许多抽象层次上进行考虑，但是如果假设它包含多个交互元素，那么它就具有抗解问题的许多特征。没有专门针对抗解问题的课程，但有一些个人的属性特征，能够让一个人更好或更糟地处理抗解问题。在处理抗解问题时，能够容忍模糊性是一种优势。因此，信息物理系统的教育和培训应该鼓励学生培养一种能够欣赏和处理不良问题的心态；这种心态很可能是通过图 9.9 中的社会和创意职业象限而产生的。

9.4.4 信息物理系统学科重点课程

基于参考文献[28]所定义的交通信息物理系统课程更多的是从社会科学方面考虑，这样有助于在更高的抽象层次上进行表达，交通信息物理系统研究生学位（水平）的主要课程如图 9.10 所示。在本文中，将包含网络在内的组件作为交通信息物理系统的基本要素，每个确定的学科或感兴趣的领域包含几个额外的学科和子学科，学习这门课程的学生将通过对其中一个领域的详细研究来实现 T 型 CV 的纵向学习，并通过对每个领域的了解来实现横向学习。由于交通信息物理系统需要跨学科的工作，因此图 9.10 所示的教学方法应该尽可能地在多学科团队中以真正的跨学科方式进行教学，与来自不同学科的学生合作，以达到预期效果[25]。

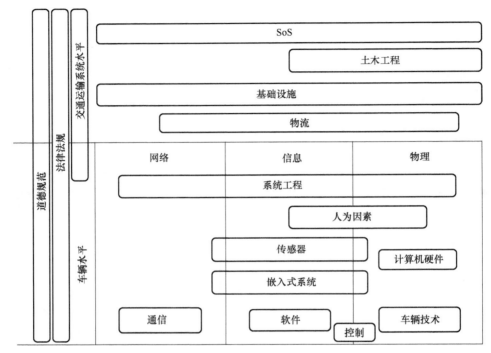

▶ 图9.10 交通信息物理系统研究生学位（水平）的主要课程

9.5 课程机制

9.3和9.4节详细考虑了课程内容，在大多数情况下，人们一直认为这将是学士或硕士学位层次的课程。但是，课程可以通过各种方式提供，这些方式总结如下：

（1）短期课程 这类课程可以在几天或几周内完成，具体取决于每门课程的覆盖宽度和深度。例如，可能会有一个短期的课程，以2～4周的暑期课程的形式向高中生介绍交通信息物理系统，在此期间，学生学习并开发一个非常简单的交通信息物理系统模型。短期课程也可能是为期一周的集中课程，包括深入的交通信息物理系统建模和仿真知识，这样的课程可以由学术界或工业界的参与者参加制作。短期课程通常是一项商业活动，可能提供课程结业证书，但通常没有评估评定过程。

（2）本科学位　目前交通信息物理系统的大部分课程（以及正在计划中的课程）都属于这一类别。理想情况下，交通信息物理系统的本科课程应该涵盖系统开发的整个生命周期，包括创意生成、设计、建模和仿真、验证和确认、开发和部署。这种课程还必须包括补充技能，如图9.7和9.8所示。本科课程可以开发为工程类课程，包括引导性课程或选修模块，包括人机界面、人因、伦理和法律。交通信息物理系统还可以作为信息物理系统工程本科学位的一个模块，或者也可以采用另外一种方式，比如密歇根大学可以提供航空航天工程和计算机科学双学位，信息物理系统是其中一个[25]。本科学位教育将是扩大熟练劳动力规模的最有效机制，相关行业的大多数入门级招聘都来自本科应届毕业生。

（3）硕士学位　从硕士学位到博士学位，可以采用全日制或非全日制教学；较为普遍的是，硕/博士通过老师授课学习相关内容并获得学位。这部分课程可包括进一步推动交通信息物理系统领域的研究和发展项目，最好与有关行业合作。

（4）学徒制　学徒制是一种在职培训的教育形式，其中可能包括课堂学习的元素，从而获得认证资格。学徒必须年满16岁，学徒期通常为1至5年。学徒培训是高度专业化的培训课程，适合现有的劳动力在职学习[12]。

（5）持续专业发展　这是员工在工作中继续学习和发展的一种方式，可以是正式的，也可以是非正式的。这可能包括学者、交通信息物理系统行业从业人员，以及接受短期课程、研讨会或培训的行政人员，以获得交通信息物理系统技能。持续的专业发展可以是自我指导的，也可以是由学术界、工业界或咨询公司提供的短期课程或讲习班。

（6）证书课程　学术界可以开展和提供证书课程，并考虑是否与相关行业合作。这些课程不提供学位证书，但为学生提供正式认证，认可学生对所提供的知识有所了解。嵌入式系统编程或交通信息物理系统的建模和仿真可以作为这种课程的示例。

（7）远程学习　这种教育形式不要求学生亲身体验传统的教育环境。学习者可以自主安排自己的学习，同时教师和培训师也可以在线提供材料并在线安排评估。虽然对于希望实现职业发展甚至职业变化的工作人士来说，这是一种有效的学习方式，但交通信息物理系统技能和知识最好通过实践经验获得，这可能是远程学习课程所面临的挑战。尽管如此，MOOC 课程最近出现了激增（见 9.4.1 节），这使得传统的远程学习通过开放式访问更进了一步。一个非常相关的例子是 Udacity 提供的自动驾驶汽车工程师微学位计划。

（8）外调进修　鉴于明确需要的实践经验，从大学借调到相关行业（反之亦然）是外调进修课程的一种基本形式。

（9）在职培训　员工可以通过内部或在职培训获得新的技能和知识。这些培训可由同一机构内的导师或顾问公司提供。

这只是知识传递机制的一个示例。在每种机制中，知识传递的水平可以根据所需的技能而变化。此外，组织各级所需的技能学习可能会有很大差异，需要开设课程以满足每个方面的要求。

无论选择哪种机制，人们普遍认为信息物理系统教育必须主要遵循动觉学习或实践方法。

9.6　结语

本章主要关注与学士或硕士学位相关的教育；其他教育需求尚未在此详细考虑。

交通信息物理系统包含复杂的系统，其开发和运行依赖于许多不同学科的技能。很明显，许多在交通信息物理系统领域工作的工程师都没有足够的软件技能来满足当前系统的需求，这些系统具有重要的嵌入式软件。尽管在为信息物理系统开设工程课程方面已经做了大量工作，但似乎在工程学位方面尚未充分解决道德和法律方面的问题。分析表明，未来的信息物理系统工程师必须具备纯科学和社会科学以及应用知识方面的相关知识。

交通信息物理系统的高度连接性意味着现代开发人员必须对所有相关的学科有广泛的了解，因为没有广泛的理解可能会导致错误或意外的情况发生。理想情况下，在交通信息物理系统接受教育的学生将会是 T 型人才，这意味着他们将拥有一系列相关主题的广泛知识，以及对一个或两个领域的深入了解。

团队合作将是交付和运营交通信息物理系统的重要组成部分，因此团队合作应明确包含在课程中。同样，任何交通信息物理系统研究计划都必须包括大量的实践研究。

大学传统教育局限在单一学科内，或在很少需要深入研究的学科领域。信息物理系统通过包含许多学科的课程来挑战这种方法，但要有效地进行教学，这是一种跨学科的方法，每个团队成员都应该对所有相关学科有所了解。教学研究有相当大的空间来开发教授跨学科技能的新方法。

最重要的是，学生应该对要设计的系统进行整体概览，因此交通信息物理系统的本科和硕士课程不能仅停留在传授知识，更要培养学生的观点和整体鉴赏能力。

大部分讨论都集中在信息物理系统教育概述，交通信息物理系统特有的方面主要是在不同类型车辆的特定领域。

交通信息物理系统具有为人类带来巨大利益的前景的能力，并使通过降低对环境影响的方式管理运输成为可能。它还为能够利用交通信息物理系统的组织和国家提供了令人难以置信的商业机会。当然，只有在交通信息物理系统人才以综合方式接受相关自然科学、应用科学和社会科学的教育并获得学位后，这些好处才能得以体现。

参 考 文 献

[1] M.J.D.C. Henshaw, Systems of systems, cyber-physical systems, the internet-of-things…whatever next? Insight 19 (3) (2016) 51−54.
[2] C. Ebert, C. Jones, Embedded software: facts, figures, and future, Computer 42 (2009) 42−52, https://doi.org/10.1109/MC.2009.118. (Accessed on 14/04/2018).
[3] E.A. Lee, S.A. Seshia, Introduction to Embedded Systems − A Cyber-Physical Systems Approach, 2017, p. xi.
[4] A.M.K. Cheng, An undergraduate cyber-physical systems course, in: Proceedings of the 4th ACM SIGBED International Workshop on Design, Modeling, and Evaluation of Cyber-Physical Systems − CyPhy'14, 2014, pp. 31−34, https://doi.org/10.1145/2593458.2593464. (Accessed on 14/04/2018).

[5] P. Asare, D. Broman, E. Lee, M. Torngren, S. Sunder, Cyber-Physical Systems — A Concept Map, 2012. Available at: http://cyberphysicalsystems.org/. (Accessed on 14/04/2018).

[6] AICC, ITEA Artemis-IA High-Level Vision 2030, 2013. Brussels.

[7] The Royal Academy of Engineering, 'The Royal Academy of Engineering Creating Systems that Work: Creating Systems that Work', Engineering, (293074), 2007, p. 17. Available at: www.raeng.org.uk/education/vps/pdf/RAE_Systems_Report.pdf. (Accessed on 14/04/2018).

[8] M. Wilkinson, Discussion Paper: An Architect's Manifesto for the Development of Systems Engineering INCOSE UK Architecture Working Group, V1.1, 5th June 2016, (can be requested from president@incoseonline.org.uk).

[9] E.M. Atkins, J.M. Bradley, 'Aerospace Cyber Physical Systems', in Guidance, Navigation, and Control, AIAA, Boston, 2013, pp. 1—26.

[10] S. Nikitina, Three strategies for interdisciplinary teaching: contextualizing, conceptualizing, and problem-centring, Journal of Curriculum Studies (2006), https://doi.org/10.1080/00220270500422632. (Accessed on 14/04/2018). Boston, MA.

[11] M. Reimann, et al., ROAD2CPS Deliverable 2.3-Technology and Application Roadmap, 2016. Brussels. Available at: http://road2cps.eu/events/wp-content/uploads/2016/03/Road2CPS_D2_3_TechnologyandApplication_Roadmap.pdf. (Accessed on 14/04/2018).

[12] Transport Systems Catapult, Intelligent Mobility Skills Strategy, Report, 2016. Milton Keyenes. Available at: https://s3-eu-west-1.amazonaws.com/media.ts.catapult/wp-content/uploads/2016/10/03103255/3383_IM-Skills_Business-Case_Brochure1.pdf. (Accessed on 14/04/2018).

[13] World Economic Forum, The Future of Jobs — Employment, Skills and Workforce Strategy for the Fourth Industrial Revolution, World Futures Review, Cologne/Geneva, 2016. Available at: http://www3.weforum.org/docs/WEF_FOJ_Executive_Summary_Jobs.pdf. (Accessed on 14/04/2018).

[14] T. Becher, P.R. Trowler, Academic Tribes and Territories, second ed., Open University Press, 2001. Available at: https://books.google.co.uk/books?id=7GlEBgAAQBAJ&printsec=frontcover&source=gbs_ge_summary_r&cad=0#v=onepage&q&f=false. (Accessed on 14/04/2018).

[15] A. Biglan, The characteristics of subject matter in different academic areas, Journal of Applied Psychology 57 (3) (1973) 195—203.

[16] E.B. Cohen, S.J. Lloyd, Disciplinary evolution and the rise of the transdiscipline, Informing Science: The International Journal of an Emerging Transdiscipline 17 (17) (2014) 189—215.

[17] J. Cresswell, Research Design: Qualitative, Quantitative, and Mixed Methods Approaches, third ed., SAGE, Thousand Oaks, CA, 2008.

[18] A.S. Poza, S. Kovacic, C. Keating, System of systems engineering: an emerging multidiscipline, International Journal of System of Systems Engineering 1 (1/2) (2008) 1, https://doi.org/10.1504/IJSSE.2008.018129. (Accessed on 14/04/2018).

[19] E.N. Urwin, et al., Through-life NEC scenario development, IEEE Systems Journal 5 (3) (2011) 342—351, https://doi.org/10.1109/JSYST.2011.2158680. (Accessed on 14/04/2018).

[20] T. Horlick-Jones, J. Sime, Living on the border: knowledge, risk and transdisciplinarity,

Futures 36 (4) (2004) 441–456, https://doi.org/10.1016/j.futures.2003.10.006. (Accessed on 14/04/2018).
[21] B. Lucas, Which Side of the Road Do They Drive On? TSM-Resources, 2004. Available at: http://www.tsm-resources.com/left/Which side of the road do they drive on.htm. (Accessed on 14/04/2018).
[22] H.J. Miller, S.-L. Shaw, Geographic Information Systems for Transportation, OUP, Oxford, 2001.
[23] J.P. Wade, et al., Systems engineering of cyber-physical systems: an integrated education program, in: 123rd ASEE Annual Conference and Exposition, 2016–June, 2016. Available at: https://www.scopus.com/inward/record.uri?eid=2-s2.0-84983288456&partnerID=40&md5=75887e49f3b620f408bfd5ff1ac405ac. (Accessed on 14/04/2018).
[24] E.A. Lee, Cyber physical systems: design challenges, in: 2008 11th IEEE International Symposium on Object and Component-Oriented Real-Time Distributed Computing (ISORC), 2008, pp. 363–369, https://doi.org/10.1109/ISORC.2008.25. (Accessed on 14/04/2018).
[25] M. Chowdhury, K. Dey, Intelligent transportation systems-a frontier for breaking boundaries of traditional academic engineering disciplines [Education], IEEE Intelligent Transportation Systems Magazine 8 (1) (2016) 4–8, https://doi.org/10.1109/MITS.2015.2503199. (Accessed on 14/04/2018).
[26] V. Gadepally, A. Krishnamurthy, U. Ozguner, A hands-on education program on cyber physical systems for high school students, Journal of Computational Science Education 3 (2) (2012) 11–17, https://doi.org/10.22369/issn.2153-4136/3/2/2. (Accessed on 14/04/2018).
[27] F. Kurdahi, et al., A Case Study to Develop a Graduate-Level Degree Program in Embedded & Cyber-Physical Systems, Newport.Eecs.Uci.Edu, 2016.
[28] National Academies of Sciences, A 21st Century Cyber-Physical Systems Education, 2016, https://doi.org/10.17226/23686. (Accessed on 14/04/2018). Washington, DC.
[29] National Academies of Sciences, A 21st Century Cyber-Physical Systems Education, HIGHLIGHTS, 2017.
[30] S. Hafner-zimmermann, M.J.D.C. Henshaw, The Future of Trans-Atlantic Collaboration in Modelling and Simulation of Cyber-Physical Systems a Strategic Research Agenda for Collaboration, Steinbeis-Edition, Stuttgart, 2017. Available at: http://www.tams4cps.eu/wp-content/uploads/2017/02/TAMS4CPS-SRAC-publication_2017.pdf. (Accessed on 14/04/2018).
[31] European Parliament Research Service, Ethical Aspects of Cyber Physical Systems, 2016, https://doi.org/10.1007/978-0-387-09834-0. (Accessed on 14/04/2018). Brussels.
[32] J. Sztipanovits, S. Ying, Foundations for Innovation in Cyber-Physical Systems, Workshop Report, Energetics Incorporated, Columbia, 2013, https://doi.org/10.1007/s13398-014-0173-7.2. (Accessed on 14/04/2018).
[33] ISO/IEC/IEEE, Systems and Software Engineering — System Life Cycle Processes, London, 2015.
[34] K. Bauer, K. Schneider, Teaching cyber-physical systems, in: Proc. Workshop on Embedded and Cyber-Physical Systems Education — WESE'12, 2012, pp. 1–8, https://doi.org/10.1145/2530544.2530547. (Accessed on 14/04/2018).
[35] Energetics Incorporated, Foundations for Innovation in Cyber-Physical Systems,

Columbia, Maryland, US, 2013, https://doi.org/10.1007/s13398-014-0173-7.2. (Accessed on 14/04/2018).
[36] A. Gokhale, G. Biswas, M. Branicky, CPS laboratory-as-a-service: enabling technology for readily accessible and scalable CPS education, in: First Workshop on Cyber-Physical Systems Education (CPS-Ed 2013), 2013.
[37] D. Sadigh, S. Seshia, M. Gupta, Automating exercise generation: a step towards meeting the MOOC challenge for embedded systems, in: Proceedings of the Workshop on Embedded and Cyber-Physical Systems Education, 2012, pp. 2−9, https://doi.org/10.1145/2530544.2530546. (Accessed on 14/04/2018).
[38] SEBoK, Systems Engineering Overview, SEBoK, 2016. Available at: http://sebokwiki.org/w/index.php?title=Systems_Engineering_Overview&oldid=52119. (Accessed on 14/04/2018).
[39] C. Siemieniuch, M.A. Sinclair, Extending systems ergonomics thinking to accomodate the socio-technical issues of systems of systems, Applied Ergonomics 45 (10) (2013) 1016.
[40] H.W.J. Rittel, M.M. Webber, Dilemmas in a General Theory of Planning, Policy Sciences 4, no. 2 (1973) 155−169. http://www.jstor.org/stable/4531523. (Accessed on 14/04/2018).

第 10 章

交通信息物理系统的研究挑战和跨大西洋合作

Michael Henshaw
英国拉夫堡，拉夫堡大学机械、电气和制造工程学院

10.1 引言

世界各国都对自动驾驶交通工具的发展有着浓厚的兴趣，尤其是自动驾驶汽车。然而传感器技术、计算和控制算法的改进，信息物理系统（CPS）的快速发展意味着，目前自动驾驶汽车的监管框架已经不能适应其高速发展。各国政府已经认识到这些技术带来的经济机遇，并努力提供实现这些机遇的环境。例如，德国生产了全球约 70% 的高档品牌汽车[1]，维护一个有利于新模式运行的监管环境也是商业上的必需。

交通信息物理系统（TCPS）的研究挑战在很大程度上与满足监管和经济需求（以及这两个因素之间的相互作用）有关。本章将考虑这些方面的

问题。

尽管自动驾驶汽车是大家最紧迫关心的事情,但货运运输已经包含了相当程度的自动操作[2],航运和航空也是自动驾驶面临重大机遇和挑战的领域。因此,必须考虑特定领域和应用领域的研究挑战。

信息物理系统(TAMS4CPS)地平线 2020 项目(批准协议编号 644821)跨大西洋建模与仿真于 2015 年 2 月开始,2017 年 1 月结束;其目的是确定欧盟和美国在建模和模拟方面的合作研究机会以资助信息物理系统[3]。该项目确定了七个共同关注的重要研究主题,并讨论了合作的背景和机遇。该项目笼统界定了下文将阐述的研究挑战,模型和模型测试是所有技术开发的基础组成部分,交通信息物理系统面临的许多挑战都与建模有关。

在本章,应该将跨大西洋理解为美国和欧盟(或者英国)之间的协作。同时要认识到,通过研究解决特定问题的共同利益不一定转化为合作的机会,因为商业和/或政治的考虑可能占主导地位。尽管如此,本章还是突出了在合作收益方面达成共识的领域。

10.2 预测背景

对于未来出行将如何发展,有很多不同的预测。所有这些预测都是基于自动化是未来交通系统重要组成部分的期望。英特尔提出,到 2050 年,"乘客经济"将达到 7 万亿美元[4]。它假定了从拥有汽车向服务即出行的转变,转变动力来自城市化进程的加快,缓解交通拥堵的需要、日益增长的互联、工作和个人生活边界的不断模糊以及两者更多的临时生活安排。他们认为,影响这一变化的主要因素将是污染和安全问题,导致通过法规的制定使其他出行方式变得更加昂贵(例如,通过收取通行费和交通拥堵费)。这意味着汽车数量的显著减少:根据《经济学人》报道,汽车数量会减少 80%~90%[5]。但是,这种观点受到其他评论员的质疑;例如,丰田认为这种预测为时过早,并未考虑到其他情况[6]。

Litma 论述了一些额外的影响,例如乘客舒适度和焦虑,这意味着自动驾驶车辆的多式联运方式,包括个人和共享车辆,以及共享乘车[7]。他进一步指出,自动驾驶汽车将需要更多额外的设备,这样至少在未来 10 至 30 年内,自动驾驶交通工具的价格将比传统交通工具高出很多。然而,对于某些人来说,智能城市已经存在,共享移动的最初迹象已经很明显[8]。

无论采用哪种方式,使用无人驾驶车辆的好处很多,不仅包括用户可以在出行中释放时间做其他事情,当然,这需要建立对自动驾驶车辆的信任和改变现行规章制度[4]。此外,Lanctot[4]还断言,交通事故将显著减少,即使是 5%的小幅减少,每年也将挽救近 6 万人的生命。但是,Litman[7]认为,无人驾驶车辆会带来额外的风险,包括硬件/软件故障、黑客攻击、风险增加、列队行驶问题以及增加车辆总行驶次数。事实上,自动驾驶汽车的网络安全可能会造成非常大的风险,其强度取决于它们对网络服务的需求程度[9]。车辆被黑客劫持的例子已有报道,黑客对车辆的控制权是通过导航或娱乐系统获得的[10]。2017 年,针对基础设施和公共服务的网络攻击显著增加,表明在国家和国际范围内协同攻击可能获取对信息物理系统构成巨大威胁[11]。信息物理系统必须使用许多传感器,因此不可获取地要获取大量数据,因此还存在获取数据和使用个人数据相关的风险,并且欧盟认为在这方面需要有新的法律保护用户。

通常认为,自动驾驶汽车将有利于环境,这既是由于车辆使用模式改变(如上所述),也是由于电动(和混合动力)汽车的使用增加,后者的趋势是不采用自动驾驶汽车就可能发生,但二者正在同时发生[8]。由于改变交通方式对碳减排效果的估计差别很大。Thomopolous 和 Givoni[12]坚持认为碳减排只能通过出行方式从根本上转移到共享出行来实现,但这也可能导致人们从其他更节省空间的交通方式转移到小汽车出行,导致碳减排效果减弱[12]。例如,Shladover 等人利用混合使用的车辆类型以及对驾驶行为和控制的假设[13],估计车道容量可提升至 80%,但考虑的场景太多,尚不清楚环境改善能否达到合理预期。Thomopoulos 和 Givoni[12]指出对自动驾驶汽车的研究和争论主要集中在"自动驾驶",而不是"汽车"这个元素。当然,便利使用汽车的模型确实是对的,为了更好地了解自动驾驶如何在环境、社会和商业上是有益的,研究自动驾驶,或更重要的是研究包括自动驾驶和人力操纵的整体运输系统的模型是必不可少的。

尽管有关责任等方面的规定足以让律师就无人驾驶汽车的相关风险提供建议,但大多数作者似乎都同意尚不存在一致的监管框架[1]。飞行汽车的情况也是如此,因为飞行汽车的安全要求比其他运输方式更为严格,而且有些国家对小型车辆的娱乐飞行也有限制[14]。

美国汽车工程师学会(SAE)为自动驾驶汽车定义了 5 个等级,其中,L4 级和 L5 级是最高的,分别是高度自动驾驶和完全自动驾驶[15]。一些作者认为(如参考文献[7]),自动驾驶汽车的很多益处只有在更高的自动化水平(L4 和 L5)才能实现,这需要巨大的测试成本,同时存在一些监管的困难和操作上的挑战[16]。Sivak 和 Schoettle[16]也提出了一个有趣的观点,编写一个遵守规则(例如交通规则)对自动驾驶系统相对简单,但是过于字面化的解释可能是不利的(这基本就是阿西莫夫的《我,机器人》的观点[17])。Clark[18]指出,《维也纳道路交通公约》[19]明确规定(第 8 条)所有车辆应有一名驾驶员控制车辆。这一要求的广泛解释使许多国家能够在公共道路上测试自动驾驶汽车,但是,必须有一名人类驾驶员在场以便能够控制车辆。2015 年 9 月,七国集团(G7)和欧盟达成了一项关于自动驾驶的宣言[20],承认有必要建立统一监管框架,并在以下领域开展持续合作[10]:

- 协同研究,在国际监管框架内促进国际标准化。
- 不断发展技术规范。
- 确保数据保护和网络安全。

所有交通信息物理系统都需要开发监管框架,而且很可能会在多年的时间里不断改进(我们将在本章末尾回到这个主题),需要进行研究以解决法规的制定、法规遵循的测试和量度,以及可满足需求的技术开发。证明交通信息物理系统在所有情况下均能安全运作,令用户满意是推广自动交通工具所面对的首要挑战之一,许多研究挑战都与这一需求有关。

10.3 动态复杂系统

信息物理系统有许多定义，其中许多与特定的应用有关，此外，在描述复杂的、动态的和软件密集型的系统时出现了术语的混乱，这些系统目前是现代生活的特征。Henshaw[21]区分了信息物理系统、SoS 和 IoT，并得出[22]信息物理系统是"连接信息世界和物理世界的基本问题"的定义。Henshaw从以下四点区分这几个系统类别（图 10.1）。

- 未联网的信息物理系统：独立的物理系统，内含大量嵌入式软件；一般通过适当的传感器以某种方式与外部环境交互，以完成其操作。
- SoS（独立于网络组件）：其特征是一个系统网络，其各个组件系统具有管理功能和/或操作独立性。

以上两种的结合：

- 物联网：通过互联网互联的信息物理系统（在 SoS 意义上）。
- 通过非 Internet 技术（或现象）连接的交互式信息物理系统。

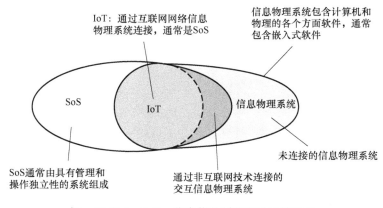

> 图 10.1　SoS、信息物理系统和 IoT 的区分

未经网络化的系统可能很复杂，但通常是完全可以理解的确定性系统，但是交互（即网络）引入了新的复杂程度，甚至可能以不确定性的方式表现，特别是在与人类交互时。一般来说，在信息物理系统的设计和运行中需要解

决的问题是信息物理系统具有网络化和自主决策能力的特点。它们几乎总是具有以进化方式发展的 SoS 特征[23]，但更准确的描述（在本例中）可能是，由于单个系统的加入或退出，或者网络结构的变化，它们不断地重新配置。显而易见的是，Gartner 已经将其对 2020 年联网设备数量的估计从 208 亿降至 204 亿![24]；毫无疑问，到本书出版时，数字已经调整了好多次。仅仅设备是连接的，并不意味着它们是相互操作的，甚至是相互作用的，但这确实意味着存在可能性，而能被建模和理解的复杂程度深不可测。上面描述的共享出行范式（甚至共享车辆）预测基于能够使用智能手机访问信息并向交通信息物理系统实体发送指令的个人。William Goodall（英国德勤交通技术总监）表示，当个人消费者移动时，他们会生成数据包，形成一个定义旅行的线索，这意味着典型的旅程可能是多式联运的。因此，出行意味着许多不同的信息物理系统与数百万用户交互，它由以数据为主要资产的运输公司运营[8]。

因此，交通信息物理系统是一个动态的、复杂的系统，存在高度的不确定性。这种系统的多样性提供了许多运营商和消费者可能寻求的好处，正是这一点提供了灵活性。事实上，多样性通常被认为是一个弹性的属性。无法对这种变化进行建模，也可能导致由于无法预测或不可预测的灾难性失败。因此，研究主要的挑战与应对不确定性有关。

10.4 研究的主要挑战

从前面的讨论可以看出，对交通信息物理系统未来运行的预测是多种多样的，通过将注意力集中在构成预测的参数上，将有助于确定交通信息物理系统的最重要的挑战（或目标）。

实质上，交通信息物理系统必须：
- 以一种商业上有益的模式获取和运作，并提供比现有系统更好的财务和社会价值。
- 减少交通对环境的影响。
- 安全运行，特别是不断提升安全性。

- 保护人类在免受身体、心理和网络危害的监管框架内运行。
- 通过现有方法为个人出行提供更好的服务（经济/舒适/方便/可靠/可用的工作或娱乐时间）。

针对这些重要目标，制订了一套关键的研究挑战[3]。TAMS4CPS 项目通过 2016 年举行的一系列双边研讨会（欧盟和美国）确定了这些挑战。

10.4.1 信息物理系统的安全性

2015 年，在一辆吉普车遭到网络攻击后，克莱斯勒（Chrysler）主动召回了 140 万辆汽车，这些吉普车使用娱乐软件作为接入其他关键功能的入口[25]。Loukas 将交通信息物理系统攻击定义为"对物理空间造成不利影响的网络空间安全漏洞"[26]。Loukas 将源自网络空间的网络物理攻击与源自物理世界但随后导致软件或数据被泄露的物理网络攻击进行了区分。事实上，对于交通信息物理系统来说，这两种类型的攻击都值得关注，并且很可能在未来成为主要关注点。交通信息物理系统高度网络化的本质意味着，无论考虑何种运行模式，攻击都可能导致城市完全瘫痪，在极端情况下，还会造成严重破坏和人员伤亡。任何形式的网络攻击都是终极的不对称威胁，攻击成本极低，但是却需要大量的资源保护；此外，很难识别或抑制攻击者。在所有的研究挑战中，交通信息物理系统的安全性看起来是最优先考虑的问题，也可能是最棘手的问题——从网威胁所代表的风险，到信息物理系统采用遇到的阻碍，特别是对于中小型企业而言[27]。

物联网安全方面的研究活动已经达到相当高的水平，尤其是对能源系统安全性的评估有很多。Sajid 等人研究了与工业系统相关的风险，他们列出了至少 11 个研究方向[28]。

将安全体系结构功能集成到模型中：短期可以对设计产生积极影响的一个领域是确定与交通信息物理系统安全性相关的体系结构特性，并为交通信息物理系统安全开发度量标准。安全体系结构模式已经存在于软件系统中，但是尚未针对信息物理系统进行过验证，信息物理系统还应该包含物理方面的内容[3]。本研究的目的是至少在短期内将安全功能作为标准纳入信息物理系统设计和集成模型中。

10.4.2 信息物理系统测试

单个系统的功能可以测试，在性能方面，可以测试信息物理系统的组合，特别是当嵌入到它们的操作环境中时。就交通信息物理系统而言，它将成为所服务的城市或国家一个重大挑战，因为通过单个设备的性能并不能洞察互操作系统的行为[29]；可以将 SoS 理解为这样一种属性，即不能由任何单个组件系统确定总体行为。需要改进测试的原因有以下几点：

（1）验证　验证是指测试目标系统以确保其性能按设计执行。通俗地说，这通常表示为测试"是否构建了正确的系统"[30]。这本身就是一项研究挑战（见下文），但是传统的方法是不可行的，其中测试有代表性的（或甚至完整的）一组条件以确保系统的输出是符合设计的。在单个信息物理系统中包含自动化导致无法管理的系统状态数量，特别是，如果系统高度网络化（例如在交通信息物理系统的情况下），那么定义目标系统也是一项复杂而模糊的任务。

（2）互操作性　交通信息物理系统取决于不同信息物理系统进行互操作的能力，这需要信息的交换以及可能的能量或材料。物联网显然关注信息交换，但交通信息物理系统可能需要物理互操作（例如，对于货运，智能集装箱可能需要与车辆在物理上互操作）。有许多互操作性框架，以网络为中心的运营行业联盟（NCOIC）框架[31]将 9 个级别分为 3 类：网络传输、信息服务与人员、流程与应用。在网络传输级别，接口相对容易指定，但在更高级别，不同信息物理系统之间的交互存在更大的不确定性和模糊性。如果我们认为不必要的紧急行为是由于缺乏对交互的了解（无论是单独的，还是由于太多同时发生的交互而无法有效地建模），那在部署之前测试互操作性以建立行为是预测整个系统行为的一个重要方面。跨范围的互操作测试对于交通信息物理系统中使用的系统的设计和鉴定非常重要。互操作性也是引入新系统的商业要求；尽管这主要是通过遵守标准或协议来解决的，但要验证互操作性,还需要进行测试。互操作测试平台已经存在[32],但是为了支持交通信息物理系统的发展,需要扩展测试平台和相关的测试方法。

(3)交通信息物理系统大型试验床 交通信息物理系统要求在人类环境中嵌入自主系统,这将带来许多安全和保障挑战(如上所述),包括对参与测试人员的长期影响。有必要了解此类系统在部署时的可能行为,以及与这些系统交互时的人类行为。实验是验证复杂多模式行为模型的一种重要方式,也是在受控但真实的环境中演示新技术的重要方式。大规模试验床是获取真实数据以建立和/或检查模型的重要手段,但它们的开发和操作成本很高。当然,试验床本身就是模型,必须对其进行规划,以确保它们能充分处理规模效应。MCity 是一个专门构建的试验场,用于测试智能网联和自动驾驶的车辆,建在密歇根大学一块 32 英亩的土地上,耗资 1000 万美元。MCity 是一个模拟城市和半城市环境,拥有许多测试自动化汽车的设施,MCity 项目不仅考虑了技术,还考虑了商业和社会问题[33]。获得这样的设施对于交通信息物理系统的研究人员来说是一个重要的实用工具,并将加速技术和操作范例的发展。在默认情况下,这种类型的设施鼓励进行多学科研究,并洞悉从概念到部署的系统成熟的各个级别。

(4)跨域架构评估 跨域架构的开发是交通信息物理系统研究的重要领域,但为了保证目标而对架构进行测试也是一个重大挑战。交通信息物理系统包括许多不同的系统所有者或运营商,共享数据是必要的,特别是在危机期间[34];信息物理系统体系结构可包括不同的软件域,但也可位于不同的物理域中。不同的域可能具有不同的安全级别,这使得有效共享变得困难。需要软件试验床让体系结构能够在常规操作和危机情况下得到保证。

(5)测试弹性 弹性是一个实体抵御逆境的能力或及时从逆境中恢复过来的能力,是交通信息物理系统的一个基本属性。在操作过程中,交通信息物理系统通过一系列传感器监控其环境,并做出决策以确保其继续运行。交通信息物理系统必须发现不利条件或情况,以便采取适当措施,但是,交通信息物理系统必须提前知道用于识别潜在不良紧急情况行为的指标以及适当的恢复措施。虚拟测试环境是必要的,在这种环境中,可以研究紧急行为和可视化,并可靠地预测对各种旨在减轻不良行为的响应。到目前为止,对弹性的试验和测试还没有得到显著的关注。Kumar 等人开发了一个弹性和安全性的测试平台,但这主要集中在识别故障及其影响,而不是普遍的故障问题[35]。弹性交通信息物理系统的性能及其监测手段应该成为未来研究的重点,这将导致更有弹性的设计,并为其他有关操作模式的研究提供信息。

10.4.3 人–交通信息物理系统的交互

传统上,人们通过将机器人保持隔离来保护自身的安全,例如通过将机器人放入笼子中,但这一系列应用中正在发生变化[36]。物流系统可以(也确实)在很少的人工交互下实现高水平的自动化,但对于用于出行的交通信息物理系统来说,情况并非如此。这带来了各种重要的研究挑战,其中许多问题与适当模型的开发有关;特别是,迫切需要在交通信息物理系统模型中考虑人类行为模型的设计和操作[37]。这包括个体行为和社会行为的模型(特别是关于预测技术的接受度和操作模式)。虽然许多研究都集中在交通信息物理系统的行为上,但在交通信息物理系统存在的情况下也必须注意人类的行为[38]。

(1)态势感知 早在 1995 年,Endsley[39]就将态势感知确定为"系统运行中的主要问题",并特别注意了由于系统复杂性和自动化伴随而来的漏洞。态势感知包括对现状的感知、对现状的理解和对未来状态的预测三个层次。具有不同交通信息物理系统知识和经验的人与交通信息物理系统交互,因此不同个体理解信息物理系统当前系统状态的方式也可能有很大的不同。此外,尚不清楚相同的线索是否会以相同的方式(可能不是)提醒所有人注意系统的状态。然而,第三个层次(对未来状态的预测)是最容易导致事故的,人类发现很难预测机器人下一步会做什么。众所周知,态势感知难以通过实验来测量[40],需要进行研究,以建立有用的态势感知模型,为设计提供信息,并将其纳入交通信息物理系统的控制算法中。

我们也可以谈谈交通信息物理系统本身的态势感知。交通信息物理系统使用传感器数据建立算法环境模型,然后使系统能够做出决策来执行操作。决策的能力和适当性与模型的质量直接相关:它是否包括所有相关参数;传感器测量是否足够全面、准确、频繁等。然而,在交通信息物理系统和人类之间的交互中,需要一个人类行为模型,并且必须可靠地启用情景感知的第三部分(关于决策范围的未来状态的预测)。缺乏令人满意的人类行为模型来纳入 SoS 和信息物理系统控制中,这一直是需要欧盟和美国研究人员优先考虑的一个重要研究要求[3,41],并且被许多人视为重要障碍从安全角度考虑部署信息物理系统。

研究和测试态势感知各个方面的仿真环境的开发应是当务之急,将这些环境形成可用于验证交通信息物理系统组件保证目的的测试台。

(2)治理 由于 SoS 在定义上包含由不同运营商运营的系统,因此有些人认为在决策和责任[42]方面存在隐含的模糊性。对于交通信息物理系统来说,责任[43]似乎是模糊的,但可以预见,人类必须承担责任。《道路车辆管理条例》围绕驾驶员的概念制定,但驾驶员的概念可能需要改变[1,44]。最有可能的是,这些问题将通过法律而不是优先研究来确定。但是,在某种程度上,可以通过功能分配(即信息物理系统与人之间的任务划分)来塑造情况。研究应从安全、保证信任、维护人类技能等角度,探讨交通信息物理系统中人的作用。然而,随着交通信息物理系统的发展和人类的期望和能力的改变,人们认识到这很可能是一个演进变化的问题,需要了解功能在不同情况下的含义。

10.4.4 交通信息物理系统验证

对于软件工程来说,正式验证涉及对软件中数学公式正确性的证明,但是对于信息物理系统,还必须验证物理方面(用不同的方式描述)。正如 Mosterman 和 Zander 所评论的[45],"信息物理系统的物理配置可能只在运行时确定"。交通信息物理系统是由动态环境中的混合系统组成的:在某些高级抽象中,这样的系统在体系结构上可以表示为一组系统类型的集合和交互,但是在特定级别上通常被验证为是有意义的。因此,验证是一项重大且尚未解决的挑战。实际上，传统的验证观点很可能甚至不能被认为与大型交通信息物理系统相关，因此需要进行研究以确定在这种情况下验证的含义。交通信息物理系统的验证问题有两个方面：首先，系统边界不明确，因此要验证的目标系统很难定义，而且通常（就实体数量而言）太大，无法采用传统的验证方法；其次，传统的验证假设环境是在不断变化的环境中配置的，但是对于交通信息物理系统来说，系统本身也在变化。

Zheng和Julien[46]回顾了目前信息物理系统开发人员所采用的验证方法，并得出结论，关于验证问题，不同社区之间几乎没有共同点，但建议未来的研究轨迹将仿真工具和模糊模型集成到验证方法中。

（1）将常规验证与仿真技术相结合　虽然基于模拟的验证是输入驱动的（如需要输入刺激来模拟系统输出），而常规验证则从输出（属性）开始来搜索输入，可能导致失败[47]，而结合这些方法被视为验证高度复杂系统[3]的一种可能策略。如果在设计周期的早期进行，建议正式试验床（第10.4.2节）可以降低设计检查的成本。使用联合试验床和可重复使用的模拟组件的组合方法，可以产生经济的验证方法。

（2）协同建模和协同仿真　常规模型与仿真相结合的一个必然结果是需要进行协同仿真，其适用性远胜于验证，尤其是开发设计过程的要求。信息物理系统的本质意味着某些模型将是离散事件，有些模型将是连续事件；协同仿真通过在它们之间交换信息来组合这些不同的模型（或模拟）。事实上，对于交通信息物理系统，可能有许多不同的模型，必须以可靠一致的方式组合在一起。协同建模和协同仿真是交通信息物理系统发展的重要领域，其中一些用于组合仿真的框架正在出现。

（3）测试和评估的演进方法　更根本的改变是考虑对交通信息物理系统进行持续测试。基于模型的设计和测试已经使用了一段时间。潜在的发展是改用数据驱动的模型，以便系统分析流数据来更新模型并预测未来的行为[48]。因此，可以根据当前状态采取控制措施，并且可以开发控制操作来提供系统的运行时验证，所需的研究将涉及模型和数据分析[49]。

10.4.5 用于控制的大数据分析和机器学习

如第 10.4.4 节所述，可以为交通信息物理系统的控制目的开发大数据分析；事实上，对大数据的分析已经被用于识别商业或社会趋势，并越来越多地用于为命令和控制目的提供态势感知，从而通过信息和通信技术（ICT）为交通信息物理系统控制奠定了基础。有效数据分析的另一个好处是机器学习，以便使用数据驱动模型不断改进（或更新）交通信息物理系统情境感知能力，来描述其环境甚至可能遇到的人类行为。在数据分析[50]方面有大量的研究工作，但是要使其受益于交通信息物理系统的具体方法需要进行研究。Sharma 和 Ivancic[51]提出大数据可以彻底改变信息物理系统中使用的模型，并提出了未来研究的领域；交通信息物理系统特别感兴趣的一个应用，如将特定车辆的数据与许多（所有）其他车辆进行比较，而不是使用预定义的模型，以便确定诸如维护之类的干预措施。

10.4.6 交通信息物理系统的操作范例

如第 10.2 节所述，由于每一项预测都对交通信息物理系统的运营模式做出假设（无论是在地方层面还是在国家层面），因此对交通信息物理系统的价值在对运营商、客户、环境等方面的益处进行了广泛的预测。对于城市交通，Lanctot[4]提出了各种以流动性即服务为导向的业务/运营模型，这实际上代表了人类与交通关系的一个显著变化，不仅是在运营方面，而且作为社会地位和金融投资或承诺的标志。未来交通运输的大多数模式都是由日益城市化的人口推动的，尽管经济合作与发展组织（OECD）估计，到 2030 年，城市化所占比例可能达到 60%，但仍有 40% 的人口不包括在这些交通模型中[52]。我们有理由假设，新的出行模式的动机在城市环境中更为重要，但是，仍然需要对不同出行方式的利弊有更好的了解。

上面的讨论集中在自动驾驶汽车上，但是如果包括其他模式，比如空运、海运和铁路运输，或者无人驾驶[53]的最后一公里运输，那么交通信息物理系统范例的可能性就会变得非常大。最终所采用的模型将主要由政治因素决定，但不同的范例推动了不同的基础设施要求和不同的商业模式，因此需要对交通信息物理系统的交易空间进行研究，为决策者提供最可靠的信息来创建最准确地反映他们战略目的的交通信息物理系统。

10.4.7 研究挑战总结

确定交通信息物理系统研究挑战的难点之一是所面临的挑战太多了。由于自动化和连接导致系统复杂性的大量增加，但也使一些传统的工程方法失效。同样，这项技术也有可能带来颠覆性的影响，因为它为交通运输提供了新的商业模式。就确保交通信息物理系统安全可靠所必须克服的挑战而言，当务之急是创建网络安全的系统，以及验证系统安全性和性能。在任何情况下，开发各种类型和组合的合适模型都是研究的重点。

10.5 交通信息物理系统研究人员的技能

第 10.4 节所述的研究挑战涵盖了科学、工程和社会科学的广泛学科。关于交通信息物理系统监管方面的问题表明，法律也是一个相关主题（对于某些机构，法律属于社会科学）。研究人员不能成为每个学科的专家，但是 Damm 和 Sztipanovits[54]认为，在欧洲和美国，目前的计算机科学教育对未来的信息物理系统工程师来说是不够的，需要包括更广泛学科的课程，特别是那些与人与信息物理系统交互有关的课程。更普遍地说，他们认为计算机科学和工程学课程必须结合物理世界的知识，而传统的工程学课程应该结合更多的信息世界的知识。鉴于目前几乎没有一个系统是不包含大量软件的，在工程学课程中包含更多的信息知识是势在必行的。因此，交通信息物理系统研究人员必须在其专业性的基础上发展更广泛的知识，但更一般地说，他们应该接受教育以具有整体观点，以便了解设计决策对信息物理系统的影响。对系统工程的实践理解是交通信息物理系统研究人员必须具备的基本能力，系统工程师[55]的属性也应该是交通信息物理系统研究人员的属性。

10.6　监管环境

合作研究的前提是有一个共同的目标,重要的是要了解欧盟和美国之间在部署自动驾驶汽车监管环境方面可能存在的差异。事实上,目前大西洋两岸的监管环境[1]有很多相似之处,但也存在一些分歧的风险。各国政府对这种需求保持警觉,并积极参与汽车行业的监管。欧洲正在着手修订《维也纳公约》[56],以确保自动驾驶车辆得到充分保障。该公约将纳入自动化级别,因此可以为交通信息物理系统的不同成熟度级别制定规则。这是一项迅速发展的活动,建议读者访问联合国欧洲经济委员会网站(unece.org),以了解目前的情况。美国政府意识到跨越国界的协同监管的必要性,并且有关联邦监管的工作正在进行中。同样,尽管德国和英国可能在欧洲监管的发展中处于领先地位,但人们认识到,各国之间的差异将是不明智的。

目前,要求人类驾驶员在必要时能够接管车辆是一项通用法规,但这可能在将来变得不合适,并且不会影响本章中确定的研究工作。海事船只一般须遵守两套规则(国内和国际)。尽管自主船只的发展正在迅速推进(例如,挪威计划在2018年部署有人驾驶的自主船只,2020年部署无人驾驶船只[57])。尽管迄今为止还没有制定出适应自动化的法规,但国际海事组织(International Maritime Organisation)正在从事一项这样的活动。

飞行汽车由国家航空当局管制,虽然关于自主飞行的问题已经讨论了好几年,但成为民用,创造一个令人满意的管制环境仍有一段路要走。迄今为止,私人车辆的重量和大小一直受到限制,在一些国家(例如英国),要求车辆只能在可视范围内飞行。政府认识到无人驾驶飞行器的商业利益和安全风险,并且正在制定适当的国家监管框架。在陆、海、空三个领域中,监管要求不同的风险最为显著的是空域。

总体而言,尽管英国、欧盟和美国之间可能存在不同的监管要求,但它们不太可能影响本章提出的研究议程或对研究产生重大影响,但操作范例除外(第10.4.6节)。

10.7 合作机遇

本章的研究重点主要来自两个地平线 2020 项目：ROAD2CPS（协议号 644164）[37]和 TAMS4CPS（协议号 644821）[3]，两者都涉及确定研究重点，并且后者专门寻求确定欧盟与美国之间的合作研究议程。已经预先确定，最主要的合作是信息物理系统的建模和模拟，并确定了以下七个研究主题：

- 信息物理系统测试床。
- 在信息物理系统的建模和模拟中包含人为因素。
- 开放性模型互操作性框架。
- 将安全架构特征结合到信息物理系统模型中。
- 结合常规验证和仿真技术。
- 一种测试和评估适应性/弹性信息物理系统的进化方法。
- 通过机器学习建立大数据分析模型。

关于这些主题的完整细节可以在项目的电子书[3]中找到。

然而，关于交通信息物理系统，出现了一个具有特殊意义的项目，它将充分利用跨大西洋合作带来的好处。欧洲和美国的交通文化各不相同。传统上，欧洲往往更重视公共交通，而对于美国，私人交通则更为重要，尤其是在城市。这可能导致交通信息物理系统在治理、监管和集成方面采用不同的方法。一个富有成果的合作领域将是比较欧洲和美国之间的案例研究，特别是智慧城市的案例研究（随着它们的发展）。这还将产生一组更丰富的数据，用于测量交通信息物理系统模型。

10.8 结论

全球范围内正在对信息物理系统进行大量研究，交通信息物理系统作为智慧城市发展的基础，备受关注。本文必然只考虑了非常有限的一组参考文献，而且主要集中在汽车运输方面，只有少数关于航空和海洋车辆的评论。基础设施方面考虑较少，完全忽略了空间资源，即使它们是实现交通信息物理系统许多方面的基础。

第 10.4 节确定了几个关键的研究挑战，优先研究项目是那些处理信息物理安全、信息物理系统验证和在信息物理系统模型中包含人为模型的项目。这是因为与这些复杂性较低的系统相比，交通信息物理系统的特征在功能上造成了最明显的差距。SoS（其中各个系统独立运行）、通过互联网及其他联接的高度连通性（多对多）、各个系统的高度自治，以及需要直接交互的人类环境的部署，所有这些均会带来重大影响，不确定性和复杂程度超过现有建模技术的能力。所确定的挑战必须在短期内针对当前的自动化水平加以解决，而从长远来看，更高的自动化水平被认为是可能的。

对未来出行的运行结构有很多猜测，毫无疑问，由于信息物理系统新的结构将会出现，并且不一定会有通用结构，本文确定的研究挑战将与未来的结构相关；然而，根据采用的交通信息物理系统模型，研究成果的具体实现可能会非常不同。

致　　谢

作者感谢 TAMS4CPS 和 ROAD2CPS 项目成员的贡献，特别是 Sabine Hafner-Zimmermann 博士、Luminita Ciocoiu 博士、Lipika Deka 博士、Sofia Ahlberg-Pilfold 博士和 Zoe Andrews 博士。其中一些工作得到欧洲委员会的支持（批准号为 644821 和 644164）。

参 考 文 献

[1] Norton Rose Fulbright Whitepaper, Autonomous Vehicles. The Legal Landscape in the US and Germany, 2016.
[2] N. Vickery, Autonomous Vehicles in Logistics: What Are the Impacts? Cerasis, 2017. Available at: http://cerasis.com/2017/05/24/autonomous-vehicles-in-logistics/. (Accessed on 14/04/2018).

[3] S. Hafner-zimmermann, M.J.D.C. Henshaw, The Future of Trans-Atlantic Collaboration in Modelling and Simulation of Cyber-Physical Systems a Strategic Research Agenda for Collaboration, Steinbeis-Edition, Stuttgart, 2017. Available at: http://www.tams4cps.eu/wp-content/uploads/2017/02/TAMS4CPS-SRAC-publication_2017.pdf. (Accessed on 14/04/2018).

[4] R. Lanctot, Accelerating the Future: The Economic Impact of the Emerging Passenger Economy Autonomous, 2017. Autonomous Vehicle Service. Available at: www.strategyanalytics.com. (Accessed on 14/04/2018).

[5] Economist Leader, Uberworld - The World's Most Valuable Startup is Leading the Race to Transform the Future of Transport, The Economist, 3rd September 2016. Available at: https://www.economist.com/news/leaders/21706258-worlds-most-valuable-startup-leading-race-transform-future. (Accessed on 03/04/18).

[6] T. Bindi, AV Predictions Premature: Toyota, ZDNet, 25 October 2017. http://www.zdnet.com/article/autonomous-vehicle-predictions-are-premature-toyota/. (Accessed on 03/04/18).

[7] T. Litman, Autonomous vehicle implementation predictions: implications for transport planning, in: Transportation Research Board Annual Meeting, 2014, https://doi.org/10.1613/jair.301. (Accessed on 14/04/2018).

[8] D. Talbot, The Shape of Things to Come: Experts on Future Transport in 2017, InMotion: Insight & Vision, January 2017. Available at: https://www.inmotionventures.com/experts-predict-future-transport-2017/. (Accessed on 03/04/18).

[9] J. Kornwitz, The Cybersecurity Risk of Self-Driving Cars, 2017. Available at: https://phys.org/news/2017-02-cybersecurity-self-driving-cars.html. (Accessed on 14/04/2018).

[10] S. Pillath, Automated Vehicles in the EU, 2016. Brussels. Available at: http://www.europarl.europa.eu/RegData/etudes/BRIE/2016/573902/EPRS_BRI(2016)573902_EN.pdf. (Accessed on 14/04/2018).

[11] G. Corera, If 2017 Could be Described as "Cyber-Geddon", What Will 2018 Bring? BBC News Website, 30 December, 2017. Available at: http://www.bbc.co.uk/news/technology-42338716. (Accessed on 31/12/17).

[12] N. Thomopoulos, M. Givoni, The autonomous car—a blessing or a curse for the future of low carbon mobility? An exploration of likely vs. desirable outcomes, European Journal of Futures Research 3 (1) (2015) 14, https://doi.org/10.1007/s40309-015-0071-z.

[13] S. Shladover, D. Su, X.-Y. Lu, Impacts of cooperative adaptive cruise control on freeway traffic flow, Transportation Research Record: Journal of the Transportation Research Board (2012) 63−70, https://doi.org/10.3141/2324-08.

[14] UK DfT, 'Unlocking the UK's High Tech Economy: Consultation on the Safe Use of Drones in the UK Government Response Government Response, July 2017.

[15] Society of Automotive Engineers, Taxonomy and Definitions for Terms Related to Driving Automation Systems for On-Road Motor Vehicles, 2014. Available at: http://standards.sae.org/j3016_201609/. (Accessed on 03/04/18).

[16] M. Sivak, B. Schoettle, Should We Require Licensing Tests and Graduated Licensing for Self-Driving Vehicles?, 2015. Michigan. doi: Report No. UMTRI-2015-33.

[17] I. Asimov, I, Robot, Gnome Press, US, 1950.

[18] B. Clark, G. Parkhurst, M. Ricci, Understanding the Socioeconomic Adoption Scenarios for Autonomous Vehicles: A Literature Review Ben, 2016. Bristol. Available at: http://eprints.uwe.ac.uk/29134/1/Venturer-LitReview-5-1-Report-Final.pdf. (Accessed on 14/

04/2018).
[19] Economic Commission for Europe, Convention on Road Traffic, 1993. Available at: http://www.unece.org/fileadmin/DAM/trans/conventn/crt1968e.pdf. (Accessed on 14/04/2018).
[20] EU, G7 Declaration on Automated and Connected Driving, European Commission Announcements, 2015. Available at: https://ec.europa.eu/commission/commissioners/2014-2019/bulc/announcements/g7-declaration-automated-and-connected-driving_en. (Accessed on 14/04/2018).
[21] M.J.D.C. Henshaw, Systems of systems, cyber-physical systems, the internet-of-things…whatever next? Insight 19 (3) (2016) 51−54.
[22] E. Lee, The past, present and future of cyber-physical systems: a focus on models, Sensors 15 (3) (2015) 4837−4869, https://doi.org/10.3390/s150304837. (Accessed on 14/04/2018).
[23] M.W. Maier, Architecting principles for systems-of-systems, Systems Engineering 1 (4) (1998) 267−284, https://doi.org/10.1002/(SICI)1520-6858(1998)1:4<267::AID-SYS3>3.0.CO;2-D. (Accessed on 14/04/2018).
[24] Which-50 Staff Authors, IoT Connected Devices to Reach 20. 4 Billion by 2020, Says Gartner, Which-50, February 2017. Available at: https://which-50.com/iot-connected-devices-reach-20-4-billion-2020-says-gartner/. (Accessed on 03/04/18).
[25] L. Mearian, Update: Chrysler Recalls 1.4M Vehicles After Jeep Hack, Computerworld, July 2015, pp. 2014−2016. Available at: https://www.computerworld.com/article/2952186/mobile-security/chrysler-recalls-14m-vehicles-after-jeep-hack.html. (Accessed on 03/04/18).
[26] G. Loukas, Cyber-Physical Attacks − A Growing Invisible Threat, Elsevier, Kidlington, 2015.
[27] C. Ruckriegel, Report on the Road2CPS Roadmapping Workshop − Paris 24th June 2015, 2015. Stuttgart. Available at: http://road2cps.eu/events/wp-content/uploads/2015/12/Road2CPS-WP2_Roadmapping-WS-Paris_2015-06-24-Report-V11-Public-Version.pdf. (Accessed on 14/04/2018).
[28] A. Sajid, H. Abbas, K. Saleem, Cloud-assisted IoT-based SCADA systems security: a review of the state of the art and future challenges, IEEE Access 4 (2016), https://doi.org/10.1109/ACCESS.2016.2549047. (Accessed on 14/04/2018). Special Section on the Plethora of Research in Internet of Things (IoT).
[29] C.B. Keating, Emergence in system of systems, in: M. Jamshidi (Ed.), System of Systems Engineering, John Wiley & Sons, Hoboken, NJ, USA, 2008, https://doi.org/10.1002/9780470403501.ch7. (Accessed on 14/04/2018).
[30] B.S. Blanchard, W.J. Fabryscy, Systems Engineering and Analysis, fifth ed., Pearson Education, 2013.
[31] NCOIC, NCOIC Interoperability Framework NCOIC Patterns Overview, 2008. Available at: https://www.ncoic.org/images/technology/NIF_Pattern_Overview.pdf. (Accessed on 14/04/2018).
[32] European Commission ISA2, Interoperability Test Bed, 2017. Available at: https://ec.europa.eu/isa2/solutions/interoperability-test-bed_en. (Accessed on 14/04/2018).
[33] J. Mervis, Not so fast, Science 358 (6369) (2017) 1370−1374. Available at: http://science.sciencemag.org/content/358/6369/1370. (Accessed on 14/04/2018).
[34] V. Gowadia, et al., Secure cross-domain data sharing architecture for crisis management, in: Proceedings of the Tenth Annual ACM Workshop on Digital Rights Management −

DRM'10, 2010, p. 43, https://doi.org/10.1145/1866870.1866879. (Accessed on 14/04/2018).
[35] P.S. Kumar, W. Emfinger, G. Karsai, A testbed to simulate and analyze resilient cyber-physical systems, in: Proceedings — IEEE International Symposium on Rapid System Prototyping, RSP, February 2016, pp. 97−103, https://doi.org/10.1109/RSP.2015.7416553. (Accessed on 14/04/2018).
[36] T.M. Anandan, The Shrinking Footprint of Robot Safety, RIA Robotics Online, 2014. Available at: https://www.robotics.org/content-detail.cfm/Industrial-Robotics-Industry-Insights/The-Shrinking-Footprint-of-Robot-Safety/content_id/5059. (Accessed on 14/04/2018).
[37] M. Reimann, et al., in: M. Reimann, C. Ruckriegel (Eds.), Road2CPS Priorities and Recommendations for Research and Innovation in Cyber-Physical Systems, Steinbeis-Edition, Stuttgart, 2017.
[38] European Parliament Research Service, Ethical Aspects of Cyber Physical Systems, 2016, https://doi.org/10.1007/978-0-387-09834-0. (Accessed on 14/04/2018). Brussels.
[39] M.R. Endsley, Toward a theory of situation awareness in dynamic systems, Human Factors: The Journal of the Human Factors and Ergonomics Society 37 (1) (1995) 32−64, https://doi.org/10.1518/001872095779049543. (Accessed on 14/04/2018).
[40] P.M. Salmon, N.A. Stanton, G.H. Walker, Measuring situation awareness in complex systems: comparison of measures study, International Journal of Industrial Ergonomics 39 (3) (2009) 490−500, https://doi.org/10.1016/j.ergon.2008.10.010. (Accessed on 14/04/2018).
[41] M. Henshaw, et al., The Systems of Systems Engineering Strategic Research Agenda Systems of Systems Engineering, 2013. Brussels. Available at: https://www.tareasos.eu/docs/pb/SRA_Issue2.pdf. (Accessed on 14/04/2018).
[42] C. Siemieniuch, M.A. Sinclair, Extending systems ergonomics thinking to accomodate the socio-technical issues of systems of systems, Applied Ergonomics 45 (10) (2013) 1016.
[43] Digital Transformation Monitor, Autonomous Cars: A Big Opportunity for European Industry, January 2017, p. 6. Available at: https://ec.europa.eu/growth/tools-databases/dem/monitor/sites/default/files/DTM_Autonomous cars v1.pdf. (Accessed on 03/04/18).
[44] Department of Transport, The Pathway to Driverless Cars, 2015. Available at: https://www.gov.uk/government/uploads/system/uploads/attachment_data/file/446316/pathway-driverless-cars.pdf. (Accessed on 03/04/18).
[45] P.J. Mosterman, J. Zander, Cyber-physical systems challenges: a needs analysis for collaborating embedded software systems, Software and Systems Modeling 15 (1) (2015) 5−16, https://doi.org/10.1007/s10270-015-0469-x. (Accessed on 14/04/2018). Springer Berlin Heidelberg.
[46] X. Zheng, C. Julien, Verification and validation in cyber physical systems: research challenges and a way forward, in: 2015 IEEE/ACM 1st International Workshop on Software Engineering for Smart Cyber-Physical Systems, 2015, pp. 15−18, https://doi.org/10.1109/SEsCPS.2015.11. (Accessed on 14/04/2018).
[47] W.K. Lam, Simulation-based verification versus formal verification, in: Hardware Design Verification: Simulation and Formal Method-Based Approaches, Prentice Hall, 2005.
[48] J. Fitzgerald, K. Pierce, P.G. Larsen, Co-modelling and co-simulation in the engineering of systems of cyber-physical systems, in: Proceedings of the 9th International Conference on System of Systems Engineering: The Socio-Technical Perspective, SoSE 2014, 2014, pp. 67−72, https://doi.org/10.1109/SYSOSE.2014.6892465. (Accessed on 14/04/2018).

[49] L. Guo, et al., Metronomy: a function-architecture co-simulation framework for timing verification of cyber-physical systems, in: International Conference on Hardware/Software Codesign and System Synthesis, CODES+ISSS 2014, ACM Special Interest Group on Design Automation, 2014, https://doi.org/10.1145/2656075.2656093. (Accessed on 14/04/2018).

[50] U. Sivarajah, et al., Critical analysis of Big Data challenges and analytical methods, Journal of Business Research 70 (2017) 263−286, https://doi.org/10.1016/j.jbusres.2016.08.001. (Accessed on 14/04/2018). The Authors.

[51] A. Sharma, F. Ivančić, Modeling and analytics for cyber-physical systems in the age of big data, ACM Sigmetrics 41 (4) (2014) 74−77, https://doi.org/10.1145/2627534.2627558. (Accessed on 14/04/2018).

[52] OECD, OECD Environmental Outlook to 2030, 2008. Available at: https://doi.org/10.1787/9789264040519-en. (Accessed on 14/04/2018).

[53] D. Wang, The economics of drone delivery, Guest Post, IEEE Spectrum, 5 (January 2016). Available at: https://spectrum.ieee.org/automaton/robotics/drones/the-economics-of-drone-delivery. (Accessed on 03/04/18).

[54] W. Damm, et al., CPS Summit: Action Plan: Towards a Cross-Cutting Science of CPS for Mastering All-Important Engineering Challenges, 2016, p. 2016.

[55] NASA, The Art and Science of Systems Engineering, 2009. Available at: https://www.nasa.gov/pdf/311199main_Art_and_Sci_of_SE_SHORT_1_20_09.pdf. (Accessed on 14/04/2018).

[56] L.S. Lutz, Automated Vehicles in the EU: Proposals to Amend the Type Approval Framework and Regulation of Driver Conduct, Casualty Matters International, 2016, p. 8.

[57] M.F. Merlie, Autonomous Ships: Are Regulations Being Left in Their Wake? Int. Inst. of Marine Surveying, 2017. Available at: https://www.iims.org.uk/autonomous-ships-regulations-left-wake/. (Accessed on 14/04/2018).

第 11 章
交通信息物理系统的未来——智慧城市

Kakan Dey[1], Ryan Fries[2], Shofiq Ahmed[1]
1　美国西弗吉尼亚州，西维吉尼亚大学土木与环境工程系
2　美国伊利诺伊州，南伊利诺伊大学土木工程系

11.1　什么是智慧城市

"智慧城市"是通过将互联的数字化基础设施和服务系统（比如出行系统、医疗、能源设施、公共安全）通过不同的通信技术、实时数据采集设备、数据分析和智能化平台等进行整合，以提高城市服务效率和居民生活质量。在智慧城市中，通信基础设施、计算资源、传感基础设施和数据分析基础设施（称为物联网）构建了信息物理系统（CPS）的基本框架，支撑经济、政治、社会、文化和城市活动正常运行[1]。图 11.1 描述了智慧城市的组成，其中包括智能交通。根据系统的部署成本、可用资金和技术成熟度，可以实现

第 11 章 | 交通信息物理系统的未来——智慧城市

智慧城市基础设施和服务系统的任意组合[2]。智慧城市系统的成功部署应用依赖于革新技术的应用、开发部署和运营过程中广泛充分的交流协商、动态领导和高效的资源管理[3-4]。根据所能获取的资源，世界许多城市都在规划建设不同规模的智慧城市项目。图 11.2 总结了部分城市的智慧城市基础设施和服务系统。民营领域的创新是推动智慧城市发展的主要力量，政府和民营组织相互配合加速智慧城市建设部署和革新发展，11.5.4 节将介绍美国交通部支持的"智慧城市挑战"项目[5]。

▶ 图 11.1 智慧城市组成示意图[2]

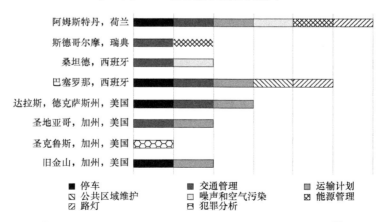

▶ 图 11.2 部分城市的智慧城市基础设施与服务系统[6]

11.2 智慧城市主要特征

如前文所述,不同智慧城市基础设施和服务系统的功能是不同的,但它们也有许多共同的特点。下面将讨论几个主要特性。

11.2.1 智慧/智能传感设施

智能传感设施是智慧城市系统的关键部件,例如能源、交通、建筑、医疗、环境和公共安全等。智慧城市系统中应用了多种传感器技术,主要用于实时监测系统特征。分布式传感器网络的数据用于判断系统的当前运行状态,例如交通走廊或者城市路网的道路交通状态等。

在交通系统中,应用了多种传感器来完成不同的任务,以下列出一些常用的传感器:

1)线圈:用于测量交通流,车辆通行状态、速度、车辆类型和交通事故检测[7]。

2)微波雷达:用于检测车辆流量、速度和有无车辆通行,车载雷达也支持障碍物探测和自动巡航控制[8]。

3)红外传感器:用于测量车辆的反射能量,识别车辆类型和车辆特性[8]。

4)专用短程通信(DSRC)无线电:一种双向的车与车(V2V)通信技术,可以将车辆关键安全信息共享给附近的车辆[9]。

5)摄像头:与交通信号一起用于交通监控(例如状态检测和红灯合规监控)。基于视觉支持的摄像机用于检测车辆,甚至用于自动驾驶车辆的障碍物检测。

6)光探测和测距(激光雷达):用于自动驾驶车辆障碍物(其他车辆、行人、道路固定物)检测,并在道路复杂环境中进行导航,保证安全行驶[10]。

智慧城市其他系统用的传感器如下。

1)智慧建筑系统传感器:

① 可变玻璃幕墙,用电控制窗户,改变阳光的穿透量[11]。

② 照明控制，使用自动遮阳系统来感知自然光，并在不需要时减少使用人工照明。这有许多照明控制解决方案，如 Gamma 照明控制[12]、自动化照明和阴影控制系统[13]。

2）智慧能源网络传感器：

① 智能电表将不常用的消耗和使用数据传输到控制中心，以获得适当的响应[14]。

② 关卡设备安装在电源线上，在中断的情况下发送详细的状态消息[15]。

③ 天气传感器用于监测天气状况和传输线的温度[14]。

3）智慧供水调度系统传感器：

① 自动智能水表与智能电表类似，这些水表可以监测耗水量，并将异常耗水量通知控制中心。

② 压力表用于监测管道的状况，识别预防性维护和防止破损[16]。

③ 温度传感器用于监测水温，检测可能的破损并通知控制中心[16]。

11.2.2 大数据基础设施和数据分析能力

智能系统由于配备了大量的传感器来监控不同系统组件的运行状态，会产生大量的不同格式数据（如文本数据、视频数据、结构化或非结构化数据），因此大数据基础设施和数据分析工具是智慧城市基础设施的重要组成部分，通过采集分析数据实现智能化。大数据和数据分析系统可以分为三个阶段[17]：①数据生成和获取，收集具有不同时空特征的异构数据；②数据管理和处理，包括数据分析和基于数据分析的决策；③应用，包括所获取知识所做的初始动作。许多城市已经在建设部署云基础设施，对智慧城市各种基础设施系统数据进行存储、处理，开发辅助决策。

人工智能（AI）基于数据分析的解决方案已经被广泛应用于大数据分析，即利用人工智能算法开发数据驱动的模型，在大量可用数据中发现有效的模式。很多公司（例如在线购物网站、信用卡公司、金融和投资公司）都在利用 AI 进行大数据分析，并且基于分析进行实时决策。例如，INRIX 利用大数据驱动的分析技术进行人口分析，使用大量的匿名移动电话和全球定位系统设备数据点进行交通运行的分析。伦敦的交通管理使用这个分析平台来进行实时交通流和交通密度监测,进行实时交通管理和规划决策[18]。所有智慧城市项目都必须考虑大数据问题带来的挑战,并不是所有的城市都有足够的经验和资源,云计算供应商们会提供一些大数据存储和分析平台,比如亚马逊[19]和微软[20],是目前全球最知名和应用最广泛的云服务供应商,可以为智慧城市提供可部署的解决方案。关于大数据基础设施和数据管理工具的更详细信息,请参考第6章。

11.2.3 通信技术

智慧城市的特点是在分布式网络中安装部署大量不同类型的传感器,用于监控流量、收集天气数据,或用于对能源网络进行监控。可靠的通信技术和网络基础设施是连接大量传感器并收集数据信息的关键,根据传感器与关键基础设施组件之间距离、吞吐量和时延的要求,就需要根据具体需求使用不同的通信技术,这些技术可能包括有线和无线通信的组合。以下简要介绍几种关键的通信技术。

1. 光纤网络

光纤是通信网络中应用最广泛的骨干通信基础设施。光纤是利用光脉冲将信息从一个地方传输到另一个地方,使用光纤的优点是高带宽、低衰减、低干扰、高安全性和长距离传输的高可靠性[21]。

2. Wi-Fi 无线通信

智慧城市也在部署应用基于 Wi-Fi 无线通信基础设施来连接它们的基础设施,比如,纽约 Linknyc 项目计划在旧电话亭安装 500G 流量的免费 Wi-Fi,这些电话亭也将作为充电站为市民提供服务[22]。然而,Wi-Fi 通信有自身的缺点,比如覆盖范围有限、宽带范围限制在 25~200Mbps 之间。在智能交通系统基础设施中,Wi-Fi 网络被应用于车与车、车与智能基础设施(如路灯、信号灯等)的连接。

3. 移动通信

随着智能手机技术普及和蜂窝通信技术的演进(3G→4G→LTE→5G),

蜂窝通信设施在智慧城市中扮演着至关重要的角色[23]。蜂窝网络覆盖范围广、带宽大，许多创新的交通服务如拼车服务（如 Uber、Lyft）、导航、娱乐等服务都需要蜂窝网络进行跟踪定位。网联式自动驾驶车辆（CAV）依靠 V2V 通信来完成相关功能，这就需要一个快速、可靠、低延时、广域的网络系统提供支撑，那么 5G 可能成为未来交通系统的关键通信平台。尽管 5G 在 CAV 领域的应用还处于研发阶段，但在实验测试中的性能是有前途的，5G 的时延在 0.001~0.01s 之间，这满足 CAV 0.02~1s 的时延要求[24]。

4. 专用短程通信（DSRC）

DSRC 是一种中短程无线通信技术，主要应用于智能交通系统（ITS）中[25]。它是实现低延迟和高数据传输任务的关键通信技术之一，可以应用于网联汽车 V2V 的安全应用。可指定许可宽带、快速网络采集、低时延、高可靠性和互操作性是 DSRC 通信的关键特性。

智慧城市机构须根据智慧城市应用需求，对不同通信方式进行评估，最终确定合适的性能指标（例如，通信范围、带宽、时延、成本），表 11.1 对这些不同的通信技术的特征进行了比较分析。

表 11.1 不同通信技术的特性比较

通信方式		范围	带宽	数据传输速度	备注
光纤有线通信		不适用	190~200THz[26]	10~1000Gb/s[26]	速度最快
Wi-Fi		46~92m[31]	2.4~60GHz[30]	0.011~1Gb/s[30]	相对更快，对用户更友好
蜂窝通信	3G	取决于承载网络	1~5MHz[27]	3~15Mb/s[27]	版本较老
	4G		10~20MHz[27]	50~100Mb/s[30]	比 3G 传输速度快，时延低
	LTE		最高 100MHz[27]	>300Mb/s[27]	先进版本
	5G	>5km	100GHz[32]	1~10Gb/s[34]	将是最可靠的无线通信技术[35]
专用短程无线通信 DSRC		30~300m[29]	5~6GHz[29]	3~54Mb/s[28]	应用于 V2I 和 V2V

11.3 智慧城市系统

虽然智慧城市最初的目标是提供智能交通服务，但是现在智慧城市的概念已经得到了延伸，城市其他基础设施和服务系统也成了智慧城市的组成部分，智慧城市系统已经成为一个真正的"系统之系统（SoS）"。根据 Popper 等人的观点[36]，SoS 是一个面向任务或专用系统的集合，把资源和能力汇聚在一起，以获得一个新的、更复杂的"元系统"，与简单地将系统汇集在一起相比，SoS 提供了更多的功能和更好的性能。由于不同的 SoS 组件之间存在大量的交互作用，本节将从 SoS 的角度，介绍智慧城市主要的基础设施和服务系统。

11.3.1 交通系统

交通信息物理系统（TCPS）是智慧城市中最关键和分布式的基础设施，为提供安全、高效、可靠的货运和客运运输服务，现代交通运输系统已经发展成为一个灵活和智能化的平台，该系统需要 V2V、V2H（车与人）和 V2I 等技术的支撑，以及不同等级的无人驾驶汽车、通信和计算基础设施。智能交通系统总体示意图如图 11.3 所示，智能交通系统的主要组成包括以下几个方面。

➤ 图 11.3　智能交通系统总体示意图[37]（IoV，车联网）

1. 智能汽车

虽然传统车辆配备了数百个电子设备，形成了车内的信息物理系统，但是车辆无法与其他车辆或交通设施进行通信交流，先进的车辆模型会配备更多的传感器来保证车的安全性和机动性[38]，这些功能包括紧急制动系统、盲点报警系统、自适应巡航控制系统、后方横向交通预警系统、车道偏离预警系统等，这些功能显著提高了车辆的安全性和机动性。除了这些功能，一些高端车型使用云服务来支撑车辆驾驶辅助系统[39,40]，比如宝马网联应用程序将基于云的实时交通信息发送给车辆，提供预测性的旅行时间数据，以便进行调度和规划。这个应用还可以自动存储驾驶员的出行模式（例如，每天早上8点上班、下午2点接孩子）、起始点和目的地，以最大化提升用户体验。

随着技术的发展，专家预测自动驾驶汽车在未来十年内的需求将越来越大[42]，自动驾驶汽车融合多种传感技术（如激光雷达、摄像头）、导航系统、运动规划算法和控制系统等，可以用于无人驾驶的乘客和货物运输[43]。传感器可以识别车辆行进路线上的任何障碍物，导航系统可以从起始点到达目的地进行路径规划，路径规划系统综合利用传感器的输出信息和路径规划结果制订详细的路径。例如，路径规划可以根据其他车辆的位置信息、感知的障碍物和通往目的地的路线，提供详细的行车建议，包括车道保持、变道、制动、加速、转弯等细节信息。现在的自动驾驶车辆并不依赖于V2V和V2I通信，预计未来这些功能将是自动驾驶车辆感知周围环境信息的重要方式，这些环境信息单纯靠车辆感知系统是无法收集到的。除了车上应用先进技术之外，路测的交通基础设施通过部署安装一些新型设备来感知、采集信息，开发相应的交通系统，以提高安全性、机动性和环境性能，详见下一小节。

2. 智能交通设施

除了基于车辆的先进技术，交通基础设施也在发生变化。交通基础设施运营管理机构已经部署了感知、采集设备，提供交通系统级的状态评估和预测技术，以提高交通的安全性、机动性和环境性能，智能交通基础设施部署安装将加快自动驾驶、网联汽车的发展。许多城市和地区已采取多种方式部署智能交通基础设施，如电子收费系统、自适应信号控制、智能路灯等。电子收费系统已在世界各地部署，以减少拥堵，让车辆快速通过收费站，图 11.4 为一个典型的电子收费系统示例，包括六个主要部分（编号①-⑥）。当车辆进入收费站被激光束检测到时，①进入收费区和触发收发器；②收发器与车载应答机建立联系，获取日期、时间和通行费等信息；③摄像头拍摄车前牌照，车辆通过第二道激光束；④触发第二个摄像头；⑤第二个摄像头拍摄车尾牌照；⑥最后从驾驶员的账户中扣款，或者通过其他方式，如网站或银行支付。

▶ 图 11.4　电子收费系统示例[44]

注：来自于https://www.pcb.its.dot.gov/eprimer/module8.aspx#fn10.

3. 智慧云服务

基于云的交通服务已经有很多应用（例如 Waze 路径规划），并将在所有智慧城市基础设施和服务系统中扮演关键角色。智能汽车和基础设施中的传感器采集到的大量数据，需要巨大的计算资源，这可以由云服务提供支持。云计算已经应用于存储、处理和分析各类交通数据（如车辆状态数据、天气和路况数据、实时交通信号相位数据、社交媒体数据）[45]。当前云计算也应用于许多交通应用程序中，例如自适应信号操作、实时交通状况评估和预测应用[46]。宝马推出了智能手机应用（App）"Enlighten"，向选定车型的驾驶员传递实时的交通信号信息，该应用程序通过云基础设施城市交通管理系统的数据进行融合,和驾驶员共享特定路段的交通信号数据[47]。通过使用智能手机上的全球定位系统应用程序精确定位任何即将到来的信号,并分析车辆与信号之间的距离。有了这些信息,应用程序会告知驾驶员是否可以保持相同速度行驶,或者是否需要减速。"Enlighten"通过使用基于云服务的数据收集、处理和分析,实现无压力驾驶。

4. 下一代航空运输系统

除了地面运输系统外,航空和水路运输系统是长途客运和货运的两种主要运输方式。由于速度快、高可靠和高安全记录,越来越多的人选择航空运输进行长途旅行。航空运输需求的空前增长,导致世界各地的主要机场都面临运力不足的问题。20 世纪,航空运输系统的现代化较低,不能满足日益增长的需求。为了解决这个问题,美国一直在领导开发和部署下一代航空运输系统(Next Gen)和相关的信息物理系统基础设施。2003 年,美国交通部联合规划和发展办公室(JPDO)负责牵头制定 Next Gen 的运营概念[48],核心目标是按需提供灵活的航空运输能力,包括安全管理和缓解环境的影响,如空气质量和飞机噪声。Next Gen 到 2025 年的目标是:①降低成本;②减少旅行时间和提高可靠性;③满足未来的出行需求和期望;④提升航空运输安全,提升美国和世界范围内航空运输系统安保水平;⑤减轻大气污染和其他破坏;⑥降低噪声,减少油耗和排放;⑦防止未来的威胁。

根据 JPDO,Next Gen 项目有九个主要功能[48]:①航空运输安全;②协作流应急管理;③高效轨迹管理;④合作能力管理;⑤灵活的隔离管理;⑥改善的环境表现;⑦改进的安全运营;⑧灵活的机场设施和坡道操作;⑨集成的 Next Gen 信息。为了实现这些功能,Next Gen 项目运行信息物理系统分为五个子系统,每个子系统有相应的功能来支持完成 Next Gen 的所有目标[49]。Next Gen 主要的功能如图 11.5 所示。

Next Gen 信息物理系统的发展和部署主要取决于飞机运行和服务、机场服务、安全管理中心、航空交通管理控制中心和整体保安服务之间的协作和沟通。图 11.6 展示了 Next Gen 系统不同的服务域和组件。

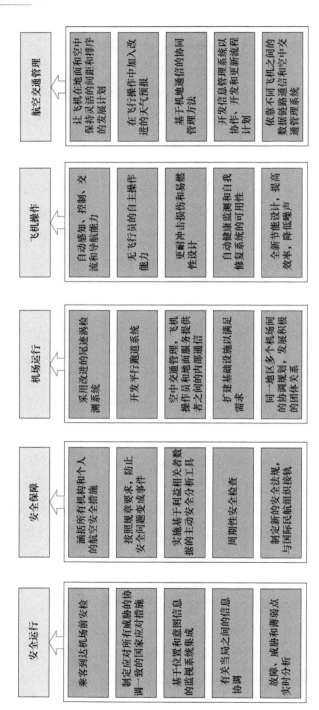

图 11.5　Next Gen 的运行，包括子项目和功能[49]

第 11 章 交通信息物理系统的未来——智慧城市

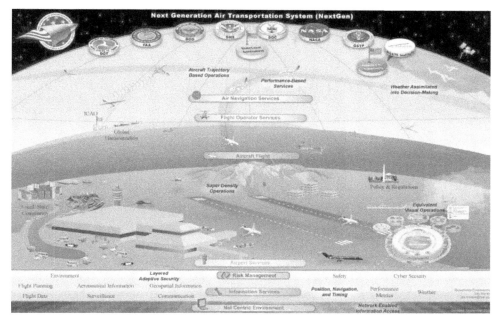

> 图 11.6 Next Gen 服务模型[48]

11.3.2 能源设施

能源基础设施是保障智慧城市所有基础设施实现正常运行的最关键系统之一，因此，能源信息物理系统的智能、弹性和高效运行对智慧城市的繁荣发展至关重要[50]。新兴的智能微电网技术将有助于提高能源效率，德国的维尔德波尔茨里德（Wildpoldsried）的智能微电网是智慧能源系统的一个案例[51]，通过多种能源（如太阳能电池板、风力发电和沼气）的综合利用，该能源系统能够生产超过 5 倍的能源需求。在美国，亚利桑那州公共服务（APS）已经开始了一个试点项目，在 1600 户家庭的屋顶上安装双向微电网太阳能电池板，以产生 10MW 的可再生能源，这个项目是 APS 和西门子的合作项目，每个家庭都将因为向公用系统提供多余的电力而获得收益[52]。

由于运输部门一直被认为是能源消耗的主要部门之一，也是温室气体排放的主要来源[53]，为了减少运输部门对环境的影响，交通电动化是许多工业化国家的一个主要发展趋势，例如，英国提议在 2040 年之前禁止销售新的汽油和柴油车[54]，法国、印度、德国和中国等国也考虑过类似的提议。交通电动化促进了环境友好型电动汽车的发展，电动汽车可以大规模减少车辆的碳排放。尽管电动汽车在运行过程中不排放任何温室气体，但发电厂应该更高效节能，在智慧能源电网系统中使用更多的绿色能源，以减少整个交通运输的碳排放。

智慧电网技术通过与其他基础设施（如电动汽车无线充电设施）通信，为智慧城市系统带来新的维度。一些城市和州甚至考虑将路灯用作电动汽车的充电站[55,56]。未来一些革新的理念，例如车辆到电网的双向能量流可能会是一个新兴的服务，这一服务不仅包括电动汽车通过电网进行充电，电动汽车也可以在电网需求高峰时将电从电动汽车回流到电网。例如，德克萨斯州最大的电力分销和传输公司 Oncor，推出了一款智能太阳能微电网平台，平台有四个独立运行的微电网组件，还可以自我诊断任何故障（例如发电机故障），并可以随时重新配置，自动通知用户[57]。为了便于管理，采用了分布式管理系统来连接系统的各个子域。在智慧电网的概念中，通信网络是能源基础设施的核心。图 11.7 为智慧电网的网络架构示例。

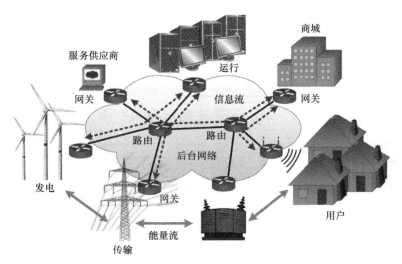

▶ 图 11.7　智能电网的网络架构[58]

11.3.3 公共安全

城市向公众提供核心安全服务是至关重要的。这些服务包括安全监测和巡逻、票务、犯罪侦查和刑事拘留等。智慧城市可以将这些单独服务进行整合提升,最终提供给公众,在整合这些实时信息的基础上,提升安全监测和监视水平,提升灾害管理和城市恢复方面的能力。

智慧城市应利用多源实时信息,及时响应突发事件[59]。这些信息来源包括第一现场救援员网络、外勤人员报告、视频监视网络、交通管理中心(TMCs)、调度中心、公共服务应答点(PSAPs)、地理信息系统(GIS)数据库和其他控制及指挥中心[59]。据报道,这种早期范例将纽约市的犯罪率降低了27%,这是通过对城市某一地点的公共安全信息进行集成而实现的。这种集成推动"911实时仪表盘"得到开发应用,它可以并排显示紧急需求和资源分布,帮助调度员进行正确决策,对应地,现场人员可以通过调度员或他们的移动设备获取更多有用信息。

监控系统在城市地区已经变得相当普遍。交通运输机构对道路、十字路口和中转站进行监控;执法机构通过警车摄像头和警官携带的摄像头监控公共场所;私营企业监控商店和资产,居民监控家里的情况。由于监控目的不同,数据一般并不共享[60]。

监控是许多投资的焦点[61],将监控、数据分析和网络技术结合在未来很有前景。例如,综合多源的视频(如商店、列车、社交媒体),可识别潜在的犯罪,提升公共安全洞察力[61]。由于一些基础设施已经存在,合成工具也在不断进步,因此监控仍将是受到重点关注的一个关键领域。

韩国首尔的一项监控措施是利用射频识别(RFID)标签和韩国首尔的闭路电视监控学生以防止发生绑架事件[62]。另一个案例是对社会工作者或警察位置的实时监控[63],后者已经在美国的法庭案件中使用过。

智慧城市也可综合通信技术和监控技术[64],提升灾害管理和恢复城市水平。在灾难应对过程中,通信是至关重要的,尤其是对急救人员。消防、警察、医疗急救服务和其他救援人员现场无法沟通,对他们来说是个挑战。此外,许多救援人员使用与公众相同的商业网络进行通信,在发生重大灾难时可能会变得拥挤。本书编写时，美国正在专门为美国各地的急救人员建立一个宽带网络，随着这些工作的推进，局限性将会被克服[64]。

监控是一种非常重要方式，可以为响应者提供环境感知信息，允许应答者对事件做出及时的响应[65]。例如，通过识别道路上安装的特定设备，为在途车辆分程传递最准确的路况，可以提升应急响应能力。

11.3.4 医疗

提高医疗服务水平是智慧城市服务的一项重要功能。由于资源有限，需求日益增长，医疗服务必须采用先进的技术，将传统医疗与创新科技，例如智能生物传感器、可穿戴设备、远程操作、信息及通信技术等融合在一起，以提高医疗系统的效率[2]。智能交通设施可以赋能智能医疗保健服务，使医疗保健受益。例如，卢森堡已经成为第一个准备部署应急响应医疗保险系统（eCall）的欧盟国家，交通运输是 eCall 正常运行的关键因素[66]，eCall 是一种新的紧急呼叫系统，它使用泛欧"112"紧急电话号码手动或自动地接收电话，在车辆碰撞后激活车内传感器。eCall 系统车载传感器自动检测到碰撞后，车辆单元立即向呼叫中心（也称为 PSAP112）发送消息，PSAP112 的操作员检查碰撞数据和车辆位置信息以制订应对计划。智能交通系统通过提供实时交通预测（如拥堵），以便应急单位能够在短时间内到达事故现场。此外，操作员可以与车辆的乘客交谈，获得更多信息（例如，碰撞损伤程度、乘客人数），并安抚他们，告知他们救援人员的当前状态。

智能医疗还有许多其他好处。例如，利用辅助技术（如智能可穿戴设备和智能传感器），老年人可以在不影响其社交活动和医疗需求下，在自己的住所独立生活[67]。Vecchia 等认为[68]，RFID 和图像传感器可以用来构建未来智能医院基础设施。原型系统将由客户端、中央服务器和集成 RFID 与图像传感器的定位系统组成。通过服务器，医务人员可以查看病人的临床报告、位置和移动路径。利用无线射频识别（RFID）和图像传感器技术，医院还可以限制未经授权的人员访问。未来智能医疗平台的概况如图 11.8 所示。

第 11 章 | 交通信息物理系统的未来——智慧城市

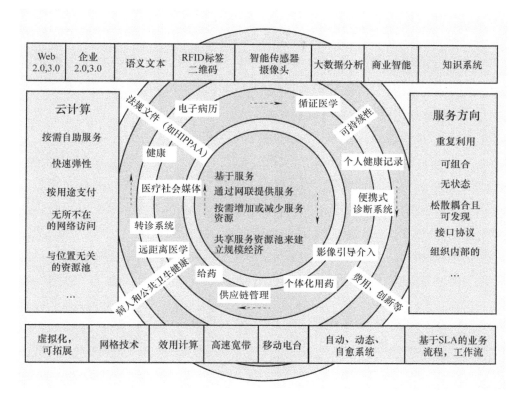

▶ 图 11.8 医疗系统中智能服务集成[69]

11.3.5 环境

受交通系统影响的环境包括道路环境、所处社会和地区财政状况。当考虑到道路环境影响时，主要包括污染控制、智慧能源使用、废物再生和资源使用等。污染控制包括减少排放、减少径流量，同时保持可接受的径流水质和解决城市热岛效应。研究表明在考虑排放时，有效的操作可能比有些"绿色"施工技术产生更大的影响。例如，Tupper等人的研究表明，城市快速路上的交通事故管理的二氧化碳排放量，是再生路面、就地采购材料和使用温拌沥青[70]等施工方案的 20%。通过优化交通信号配时来改善当地街道的交通运行状况，可以减少各种有害气体的排放。需要强调的是，这些工程方案必须与公共管理政策保持协调，确保社会增加的车辆不会抵消效率提高所带来的好处。英国研究发现，这些年在减少CO_2等温室气体排放方面所取得的效果很有限[71]。此外，尽管优步（Uber）和Lyft等共享出行确实降低了对私家车保有量的需求，同时这些服务也在一定程度上转移了对公共交通出行需求，但共享出行并没有实现最初设想的环境效益[72]。总体而言，智慧城市对于改善地面交通效率、减少排放和燃料消耗等方面的作用还有待进一步观察，或者智慧城市可能会带来更多的个人车辆出行。

科学家们持续观察更多不可预测的天气模式、风暴强度、暴雨水量等，质量设计假设也不可避免地发生变化。与此同时，城市需要利用现有的数据进行预测，例如，美国中西部的密苏里州交通运输部已经从几次周期性强降雨中发现了规律。2015年12月和2017年5月，降雨出现高水位时，就需要关闭州际桥梁。之后，运营工程师们推出了一个实时水位监测和预测系统（图11.9），以此提高他们的运营管理水平，加强与公众交通的有效沟通。

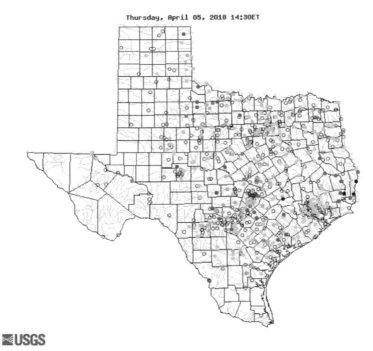

▶ 图11.9 实时信息流示例[73]

许多城市都鼓励市民参与到改善城市环境质量的行动中来。作为麻省理工学院 Senseable 城市实验室项目的一部分，香港和深圳的市民已经同意通过佩戴传感器来帮助报告他们城市周围的空气质量[74]。类似的努力在欧洲和非洲也在进行中，人们可以在手机上安装应用程序，查看空气质量报告[75]。可以预见，诸如此类的努力可以帮助唤起市民对改善家乡环境的热情。

一些机构甚至发布了关于智慧城市环境保护的相关指南，比如小岛国毛里求斯，因为环境对毛里求斯整个岛来说至关重要[76]。从业者可以使用既定的方法来衡量环境的可持续性，比如通过设想[77]。最后，其他指南侧重于划分智慧城市发展的阶段，让城市决策者在不同的阶段做出相应的决策，让城市变得更加智慧[78]。

11.3.6 其他智慧城市设施

虽然交通系统是智慧城市最大的智能基础设施，但作为最重要的（如供水系统、供气系统、建筑系统）基础设施系统，它并不是孤立的。图 11.10 描述了不同智能基础设施系统通过不同通信技术进行交互的示例。

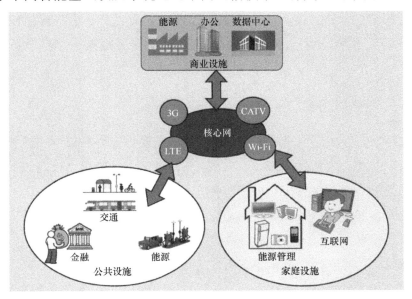

▶ 图 11.10　智能基础设施系统[2]

1. 智慧建筑系统

智能建筑与不同智能组件之间保持通信，以提升居住的舒适性和安全性，并降低能耗[79]。此外，智能建筑与外部环境和系统（如环境条件、电网）相互作用，提供关键的智能建筑服务。例如，智能玻璃窗通过控制玻璃的透光性来控制室内的光线，这样可以在夏天减少热传递，降低室内温度[80]。西门子 Desigo Insight 建筑管理系统是应用最广泛的技术之一。在多哈 Tornado Tower 中，传感器激活不同的建筑系统组件（如供暖、通风、空调）、消防安全、安保、视频监控、智能传感器来控制和控制灯光亮度，所有这些都由西门子的 Desigo Insight 进行管理。

2. 智能水网格化调度系统

智能水网格化系统通过智能传感器、智能电表、数字控制器和分析工具与智慧城市基础设施进行集成。实时监测资产状况（如管道状况）、压力和水质、耗水量和自动抄表是智能水网系统的主要优点。

许多城市已经实施了智能水网格化系统，以最大限度地提高经济效益和服务效益。例如，佛罗里达州的巴拿马城已经升级了现有的近 25000 个带有智能传感器的水表，以解决用水去向不明的问题。安装这些智能传感器有助于追踪丢水和识别系统泄漏。此外，该系统显著提高了客户服务和系统效率[82]。

11.3.7 利益相关者

与早期的智能交通系统类似，我们仍然需要强有力的领导和拥护者来推动变革，以真正改善我们的城市。一些观点认为，这些变化可能是重塑城市的一大趋势[83]，并且在中小城市也存在巨大潜力。

发展智慧城市的另一个挑战是所涉及的利益相关者太多，包括交通工程师、城市管理者、执法人员、消防和救援、卫生服务、运输机构、出租车公司、货运公司等。每个利益相关者对交通运输系统都有不同的应用和需求。每个利益相关者提供的数据不同，从智慧城市项目中以不同的方式受益。欧盟将利益相关者分为六个集群[84]，交通运输信息物理系统的利益相关者将致力于发展可持续城市交通。在这个利益相关者群体中，一些人认为公共部门利益相关者必须重新思考他们的组织管理如何变得以客户为中心，而不是以功能为中心[78]。例如，智慧城市的交通运输机构应该专注于人，而不是道路维护。从本质上说，交通和道路部门应当有同样的认识。

在每个利益相关者集群之外，迫切需要消除壁垒和打破不同机构和行业间的消息壁垒。历史一再表明，信息共享是一个挑战，尤其是在不同的利益相关者之间。为了应对这些挑战，有人建议需要新的方式来吸引利益相关者成为城市转型的催化剂，如果智慧城市有助于改善利益相关者的可获得性和包容性并/或授权机构或公司[85]。

11.4 智慧城市背景下的新兴交通服务

交通信息物理系统已被应用于许多新兴交通服务（例如，基于智能手机App的服务，基于智能传感器的服务），这在以前是无法想象的。在本节中，将讨论一些主要的新兴交通服务。

11.4.1 冬季实时路况

冬季因天气原因需要对道路进行维护，以保持交通设施的正常运行。改善道路状况一直是运输机构关注的重点，首先，各机构需要优化他们的应对措施，比如什么时候在哪里投放铲雪工具；其次，为公众出行提供准确的实时信息。

在冬季，为了维护道路，交通运输机构和城市管理部门可以依靠各种数据资源做出运营决策，这些数据资源可以按照现状和预测的信息类型进行分类。现状数据资源的来源可能包括道路天气信息系统（RWIS）、交通监控图像和车辆的上报。RWIS 可以部署在道路网沿线，这些系统通常收集常见的天气信息，如气温、路面温度、降水、风速等。交通运输机构负责维持这些站点，提供宝贵的信息来源，支持业务决策，这可能对旅行者也有用。尽管之前尝试在州与地区之间集成整合 RWIS 的努力宣告失败，但在智慧城市的背景下，小城市仍然存在机会。不同的公共机构（美国交通部和国家气象局）和民营公司天气传感器所获取的数据应该整合起来，以发挥其最大价值，为公民提供服务。

道路设施沿线的交通摄像头也可以捕捉与天气有关的关键细节，如降水和道路的覆盖物/清洁度。但基于运营和操作目的需要查看图像时，效率不是很高，尤其大城市的摄像头数量巨大，效率更低。如果这些信息获取渠道和方式更简单一些并可在线提供，那么公众可能会发现更有价值的信息。

装有测量仪表的冬季养护车辆可以提供冬季路况等有价值的实时信息。交通运输机构研究了车辆收集、处理和传递冬季天气信息的不同方式。车辆上安装多个传感器，将现场实时数据发送到数据中心，这样做能够显著减少冬季除雪盐的使用量[86]。其他机构已经开始研究将传感器、摄像机等布置在路侧[87]，这些影像对交通运营管理人员和公众出行都有一定的参考价值。持续的研究表明，机器学习算法在查看道路图像和识别/分类路面条件（如积雪是否覆盖或清理）方面显示出很大的潜力。也可以让装有行车记录仪的联网车辆协助采集道路状况并进行报告。

交通运输机构也会从私人公司购买天气预报。例如，2015年伊利诺伊州交通运输部从施耐德电气公司购买了天气服务[89]。由于这种安排通常不允许与公众共享，所以这些资源严格限定仅用于内部运营决策支持。

为了使当前的冬季道路运营实践与设想的智慧城市范例相吻合，需要做出一些改变。最值得注意的是，应该把不同机构/公司拥有的天气传感器进行集成，包括信息固定站，如RWIS、车辆移动传感器和预测信息。这类集成整合在一些私人部门的App上已经表现得很明白易懂了。本节讨论的智慧城市应用程序应该提升天气信息提供者和冬季交通设施维护人员的能力，比如提高所提供信息的准确度和传感器网络的丰富程度。

11.4.2 智能手机和出行者信息

PC机和通信设备在当今世界无处不在，没有任何衰退的迹象。这些设备对智慧城市有两个主要用途：信息传播和数据采集。这两个领域的应用程序发展得很快,但是公共和私有参与者的角色有重叠。

最近的研究发现,智能手机已经变得如此普及,以至于它们正在改变公共交通乘客的需求。尽管这一转变表明智能手机用户通过移动设备更好地利用了他们的通勤时间进行工作、学习或娱乐,这些活动也增加了乘客对座位和桌子的需求[90]。

许多智能手机用户已经可以根据他们的位置、偏好和安装的应用程序收到提醒。很多私有和共有的应用程序(App)可具体到旅行者信息,例如芝加哥市区的旅行者可以选择使用 Travel Midwest Mobile App[91]或各种应用程序,如谷歌地图或 Waze。每一种 App 从不同的来源采集旅行者的信息,而且可能会给出不同的推荐。

智能手机和其他个人计算机设备也在数据采集方面发挥着重要作用。最常见的应用是使用手机来识别特定路段的行车时间,应用程序可以通过多种方式实现。地图程序可以通过蜂窝网络跟踪用户的进程,并用这些信息为上游用户更新建议。路侧设备可以探测到旅行者发出的 Wi-Fi 或蓝牙信号,识别设备的访问控制地址(MAC)并估计旅行时间。数据通常是匿名的,旅行者并不总是知道他们在这一过程中所扮演的角色。

相反,一些旅行者报名成为这种数据采集的参与者。例如,Waze 允许用户输入和/或确认信息,如道路碎屑或失控车辆。因此,拥有智能手机的旅行者既可以是传感器,也可以是信息消费者。许多城市已经采集和传播了大量的旅行者信息。但是,为了使这些努力真正具有影响力,利益相关者应该认识到公共部门在采集和利用实时旅行信息方面的角色和作用,这个有几个方面问题。

公共部门是否应该只采集道路传感器信息(例如,出行时间)并简单地在网上共享?出行信息的准确性对于交通网络的高效运行非常重要,公共机构需要满足这些需求,例如,在美国 23 CFR 511 对准确性、可用性和及时性提出了要求,虽然私营公司并不要求达到这些条件,但它们必须向用户提供足够有价值的信息。

机构是否应该放弃高速公路传感器的安装和维护,而仅仅让私营部门从参与的旅行者和商用车辆那里采集这些信息?世界上有只选择其中一种方式的例子,但事实表明任何一种选择都是可行的。

在交通事故中,公共机构带头推荐替代路线很重要吗?当交通事故降低了城市道路的通行能力时,通常有许多其他路线可供选择,当公共机构建议所有车辆分流到高容量路线时,而私人应用程序可能会建议驾驶员走邻近街区的道路,这时就会出现一些差异,这种差异说明了公共机构存在的政策局限性,并说明优化交通网络并不需要所有车辆选择相同的路线。

智慧城市的交通工程师应该指导利益相关者回答上述或者其他问题。虽然一定程度的冗余是有益的,但城市公共管理部门并不是十分清楚他们应该关注多少或者什么类型的信息。

11.4.3 智慧路灯

传统智慧路灯指的是通过探测道路或停车场的行人/车辆,当行人或车辆靠近时,将光线调亮,当行人或车辆离开时,将光线调暗。随着技术发展,智慧路灯的概念也在演变,例如,一些公司一直在试验新的路灯系统,让路灯既智能又高效,可以提供音乐、声音和显示功能等服务[92]。这些系统可用于发布紧急警报(例如,预报飓风的新闻)或显示重要信息(例如,通过连接的显示单元显示即将转变的信号)。通过基于需求的能源管理,智慧路灯可以显著降低能源消耗,例如,荷兰泰瑟尔市(Texel)的 LED 路灯配备了暮光无线控制系统,能够控制路灯的亮度,进而控制道路的照明水平[93]。通过该系统,泰瑟尔市将其照明能耗降低了 60%以上,成为荷兰第一个公共照明 100%使用能源中立的城市[94]。一个联网的 LED 路灯照明系统可以连接 911 等紧急服务,并可以通过视频监控行人的移动来提高高速公路的安全水平[95]。一些城市正在实施功能多样的智慧路灯系统,例如,中国上海已经安装了 15 根灯杆,上面装有触摸屏和监控摄像头,这些路灯能够提供免费的 Wi-Fi,采集交通状况信息,充当电动汽车的充电站[96],此外,每个灯杆都有一个紧急按钮,可以立即接通城市包含警察和消防员的公共服务系统。在遇到任何危险(例如飓风/气旋)时,该系统可以向行人、驾驶员和当地居民广播紧急警报。

11.4.4 智能停车

在城市商业区寻找停车位是造成交通堵塞的重要原因。根据 Shoup 的研究[97]，寻找车位的车辆几乎占到交通总数量的 40%。这些额外的交通堵塞浪费时间、浪费能源。例如，在加利福尼亚州的洛杉矶，寻找停车位每年会产生大约 730t 的二氧化碳，产生 95000 个延误小时，浪费 47000 加仑的汽油[97]。向驾驶员提供及时可用的停车位信息可以减少拥堵。世界上很多城市都在研究智能停车。以下介绍几个比较典型的案例。

1. 协同路外停车方法

该系统利用 V2V 和 V2I 通信技术，在最短的行驶时间内找到未被占用的停车位。这种去中心化的系统使用安装在车辆上的无线通信设备（如智能 Wi-Fi 传感器）来通知其他车辆，告知无人占用的停车位信息[98]。在这个系统中，停车场入口的路边安装了一台路侧设备，用于通知和引导接近的车辆到达最近的空停车位。图 11.11 为基于传感器的停车系统，该系统使用无线通信的方式来检测车辆并将信息发送到服务器。其他车辆可以与服务器通信，识别可用的/空的停车位及其位置。

▶ 图 11.11 智能停车系统的传感器[99]

摘自：http://www.libelium.com/smart-parking-surface-sensor-lorawan-sigfox-lora-868-900-915-mhz/.（Accessed on 29.09.17），© Libelium Comunicaciones Distribuidas S.L. - http://www.libelium.com.

2. 停车换乘方法

在加利福尼亚州旧金山的郊区，旧金山湾区的 Rapid Transit 是美国第一个智能停车换乘系统，任何人都可以把车停在特定位置的停车设施上，然后乘坐固定路线的通勤巴士或列车到达目的地。它向用户提供实时的交通信息，比如每个停车场的空位情况、下一趟班车或列车的发车时间以及下游的交通状况等[100]。根据实时的停车和交通拥堵信息，人们可以很容易地决定是否使用停车换乘或者自驾。

3. 基于众包的方法

Crowd Park 是一个社交应用程序，它允许个人驾驶员预订停车位并预付停车费。使用智能手机的传感器可以检测驾驶员的出行模式，比如是在开车还是在走路[101]。如果交通模式发生切换时，比如开车-停车-步行，系统就会得出车辆已经停好了的结论。该程序还可以检测行人是否正离开停车场，并告知其他人可能很快就会出现一个停车位的预测。此外，驾驶员可以根据自己的意愿上传信息，让其他驾驶员知道这个停车位何时可以再次使用。

11.4.5 智能路口

智能路口的概念是通过在机动车辆、公共交通、交通信号、紧急车辆、自行车和行人之间的实时通信来实现的，以便在交叉口安全有效地解决交叉口多模态冲突问题[102]。传统的路口交通控制系统需要进行升级改造，未来的网联式自动驾驶车辆之间可以通过 V2V 进行通信，通过 V2I 与交通信号系统进行通信。升级应该包括交叉路口的车辆高效运营和管理，建立交叉口集成车辆控制系统[103]。智能交叉口的重要特征包括信号相位和智能时间优化（SPaT）、与邻近车辆共享安全速度、协同信号操作、交叉口安全预警和避撞[104,105]。虽然大部分 CAV 技术还在开发中，但许多大城市已经在尝试通过智能路口来提高交通通行效率。美国宾夕法尼亚州的匹兹堡是最早实施智能路口的城市之一，在 East Liberty 和 Shadyside 进行 18 个路口的试点项目，系统使用路口摄像头和雷达探测系统来辅助实现相关功能。基于车流量监测，通过 APaT 进行优化。研究发现，在实施智能交叉口改造后，走廊旅行时间减少了 24%，车辆等待时间减少了 42%，车辆排放减少了 21%[106]。图 11.12 所示为多模式交通运输系统 V2I 通信。

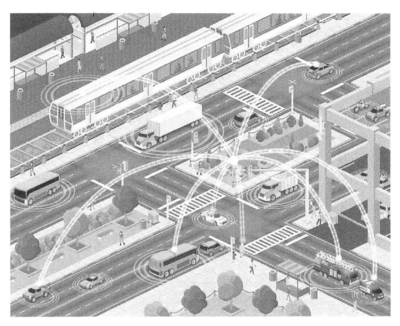

> 图 11.12 多模式交通运输系统 V2I 通信[107]

基于 V2I 通信，交通信号系统与不同的交通模式进行通信，使智能路口这一概念得以实现。

11.5 全球智慧城市发展情况

本节将介绍世界上几个主要的智慧城市部署发展情况，包括它们的主要智能功能，其中包括英国伦敦、韩国首尔和新加坡。

11.5.1 英国伦敦

英国伦敦在智慧城市理念方面做了很多卓有成效的工作，强有力的领导、联合公众参与是取得成功的关键因素。其中一个例子是伦敦城市仪表板、伦敦数据存储计划、欧洲城市货运电动汽车电力货运示范项目（FREVUE），

交通信息物理系统

以及 2050 基础设施计划。伦敦城市仪表板提供了大量关于伦敦的信息，尤其是实时交通信息，包括地铁状态和预测可用的自行车、公交服务状态、开源街道地图、各种交通摄像头等[108]。

伦敦数据存储计划将为政府机构、公民和企业提供数据共享资源，信息包括交通状况数据、学校布局、房价信息、增长预测情况、基础设施地图和一系列博客。这些丰富的可用数据将推动大约 400 个智能手机应用程序的开发，以进一步提高公众对这些资源的利用。伦敦数据存储在 2015 年获得了开放数据出版者奖[109]。值得注意的是，数据刚公开的第一年，交通摄像头直播页面在是网站上最受欢迎的页面之一。

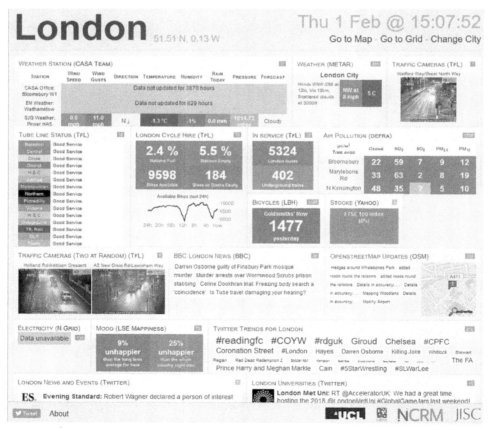

图 11.13　英国伦敦智慧城市控制面板[108]

和许多城市中心一样,伦敦的空气质量很差,交通堵塞严重,为此,FREVUE 作为示范项目得以实施。该项目的一个核心是重新思考城市配送。他们开发了一种"集中托运模式",取代了个体货主使用柴油货车在伦敦各地单独运送货物。该模式下,通过建立仓库,将城市货物运送到其他区域[111]。这些货物被集中起来,使用电动货车运输以减少货车运输和排放。这是伦敦超低排放汽车实施计划的一部分,该计划的目标之一就是要求混合动力汽车进入城市的某些部分或者零排放区时,必须切换到纯电动模式。这种类型的系统可能会使用车载 GPS,它可以对车辆进行定位,以识别车辆是否进入这些限制区域。虽然这些细节仍在讨论中,但能证明伦敦通过限制燃油汽车来改善城市空气质量问题的决心[112]。

伦敦 2050 年基础设施计划指出,提供高质量的交通服务是保持市中心区域人口稳定增长的重要方式,其目标包括减少排放、换乘模式选择,以及减少致命和严重的撞车事故。该计划指出要包括城市中心区域的土地利用和城市周边填充。基础设施的重点是将公共交通转向更多可持续的出行选择,这些措施包括改进公共交通服务,提高径向公共运输的能力,改变街道以提倡步行、公共交通和自行车出行。尽管强调公共交通,该计划也建议升级一些现有的道路,增加收费环线,建设第二个机场,并建议增加铁路货运来满足伦敦对货物的需求[113]。道路升级建设投资总额 10 年预计 40 亿英镑,其中 2 亿英镑用于公交网络建设[114]。

11.5.2 韩国首尔

韩国推进智慧城市建设已经有一段时间,韩国松岛被认为是世界上第一个从理念到建成的智慧城市[115]。虽然最终结果还不清楚,但首尔也在朝着成为智慧城市的目标迈进,计划分三步实现目标:建设智慧城市基础设施,为市民和游客提供智慧城市服务,并从 2015 年起持续升级智慧服务[116]。

首尔已经提供的公共服务包括公共场所免费 Wi-Fi,涵盖地铁、公园和政府大楼。最初计划设立 1 万个免费的 Wi-Fi 场所。为了帮助低收入和弱势群体受益于这些服务,首尔制定了每年向 20 万名公民发送二手手机的计划。

为提高城市服务的可达性，政府已开始推动所有政务服务可在网上或手机上使用。这些变化还与简化城市服务预约相结合，所有预约请求都要求提供一站式服务[117]。此外，对城市周围垃圾桶进行实时监控，有助于防止乱丢垃圾，同时对垃圾收集系统进行优化[118]。

为了提高公共安全，首尔政府增加了视频监控，并应用了一些自动化监控系统，可以让所有视频而不是只有30%（人工）被审查，其中对学校安全的监控是重点领域。

具体到交通方面，首尔已经将智慧城市的概念深入到所有的交通方式中，例如，一个集成的公共交通支付系统允许出行者通过统一方式便捷使用城市内/周围的所有交通服务[119]，这样可以提高通勤者和游客的便利性。交通运营和信息服务系统可以为旅客提供城市交通网络有关的信息，包括公交、地铁、共享汽车、自行车和道路交通的实时信息[120]。此外，电动公交车可以在行驶过特定道路时给电池充电[121]。这些举措是否能提高城市内外的生活效率和质量，也许只有经过一段时间的应用才能证明。

11.5.3 新加坡

新加坡是一个独特的案例，因为政府不仅仅是为了建设一个智慧城市，更是为了建设一个智慧国家，它的独特之处在于政府拥有绝大多数住房（接近 80%）[122]，这两个因素为新加坡智慧城市建设带来了许多有趣的挑战和机遇。

2016 年，新加坡被 Juniper Research 评为全球最智慧的城市[114]。先进的交通系统是新加坡获奖的重要原因之一，评论家将新加坡称为"全球交通网络的领导者"。新加坡在基础设施和交通政策方面开展了大量工作[123]，例如，实施了基于里程的车辆使用费，基于 GPS 系统，可以更精确计算距离和收取通行费。该系统可方便地实施不同的收费标准，允许对私家车征收拥堵费。新加坡还在交通信号优化和智能停车的传感器与通信系统网络上投入了大量资金。这些传感器向交通信号灯发送交通需求信号，并向驾驶员提供可用停车位。这些系统协同工作减少了交通拥堵，大大提高了行车速度[114]。

从新加坡的成功经验中可以看出，在全市范围内实施任何项目之前必须先进行试点[122]，该市已经实施了至少 12 个试点项目[123]。其中一个项目是对一个系统进行测试，该系统可以在乘坐公交车时使用智能手机检测坑洼和崎岖的道路[123]，然而，项目实施成本较高，很耗时，并且可能只得到局部特定站点的结果。为了降低成本，并保证测试达到预期效果，新加坡政府正在制作一个名为"虚拟新加坡"（Virtual Singapore）的数字城市模型。这个模型将包括人口、气候等实时信息。尽管该项目的反对者声称需要太多的数据和计算，但成功的回报可能将是巨大的，项目完成后，Virtual Singapore 可以帮助城市规划者、工程师和决策者选择最有效的解决方案，这比通过试点项目和试错方法能更快推进项目实施[124]。

新加坡的经验可以发现，多个城市机构的集成整合是一大挑战。每个机构以不同的时间间隔和不同的精度收集不同类型的信息。为了利用这些不同的资源，应该对信息进行整合。由于不同类型的信息需要不同的安全级别，所以将所有信息都合并到一个系统中是不合理的。然而，重要的是确定需要有一个公共平台，不同的应用程序和选择的信息可以在这个平台合并展示[122]。随着新加坡技术和政策不断成熟，研究人员和规划者将在智慧城市建设过程中学到更多东西。

11.5.4 美国俄亥俄州哥伦布市

俄亥俄州哥伦布市位于美国中西部，这座城市被列为智慧城市发展的典范，它是美国交通部 2016 年智慧城市挑战赛的获胜者，该挑战赛吸引了来自美国的 78 个城市参与，哥伦布市的经验为智慧城市的发展提供了参考，尤其是如何满足美国中型城市的出行移动需求。这些智慧城市关注的主题包括：为公共交通乘客提供更好的首英里和最后一英里服务，改善货运物流；系统、机构和市场之间的数据收集和协调；提高停车效率，减少二氧化碳排放，优化高速公路和干线交通[125]。

哥伦布智慧城市的关键是强有力的公私合营关系、可达性和可持续性。哥伦布市政府与当地的私营公司密切合作，并在美国交通部的 4000 万美元奖金的基础上，投入 1.4 亿美元用于智慧城市建设。Vulcan 等公司利用这些资金和专业技能支持哥伦布智慧城市建设，这些综合因素是推动哥伦布智慧城市走向成功的关键要素[126]。

哥伦布智慧城市计划的另一个关键因素是与所有人都有关系。他们的计划针对本地区的具体挑战，包括婴儿高死亡率、社会和经济弱势群体就业机会有限以及旅游选择有限等问题，通过改进流动性选项、支付选项和信息访问等来解决这些挑战。为了获得医疗和就业机会，该提案还包括一条交通线路、Wi-Fi 热点、首英里和最后一英里的自行车共享，以及改善出行者信息[126]。

可持续性也是哥伦布智慧城市的一个重点目标。人们也意识到，仅仅用电动车替代燃油车辆并不能从根本上解决温室气体排放问题，还需要关注可再生能源，因此，他们计划对能源设施进行脱碳处理，并增加可用电动车充电站数量[126]。

哥伦布智慧城市建设取得的成功并非起始于美国交通部的声明，已经能够证明哥伦布市的城市和周边地区在实现各自的目标方面已经取得了巨大的进步[126]，例如，它们已经被美国环境保护署（US Environmental Protection Agency）认定为最环保的 30 个地方城市之一[127]。获得的这些认可，帮助这个城市展示了其在智慧城市建设应用中的奉献精神。此外，来自本地公司的大力支持也为相关举措的实施提供了广泛支持。

编写本文时，哥伦布市正在为公寓和公寓建筑群[128]安装电动汽车充电站、安装太阳能电池以支持电动汽车[129]和举办电动汽车公共宣传活动[130]。当地公司也开展了一些行动计划，包括为摩根大通的雇员提供微交通服务[131]。美国各地的城市都在借鉴哥伦布市的经验，这将可能会加速在美国智慧城市的落地和发展。

11.6 未来研究方向

虽然智慧城市的概念正在逐步落实，但仍有一些重大的问题和挑战需要通过广泛的研究来解决。在这一节中,将讨论一些未来的研究方向。

11.6.1 技术

要实现智慧城市的预期效益,必须通过不断的研究和开发,使若干技术趋于成熟,比如包括 DSRC 设备、SPaT 交通系统和自动驾驶车辆传感器等。

车辆无线通信可以有多种可选方式供车辆制造商和运输机构考虑,5.9 GHz 的 DSRC、Wi-Fi、蓝牙、RFID 系统、蜂窝通信系统和全球范围的微波接入互操作等。虽然许多已经建立并投入商业使用,但它们可能没有足够低的时延来满足车辆自动驾驶的安全需求或网联车辆的应用需求。DSRC 似乎满足了延迟要求[132],但是也有一些限制需要进一步突破[133],未来应继续研究确定最佳的应用实践。

未来研究的另一个关键领域是交通 SPaT 信息的传播。交通信号灯控制着城市中绝大部分的路口,许多人都在研究驾驶员和车辆如何获得 SPaT 信息,以解决交通拥挤和安全问题,但是还需要开展进一步的研究。例如,许多交通运输机构用于维护现有信号设备的资金有限,导致安装 SPaT 通信设备就没有那么高的优先级。未来的研究可以针对 SPaT 设备,在资金、设计、安装和维护方面寻找最佳实践。

最后,未来的研究应该继续关注如何提高自动驾驶汽车安全性。值得注意的是,一些自动车辆公司已经在不同条件下的各种道路上展示了他们的车辆原型,然而,2016 年特斯拉(Tesla)事故[134]也表明了进一步努力的必要性。尤其重要的是,驾驶员需要更清楚地了解他们在驾驶自动驾驶汽车时的责任。

11.6.2 相关性

智慧城市环境中的不同系统需要依赖于现代技术进行集成,进而提供高效的服务,提高市民的生活质量。智慧城市生态系统应用的核心是交通系统的变化,包括网联式自动驾驶车辆、智能停车系统、智慧路灯以及智慧城市服务等,这些系统在很大程度上依赖于与通信和数据分析基础设施的集成。

也依赖于各独立系统和组件之间的相互协作。随着依赖关系的增加，老的基础设施无法与新的技术和设备互联互通，互操作性问题就变得很突出。智慧城市的设计和部署必须解决这些问题，减少由于复杂系统相互依赖而导致的故障风险[135]。网络钓鱼、数据伪造和欺骗等安全风险可能会危及智慧城市服务的质量和用户的隐私。这样的事件甚至可能导致整个系统关闭[136]，例如，美国三大消费者信贷报告机构之一的 Equifax，就成为一场网络攻击的受害者，这场攻击可能泄露了 1.43 亿美国公民的敏感信息。因此，确保云数据库的安全将是未来的主要挑战。在许多情况下，智慧城市基础设施（如汽车设备、医疗设备、交通控制设备）中的嵌入式软件可能是容易受到黑客攻击的对象[137]。所以，考虑到相互依赖性，开发一个综合的智慧城市架构是一个重大的挑战[138]。

11.6.3 互联系统的弹性

自然灾害和人为灾害一直在考验着现代交通系统和其他智慧城市系统的弹性。随着现代技术的应用及其在极端天气事件中的表现，建模和研究智能系统的弹性特征变得越来越重要。根据 Bruneau 等人[139]的定义，系统的弹性具有以下三个特征：①故障概率，②故障后果，③恢复时间。随着各种智慧城市组件之间的相互依赖关系变得越来越复杂，这个弹性特性也变得越来越重要。认识到弹性的重要性，《修复美国地面交通法案》要求交通规划组织在规划过程中考虑弹性[140]。世界上许多其他国家的政府也在采取类似的行动，以解决关键基础设施系统的弹性问题，如美国、加拿大联合实施的《电网安全与弹性策略》[141]。然而，智能基础设施系统中复杂耦合信息物理系统弹性建模面临一些主要挑战[142]。大多数情况下，自然/人为的灾难会造成直接的影响（例如，死亡、财产损失），较少的情况下会导致长期的系统故障（例如，断电、缺水、医疗退化）。例如，2012 年飓风桑迪导致 21 个州超过 850 万人断电[143]，空气和水质恶化[144]，导致出现公共卫生风险。在未来的智慧城市部署中，每个系统（例如，运输系统）将通过核心通信基础设施和信息物理系统技术连接到一个或多个其他系统（例如，能源、基础设施）。最终，一个系统的失败会导致其他系统存在压力甚至失败。因此，研究智慧城市背景下的弹性，对研究者来说是一个巨大的挑战。

11.6.4 劳动力发展

也许今天的大学生正在为那些还不存在的职业而接受培训。这句话或许适用于支持未来智慧城市的职业。一些观点认为，应建立职业辅导制度为年轻人提供指导，包括由教师和专业工作人员在内，可以在教室内或教室外共同开展活动[145]。根据目前的智慧城市案例，未来的劳动力可能需要硬技能和软技能的结合。例如，硬技能可能包括使用 GIS 数据，应用定量分析方法，使用仿真软件或通信系统开展分析。软技能可能包括使用不同的面对面和数字化方法以及与各种利益相关者沟通，应用城市规划理论考虑智慧城市政策选择的影响等。为了满足这些需求，一些大学开始在这个令人兴奋的领域提供研究生学位，在这方面，伦敦大学学院是最早的[146]。

11.7 总结

信息物理系统技术创新已经广泛渗透到智慧城市各个领域，面向市民提供新兴智慧服务。认识到信息物理系统支持的智慧城市基础设施和服务的潜力之后，公共部门和私营实体一直在合作试验、开发和部署许多智慧城市应用程序。在这一章中，回顾了智慧城市示范的不同方面，包括基本特征、可能技术和新兴技术。未来实施智慧城市的一个关键挑战是开发可靠的通信技术和数据分析平台，能够实时处理大量的异构传感器数据，为不同的利益相关者提供智能服务，从而在有限的资源中实现更高的效率。网络安全在智慧城市中成为一个突出问题，开发可靠的安全解决方案至关重要。另一个重大挑战是应对自然灾害等破坏性事件的弹性。通过制订管理战略和技术解决方案，聚焦于应对气候变化的弹性、交通系统的弹性、能源系统的弹性以及通信和分析系统的弹性，可以实现弹性智慧城市的愿景。为了从智慧城市应用程序中获得最大的利益，它们的设计必须考虑各种因素，并包括来自广泛的利益相关者的指导。

交通信息物理系统

练　　习

1. 调查你所在地区的城市中心，看看是否有城市仪表板?如果没有，那就选择英国伦敦。描述五种你可以使用这个工具进行研究的方法以改善城市。
2. 调查离你最近的一个人口超过一百万的城市。报告并讨论以下内容:
   ① 什么类型的空气污染物被测量?
   ② 采取了什么行动?
   ③ 这些行动有没有带来任何改善?
   ④ 对未来计划建议?
3. 访问当地交通机构的网站，选择一条对整个系统很重要的公交路线。如果你的任务是组织一个利益相关者会议来整合这条路线上的交通和解决道路拥堵，确定你会邀请哪些机构?对于每个机构，列出你想了解的信息或问题的类型。
4. 调查你所在地区的道路运营信息是如何传递给公众的。
   ① 什么类型的实时信息是可用的?
   ② 如何向公众转播?
   ③ 最近是如何更新的?
   ④ 冬季天气会导致你所在的地区反复出现交通问题吗?
5. 访问一个热门的中转站，从等候的乘客那里收集信息。
   ① 下一班车什么时候到有实时信息吗?如果有，信息是如何获得的?使用什么传感器来预测总线位置?
   ② 当他们等待的时候，多任务处理的比例是多少?
   ③ 公交公司有没有为智能手机提供应用程序?如果有，该应用程序在使用时是否跟踪乘客的位置?
6. 选择第 11.5 节讨论的智能城市，调查最新的发展。写一份半页到一页的总结，说明你所发现的有关那个城市交通改善或项目的情况。如果有报告，一定要包括结果。
7. 查找与 SPaT 信息相关的期刊文章或会议论文。阅读文章并提供一页摘要。在你的总结中，一定要包括所使用的方法、主要发现和建议。
8. 你曾修读或计划修读哪些课程，以便为你日后从事支援智慧城市发展的工作做好准备?
9. 识别附近城市的智能城市信息物理系统，并识别该信息物理系统的关键特征。讨论提高系统性能的方法。
10. 以 2017 年德克萨斯州休斯敦飓风哈维的影响为例，解释智慧城市基础设施的弹性。
11. 在发展弹性基础设施方面，世界面临的主要挑战是什么?

12. 确定一个部署在任何主要城市的智能基础设施项目，并绘制一个系统架构图，展示其各种组件、相互连接和关键技术特征。
13. 找一篇与智能交通系统的一个或多个应用相关的期刊文章，并总结这篇文章，包括你对研究方法和局限性的想法。

参 考 文 献

[1] R.K.R. Kummitha, N. Crutzen, How do we understand smart cities-an evolutionary perspective, Cities: The International Journal of Urban Policy and Planning 67 (2017) 43−52.
[2] S.P. Mohanty, U. Choppali, E. Kougianos, Everything you wanted to know about smart cities: the internet of things is the backbone, IEEE Consumer Electronics Magazine 5 (3) (2016) 60−70.
[3] S.B. Letaifa, How to strategize smart cities: revealing the SMART model, Journal of Business Research 68 (7) (2015) 1414−1419.
[4] C. Colldahl, S. Frey, J. Kelemen, Smart Cities: Strategic Sustainable Development for an Urban World, School of Engineering, Blekinge Institute of Technology, 2013 (M.Sc. thesis).
[5] Smart City Challenge, U.S. Department of Transportation, 2017. https://www.transportation.gov/smartcity. (Accessed on 18/04/2018).
[6] FHWA, Integrated Corridor Management and the Smart Cities Revolution: Leveraging Synergies, 2017. https://ops.fhwa.dot.gov/publications/fhwahop16075/ch2.htm. (Accessed on 18/04/2018).
[7] W. Guo, Z. Wang, W. Wang, H. Bubb, Traffic incident automatic detection algorithms by using loop detector in urban roads 8 (1) (2015) 41−48.
[8] L.E.Y. Mimbela, L.A. Klein, P. Kent, J.L. Hamrick, K.M. Luces, S. Herrera, Summary of Vehicle Detection and Surveillance Technologies Used in Intelligent Transportation Systems, The Vehicle Detector Clearinghouse, FHWA, 2007 (Technical Report).
[9] ITS JPO, DSRC: The Future of Safer Driving. https://www.its.dot.gov/factsheets/dsrc_factsheet.htm. (Accessed on 18/04/2018).
[10] S. Taranovich, Autonomous Automotive Sensors: How Processor Algorithms Get Their Inputs, 2016, in: https://www.edn.com/design/analog/4442319/Autonomous-automotive-sensors−How-processor-algorithms-get-their-inputs. (Accessed on 18/04/2018).
[11] C. Hoberman, C. Schwitter, Adaptive Structures: Building for Performance and Sustainability, 2008. https://www.di.net/articles/adaptive-structures-building-for-performance-and-sustainability/. (Accessed on 18/04/2018).
[12] Gamma Lighting Control. https://w3.usa.siemens.com/buildingtechnologies/us/en/building-automation-and-energy-management/siemensgamma/pages/siemensgamma.aspx?sp_source=usbt100214. (Accessed on 18/04/2018).
[13] Residential Application. http://www.lutron.com/en-US/Residential-CommercialSolutions/Pages/Residential-Solutions/Residential-App/ResidentialApplications.aspx. (Accessed on 18/04/2018).

[14] Smart Grid Sensor, 2011. http://internetofthingsagenda.techtarget.com/definition/smart-grid-sensor. (Accessed on 18/04/2018).

[15] D. Cardwell, Grid Sensors Could Ease Disruptions of Power, 2015. https://www.nytimes.com/2015/02/04/Business/energy-environment/smart-sensors-for-power-grid-could-ease-disruptions.html?mcubz=3. (Accessed on 18/04/2018).

[16] P.J. Khuan, Managing the Water Distribution Network with a Smart Water Grid, Public Utilities Board Singapore, 2016.

[17] B.N. Silva, M. Khan, K. Han, Big data analytics embedded smart city architecture for performance enhancement through real-time data processing and decision-making, in: Wireless Communications and Mobile Computing, 2017.

[18] Movement Analytics Key to Unlocking Big Data Revenue for Mobile Operators, 2016. http://inrix.com/press-releases/movement-analytics-key-unlocking-big-data-revenue-mobile-operators/. (Accessed on 18/04/2018).

[19] Amazon Web Services. https://aws.amazon.com/. (Accessed on 18/04/2018).

[20] Microsoft Azure. https://azure.microsoft.com/en-us/?v=17.34c. (Accessed on 18/04/2018).

[21] F. Idachaba, D.U. Ike, O. Hope, Future trends in fiber optics communication, in: Proceedings of the World Congress on Engineering, Volume: 1, London, U.K, 2014.

[22] K. Robinson, Wi-Fi and the Rise of Smart Cities, 2015. https://www.wi-fi.org/beacon/kevin-robinson/wi-fi-and-the-rise-of-smart-cities. (Accessed on 18/04/2018).

[23] A. Brydon, Opportunities and Threats from LTE Device-to-Device (D2D) Communication, 2014. http://www.unwiredinsight.com/2014/lte-d2d. (Accessed on 18/04/2018).

[24] Z. Xu, X. Li, X. Zhao, M.H. Zhang, Z. Wang, DSRC versus 4G-LTE for connected vehicle applications: a study on field experiments of vehicular communication performance, Journal of Advanced Transportation 2017 (2017), https://doi.org/10.1155/2017/2750452. Article ID 2750452, 10 pages.

[25] H.J. Miller, S.-L. Shaw, Geographic Information Systems for Transportation: Principles and Applications, Oxford University Press, 2001.

[26] N. Massa, Fiber optic telecommunication, in: Fundamentals of Photonics, 2000. Module 1.8.

[27] The Evolution of Mobile Technologies, Qualcomm, 2014 (Technical Report).

[28] Standard Specification for Telecommunication and Information Exchange between Roadside and Vehicle Systems-5 GHz Band Dedicated Short Range Communications (DSRC) Medium Access Control (MAC) and Physical Layer Specifications, 2010. https://compass.astm.org/EDIT/html_annot.cgi?E2213+03(2010). (Accessed on 18/04/2018).

[29] R. Bera, J. Bera, S. Sil, S. Dogra, N.B. Sinha, D. Mondal, Dedicated Short Range Communications (DSRC) for Intelligent Transport System, IEEE, 2006.

[30] IEEE 802.11 Wi-Fi Standards. http://www.radio-electronics.com/info/wireless/wi-fi/ieee-802-11-standards-tutorial.php. (Accessed on 18/04/2018).

[31] B. Mitchell, The Range of a Typical Wi-Fi Network, 2017. https://www.lifewire.com/range-of-typical-wifi-network-816564. (Accessed on 18/04/2018).

[32] A. Zaidi, Developing MMWAVE Mobile Radio Interface, 2017. https://www.ericsson.com/research-blog/developing-mmwave-mobile-radio-interface/. (Accessed on 18/04/2018).

[33] R.N. Mitra, D.P. Agrawal, 5G mobile technology: a survey, ICT Express 1 (3) (2015) 132−137.
[34] M. Agiwal, A. Roy, N. Saxena, Next generation 5G wireless networks: a comprehensive survey, IEEE Communications Surveys and Tutorials 18 (3) (2016) 1617−1655.
[35] P. Poppvski, Ultra-reliable communication in 5G wireless systems, in: 1st International Conference on 5G for Ubiquitous Connectivity (5GU), Levi, Finland, 2014.
[36] S. Popper, S. Bankes, R. Callaway, D. DeLaurentis, System-of-Systems Symposium: Report on a Summer Conversation, Potomac Institute for Policy Studies, 2004. Arlington, VA.
[37] M.A. Javed, E.B. Hamida, W. Znaidi, Security in intelligent transport systems for smart cities: from theory to practice, Sensors 16 (6) (2016).
[38] Consumer Reports, Cars with Advanced Safety Systems, 2017. https://www.consumerreports.org/car-safety/cars-with-advanced-safety-systems/. (Accessed on 18/04/2018).
[39] A. Ahdoot, How Big Data Drives Tesla, 2016. https://www.colocationamerica.com/blog/how-big-data-drives-tesla. (Accessed on 18/04/2018).
[40] BMW Launches Digital Mobility Experience Based on the Open Mobility Cloud Using Microsoft Azure, 2016. https://blogs.microsoft.com/transform/2016/03/31/bmw-launches-new-digital-mobility-experience-based-on-the-open-mobility-cloud-using-microsoft-azure/. (Accessed on 18/04/2018).
[41] BMW Connected Drive. https://www.bmw.com/en/topics/fascination-bmw/connected-drive/Connected.html. (Accessed on 18/04/2018).
[42] NHTSA, Automated Vehicles for Safety. https://www.nhtsa.gov/technology-innovation/automated-vehicles#issue-overview. (Accessed on 18/04/2018).
[43] M.N. Hasan, S.M.D.A. Alam, S.R. Huq, Intelligent car control for a smart car, International Journal of Computer Applications 14 (3) (2011).
[44] https://www.pcb.its.dot.gov/eprimer/module8.aspx#fn10. (Accessed on 18/04/2018).
[45] R. Lea, Smart Cities: An Overview of the Technology Trends Driving Smart Cities (Technical Report), IEEE, 2017.
[46] K. AshokKumar, B. Sam, R. Arshadprabhu, Britto, Cloud based intelligent transport system, Procedia Computer Science 50 (2015) 58−63.
[47] BMW Compatible Apps. https://www.bmw.com/en/topics/offers-and-services/bmw-compatible-app/mobility-and-services.html. (Accessed on 18/04/2018).
[48] Concept of Operations: For the Next Generation Air Transportation System, Joint Planning and Development Office, 2011.
[49] Next Generation Air Transportation System, Joint Planning and Development Office, 2014.
[50] M. Ford, Can a 'Smart Grid' Turn Us on to Energy Efficiency?, 2009. http://www.cnn.com/2009/TECH/03/01/eco.smartgrid/. (Accessed on 18/04/2018).
[51] The New Core of the Energy System, 2016. https://www.siemens.com/customer-magazine/en/home/energy/renewable-energy/the-new-core-of-the-energy-system.html. (Accessed on 18/04/2018).
[52] Solar Power to the People. https://partneredcontent.time.com/siemens/intelligent-energy-equation/economy/economy-spotlight1. (Accessed on 18/04/2018).
[53] Monthly Energy Review, U.S. Energy Information Administration, September 2017. https://www.eia.gov/totalenergy/Data/monthly/pdf/mer.pdf. (Accessed on 18/04/2018).

[54] A. Asthana, M. Taylor, Britain to Ban Sale of All Diesel and Petrol Cars and Vans from 2040, 2017. https://www.theguardian.com/politics/2017/jul/25/britain-to-ban-sale-of-all-diesel-and-petrol-cars-and-vans-from-2040. (Accessed on 18/04/2018).

[55] M. Brown, 3 Types of Solar Street Light Systems, 2014. http://www.genproenergy.com/genpro-energy-blog/3-types-of-solar-streetlight-systems.html. (Accessed on 18/04/2018).

[56] L.M.E. Smith, London Street Lamps Are Being Turned into Electric Car Charging Points, 2017. http://www.independent.co.uk/environment/london-street-lamps-electric-car-charging-points-ubitricity-tech-firm-hounslow-council-richmond-a7809126.html. (Accessed on 18/04/2018).

[57] A. Burger, Oncor Launches Paradigm-Breaking Microgrid in Texas, Renewable Energy World, 2015. http://www.renewableenergyworld.com/articles/2015/04/oncor-launches-paradigm-breaking-microgrid-in-texas.html. (Accessed on 18/04/2018).

[58] W. Wang, Z. Lu, Cyber security in the smart grid: survey and challenges, Computer Networks 57 (5) (2013) 1344−1371.

[59] D. Washburn, U. Sindhu, Helping CIUs Understand "Smart Cities" Initiatives, Forrester, 2010.

[60] R. Fries, M.A. Chowdhury, A. Dunning, Transportation security framework for a medium-sized city, European Journal of Transport and Infrastructure Research 8 (2008) 1−16.

[61] Hitachi Data Systems, Can Smart Cities Also Be Safer Cities?, 2015. https://www.hitachivantara.com/en-us/pdf/white-paper/hds-public-safety-whitepaper.pdf. (Accessed on 18/04/2018).

[62] J.H. Lee, M.G. Hancock, M.C. Hu, Towards an effective framework for building smart cities: lessons from Seoul and San Francisco, Technological Forecasting and Social Change 89 (2014) 80−99.

[63] A.S. Elmaghraby, M.M. Losavio, Cyber security challenges in smart cities: safety, security, and privacy, Journal of Advanced Research 5 (2014) 491−497.

[64] D. Peeples, Big News for Cities: First Responders to Get the Tools They Need to Save More Lives, 2017. http://smartcitiescouncil.com/article/big-news-cities-first-responders-get-tools-they-need-save-more-lives. (Accessed on 18/04/2018).

[65] M. Hamblen, Smart Cities: In Atlanta, Smart City Plans Aim for Safety, Computer World, 2016.

[66] Harmonised ECall European Deployment, 2017. https://iheero.eu/. (Accessed on 18/04/2018).

[67] M. Vitali, B. Pernici, Interconnecting processes through IoT in a health-care scenario, in: IEEE International Smart Cities Conference (ISC2), 2016.

[68] G.D. Vecchia, L. Gallo, M. Espasito, A. Coronato, An infrastructure for smart hospitals, Multimedia Tools and Applications 59 (1) (2012) 341−362.

[69] H. Demirkan, A smart healthcare systems framework, IT Professional 15 (5) (2013) 38−45.

[70] L.L. Tupper, M.A. Chowdhury, L. Klotz, R.N. Fries, Measuring sustainability: how traffic incident management through intelligent transportation systems has greater energy and environmental benefits than common construction-phase strategies for "Green" roadways, International Journal of Sustainable Transportation 6 (2012) 282−297.

[71] The Environmental Industries Commission, Getting the Green Light: Will Smart Technology Clean up City Environments? Environmental Industries Commission, London, 2015.
[72] L. Rayle, S. Shaheen, N. Chan, D. Dai, R. Cervero, App-based, On-Demand Ride Services: Comparing Taxi and Ridersources Trips and User Characteristics in San Francisco, University of California Transportation Center (UCTC), 2014.
[73] US Geological Survey, USGS Current Water Data for Missouri, 2017. https://waterdata.usgs.gov/mo/nwis/rt. (Accessed on 18/04/2018).
[74] One Country Two Lungs, Senseable City lab, 2017. http://senseable.mit.edu/twolungs/. (Accessed on 18/04/2018).
[75] Breath Easy. http://cs.everyaware.eu/event/airprobe. (Accessed on 18/04/2018).
[76] Mauritius Ministry of Environment, Sustainable Development, and Disaster and Beach Management, Environmental Guideline for Smart Cities. Mauritius, 2015.
[77] American Society of Civil Engineers, (n.d.), Envision. http://www.asce.org/envision/. (Accessed on 18/04/2018).
[78] BSI, PAS 181 Smart City Framework, 2014. https://www.bsigroup.com/en-GB/smart-cities/Smart-Cities-Standards-and-Publication/PAS-181-smart-cities-framework/. (Accessed on 18/04/2018).
[79] Intelligent Infrastructure: How to Make a Smart Building More Profitable, 2016. https://www.siemens.com/content/dam/internet/siemens-com/us/home/company/topic-areas/intelligent-infrastructure/buildings/documents/bt-cpp-intel-infrstrrctr-wp.pdf. (Accessed on 18/04/2018).
[80] AIS Swytchglas-Smart Glass. https://www.aisglass.com/swytchglas. (Accessed on 18/04/2018).
[81] Our Future Depends on Intelligent Infrastructures. https://www.siemens.com/digitalization/public/Pdf/siemens-intelligent-infrastructure.pdf. (Accessed on 18/04/2018).
[82] O. Martyusheva, Smart Water Grid, Department of Civil and Environmental Engineering, Colorado State University, 2014 (Technical Report).
[83] Booz and Company, Reinventing the City, 2010 (WWF Report), http://assets.panda.org/downloads/wwf_reinventing_the_city_final_3_low_resolution.pdf. (Accessed on 18/04/2018).
[84] Market Place of the European Innovation Partnership on Smart Cities and Communities, 2016. https://eu-smartcities.eu/. (Accessed on 18/04/2018).
[85] M.P. Rodriguez-Bolivar, Transforming City Governments for Successful Smart Cities, Springer, 2015.
[86] B. McCullough, M. Leung, W. Kang, Automated Vehicle Location (AVL) for Road Condition Reporting, Indiana Department of Transportation, Indianapolis, 2009.
[87] Iowa Department of Transportation, Plow Cams Now Online for All to See, 2014. http://www.news.iowadot.gov/newsandinfo/2014/02/plow-cams-now-online-for-all-to-see-iatraffic.html. (Accessed on 18/04/2018).
[88] Linton, Fu, A connected vehicle solution for winter road surface condition monitoring, in: Transportation Research Board Annual Meeting and Conference, National Academies, Washington, D.C., 2016.
[89] R.N. Fries, A. Fadoul, M.T. Niloy, V. Vyas, M. Atiquzzaman, Real-T2ime Information Dissemination Requirements for Illinois Per New Federal Rule: Project Extension (Phase

II), Illinois Center for Transportation, Rantoul, 2016.
[90] T.E. Julsrud, J.M. Denstadli, Smartphones, travel time-use, and attitudes to public transport services. Insights from an explorative study of urban dwellers in two Norwegian cities, International Journal of Sustainable Transportation 11 (8) (2017) 602−610.
[91] Gateway Traveler Information System, (n.d.). from Travel Midwest.com, http://www.travelmidwest.com/lmiga/announcements.jsp?type=siteNews. (Accessed on 18/04/2018).
[92] D. Duggan, A light that's bright: illuminating concepts develops system of "smart" streetlights, Crain's Detroit Business 26 (1) (2010).
[93] A. Kovacs, R. Batai, B.C. Csaji, P. Dudas, B. Hay, G. Pedone, T. Revesz, J. Vancza, Intelligent control for energy-positive street lighting, Energy 114 (2016) 40−51.
[94] Starry Nights on Texel: Through Intelligent Lighting to Energy Neutrality, 2017. https://www.tvilight.com/2017/02/10/starry-nights-on-texel/. (Accessed on 18/04/2018).
[95] D. Jin, C. Hannon, Z. Li, P. Cortes, S. Ramaraju, P. Burgess, N. Buch, M. Shahidehpour, Smart street lighting system: a platform for innovative smart city applications and a new frontier for cyber-security, The Electricity Journal 29 (10) (2016) 28−35.
[96] World's Best City Projects for Smart Street Lights, 2017. https://cityos.io/Worlds-Best-City-Projects-for-Smart-Street-Lights. (Accessed on 18/04/2018).
[97] D.C. Shoup, Cruising for parking, Transport Policy 13 (2006) 479−486.
[98] A. Aliedani, S.W. Loke, A. Desai, P. Desai, Investigating vehicle-to-vehicle communication for cooperative car parking: the co-park approach, in: IEEE International Smart Cities Conference (ISC2), 2016.
[99] New Smart Parking by Libelium Includes Double Radio with LoRaWAN and Sigfox, 2016. http://www.libelium.com/smart-parking-surface-sensor-lorawan-sigfox-lora-868-900-915-mhz/. (Accessed on 18/04/2018).
[100] C.J. Rodier, S.A. Shaheen, Transit-based smart parking: an evaluation of the San Francisco bay area field test, Transportation Research Part C: Emerging Technologies 18 (2) (2010) 225−233.
[101] K.C. Lan, W.Y. Shih, An intelligent driver location system for smart parking, Expert Systems with Applications 41 (5) (2014) 2443−2456.
[102] Smart Intersection. http://urban-online.org/en/networked-traffic-system/smart-intersection/index.html. (Accessed on 18/04/2018).
[103] J. Lee, B. Park, Development and evaluation of a cooperative vehicle intersection control algorithm under the connected vehicles environment, IEEE 13 (01) (2012) 81−90.
[104] C.H. Cho, H. Su, Y.H. Chu, W.Y. Chang, F.C. Tsai, Smart Moving: A SPaT Advanced Driving Assistance System, Network and Operations Management, 2012.
[105] Service Package. http://local.iteris.com/arc-it/html/servicepackages/servicepackages-areaspsort.html. (Accessed on 18/04/2018).
[106] Pittsburgh Expands 'Smart' Traffic Signal Network. http://www.traffictechnologytoday.com/news.php?NewsID=58709. (Accessed on 18/04/2018).
[107] Vehicle-to-Infrastructure (V2I) Resources. https://www.its.dot.gov/v2i/. (Accessed on 18/04/2018).
[108] City Dashboard, London. http://citydashboard.org/london/. (Accessed on 18/04/2018).
[109] London Datastore, Greater London Authority, 2017 [Online], London.gov, https://www.london.gov.uk/what-we-do/business-and-economy/science-and-technology/smart-london/london-datastore-smart-london. (Accessed on 18/04/2018).

[110] Datastore 1st Birthday, London Datastore, 2017 [Online], https://data.london.gov.uk/datastore-1st-birthday/. (Accessed on 18/04/2018).
[111] London. FREVUE, [Online]. [Cited: 9 20, 2017.] https://frevue.eu/cities/london/. (Accessed on 18/04/2018).
[112] Mayor London and Transport for London, An Ultra Low Emission Vehicle Delivery Plan for London. London, 2015.
[113] Mayor of London, London Infrastructure Plan 2050. London, 2015.
[114] B. Buntz, The World's 5 Smartest Cities, Internet of Things Institute, 18 May 2016 [Online], http://www.ioti.com/smart-cities/world-s-5-smartest-cities. (Accessed on 18/04/2018).
[115] M.T. Bilotta, Songdo, South Korea: the world's first smart city - in pictures, The Guiardian (December 22 2014) [Online], https://www.theguardian.com/cities/2014/dec/22/songdo-south-korea-world-first-smart-city-in-pictures. (Accessed on 18/04/2018).
[116] Smart Seoul, Basic Strategic Plan for Information of Seoul Metropolitan City, 2015.
[117] ITU-T, Smart Cities Seoul: A Case Study, 2013.
[118] Ecube Labs, Case Study: City of Seoul, Smart Cities Council. [Online]. [Cited: 9 20, 2017.] http://smartcitiescouncil.com/resources/case-study-city-seoul. (Accessed on 18/04/2018).
[119] M.J. Rowley, Smart City Seoul, Cisco Newsroom, January 14 2014 [Online], https://newsroom.cisco.com/feature-content?articleId=1309662. (Accessed on 18/04/2018).
[120] TOPIS, Seoul Topis, 2014 [Online], http://topis.seoul.go.kr/eng/english.jsp. (Accessed on 18/04/2018).
[121] R. van Hooijdonk, 6 of the Smartest Smart Cities in the World, March 10 2017 [Online], https://www.richardvanhooijdonk.com/en/6-smartest-smart-cities-world/. (Accessed on 18/04/2018).
[122] S.K. Lee, H.R. Kwon, H. Cho, J. Kim, D. Lee, International Case Studies of Smart Cities, Inter-American Development Bank, Singapore, Republic of Singapore, 2016.
[123] J.M. Watts, N. Purnell, Singapore is taking the 'smart city' to a whole new level, Wall Street Journal 24 (2016).
[124] K. Ebi, Singapore at 50: City Grows up, Reinvents Itself, Smart Cities Council, August 5 2015 [Online], http://smartcitiescouncil.com/article/singapore-50-city-grows-reinvents-itself. (Accessed on 18/04/2018).
[125] US Department of Transportation, Smart City Challenge: Lessons Learned, 2016. https://www.transportation.gov/policy-initiatives/smartcity/smart-city-challenge-lessons-building-cities-future. (Accessed on 18/04/2018).
[126] City of Columbus, Beyond Traffic: Smart Cities Challenge Phase 2, 2016 (Technical Application), https://www.transportation.gov/policy-initiatives/smartcity/smart-city-challenge-columbus-oh-final-application. (Accessed on 18/04/2018).
[127] City of Columbus, Columbus Ranks No. 13 on EPA's Top 30 Local Government List of Green Power Users, 2015. https://www.columbus.gov/Templates/Detail.aspx?id=76855. (Accessed on 18/04/2018).
[128] J. Fening, Smart Columbus Offering $170,000 in Rebate Funding for Electric Vehicle Charging Stations for Apartment and Condominiums, 2017. https://www.columbus.gov/WorkArea/DownloadAsset.aspx?id=2147498403. (Accessed on 18/04/2018).
[129] City of Columbus, Smart Columbus Deploys Over $3.6 Million Worth of Mobile Solar

Technology, 2017. https://www.columbus.gov/Templates/Detail.aspx?id=2147498725. (Accessed on 18/04/2018).

[130] J. Fening, Smart Columbus Launches Ride and Drive Roadshow to Encourage Columbus Commuters to Drive Electric and Drive Less, 2017. https://www.columbus.gov/WorkArea/DownloadAsset.aspx?id=2147499767. (Accessed on 18/04/2018).

[131] City of Columbus, Chariot and JPMorgan Chase Team up to Ease Employee Commutes as Part of Smart Columbus Initiative, 2017. https://www.columbus.gov/WorkArea/DownloadAsset.aspx?id=2147501441. (Accessed on 18/04/2018).

[132] F. Perry, K. Raboy, Z. Huang, D. van Duren, Dedicated Short Range Communications Roadside Unit Specifications, FHWA, Washington, 2016.

[133] R. Robinson, F. Dion, Multipath Signal Phase and Timing Broadcast Project, Michigan Department of Transportation, 2013.

[134] W. Knight, Tesla crash will shape the future of automated cars, MIT Technology Review 7 (1) (2016).

[135] ITS JPO, Interoperability. https://www.its.dot.gov/research_areas/interoperability.htm. (Accessed on 18/04/2018).

[136] A. Aldairi, L. Tawalbeh, Cyber security attack on smart cities and associated mobile technologies, Procedia Computer Science 109 (2017) 1086−1091.

[137] Privacy Implications of the Internet of Things. http://resources.infosecinstitute.com/privacy-implications-internet-things/. (Accessed on 18/04/2018).

[138] M. Quyang, Review on modeling and simulation of interdependent critical infrastructure systems, Reliability Engineering and System Safety 121 (2014) 43−60.

[139] M. Bruneau, S.E. Chang, R.T. Eguchi, G.C. Lee, T.D. O' Rourke, A.M. Reinhorn, M. Shinozuka, K. Tierney, W.A. Wallace, D. von Winterfeldt, A framework to quantitatively assess and enhance the seismic resilience of communities, Earthquake Spectra 19 (4) (2003) 733−752.

[140] FHWA, Fixing America's Surface Transportation Act, 2017. https://www.fhwa.dot.gov/fastact/. (Accessed on 18/04/2018).

[141] Governments of the United States and Canada, Joint United States-Canada Electric Grid Security and Resilience Strategy, 2016 (Technical Report).

[142] S. Hosseini, K. Barker, J.E.R. Marquez, A review of definitions and measures of system resilience, Reliability Engineering and System Safety 145 (2016) 47−61.

[143] Responding to Hurricane Sandy: DOE Situation Report, 2012. https://energy.gov/articles/responding-hurricane-sandy-doe-situation-reports. (Accessed on 18/04/2018).

[144] The Long Road to Recovery: Environmental Health Impacts of Hurricane Sandy. https://ehp.niehs.nih.gov/121-a152/. (Accessed on 18/04/2018).

[145] Smart Cities Council, Developing the Smart City Workforce: It Doesn't Always Happen in the Classroom, Smart Cities Council, October 16 2016 [Online], http://smartcitiescouncil.com/article/developing-smart-city-workforce-it-doesnt-always-happen-classroom. (Accessed on 18/04/2018).

[146] University College London, UCL Graduate Degrees: Smart Cities and Urban Analytics, University College London, 2017 [Online], http://www.ucl.ac.uk/prospective-students/graduate/taught/degrees/smart-cities-urban-analytics-msc. (Accessed on 18/04/2018).

Transportation Cyber-Physical Systems
Lipika Deka, Mashrur Chowdhury
ISBN: 9780128142950
Copyright © 2018 Elsevier Inc. All rights reserved.

Authorized Chinese translation published by China Machine Press.

《交通信息物理系统》（王博 于中腾 邵雯 等译）
ISBN: 9787111658696

Copyright © 2020 by Elsevier Inc. and China Machine Press. All rights reserved.

No part of this publication may be reproduced or transmitted in any form or by any means, electronic or mechanical, including photocopying, recording, or any information storage and retrieval system, without permission in writing from Elsevier (Singapore) Pte Ltd. Details on how to seek permission, further information about the Elsevier's permissions policies and arrangements with organizations such as the Copyright Clearance Center and the Copyright Licensing Agency, can be found at our website: www.elsevier.com/permissions.

This book and the individual contributions contained in it are protected under copyright by Elsevier Inc. and China Machine Press (other than as may be noted herein).

This edition of Transportation Cyber-Physical Systems is published by China Machine Press under arrangement with ELSEVIER INC.
This edition is authorized for sale in China only, excluding Hong Kong, Macau and Taiwan. Unauthorized export of this edition is a violation of the Copyright Act. Violation of this Law is subject to Civil and Criminal Penalties.

本书简体中文版由 Elsevier Inc. 授权机械工业出版社在中国大陆地区（不包括香港、澳门特别行政区以及台湾地区）出版与发行。未经许可之出口，视为违反著作法，将受民事及刑事法律之制裁。

本书封底贴有 Elsevier 防伪标签，无标签者不得销售。
北京市版权局著作权合同登记 图字：01-2019-6417 号。

图书在版编目（CIP）数据

交通信息物理系统 /（英）利皮卡·德卡（Lipika Deka），（美）马什鲁尔·乔杜里（Mashrur Chowdhury）著；国汽（北京）智能网联汽车研究院有限公司，国家智能网联汽车创新中心组译. —北京：机械工业出版社，2020.6

（智能交通先进技术译丛）

书名原文：Transportation Cyber-Physical Systems

ISBN 978-7-111-65869-6

Ⅰ.①交… Ⅱ.①利… ②马… ③国… ④国… Ⅲ.①交通信息系统 Ⅳ.①U49

中国版本图书馆 CIP 数据核字（2020）第 108668 号

机械工业出版社（北京市百万庄大街 22 号　邮政编码 100037）
策划编辑：赵海青　责任编辑：赵海青
责任校对：王　欣　封面设计：鞠　杨
责任印制：常天培
北京虎彩文化传播有限公司印刷
2020 年 10 月第 1 版第 1 次印刷
169mm×239mm・22 印张・3 插页・314 千字
0001—1500 册
标准书号：ISBN 978-7-111-65869-6
定价：180.00 元

电话服务　　　　　　　网络服务
客服电话：010-88361066　机　工　官　网：www.cmpbook.com
　　　　　010-88379833　机　工　官　博：weibo.com/cmp1952
　　　　　010-68326294　金　书　网：www.golden-book.com
封底无防伪标均为盗版　机工教育服务网：www.cmpedu.com

Transportation Cyber-Physical Systems
Lipika Deka, Mashrur Chowdhury
ISBN: 9780128142950
Copyright © 2018 Elsevier Inc. All rights reserved.

Authorized Chinese translation published by China Machine Press.

《交通信息物理系统》(王博 于中腾 邵雯 等译)
ISBN: 9787111658696
Copyright © 2020 by Elsevier Inc. and China Machine Press. All rights reserved.

No part of this publication may be reproduced or transmitted in any form or by any means, electronic or mechanical, including photocopying, recording, or any information storage and retrieval system, without permission in writing from Elsevier (Singapore) Pte Ltd. Details on how to seek permission, further information about the Elsevier's permissions policies and arrangements with organizations such as the Copyright Clearance Center and the Copyright Licensing Agency, can be found at our website: www.elsevier.com/permissions.

This book and the individual contributions contained in it are protected under copyright by Elsevier Inc. and China Machine Press (other than as may be noted herein).

This edition of Transportation Cyber-Physical Systems is published by China Machine Press under arrangement with ELSEVIER INC. This edition is authorized for sale in China only, excluding Hong Kong, Macau and Taiwan. Unauthorized export of this edition is a violation of the Copyright Act. Violation of this Law is subject to Civil and Criminal Penalties.

本书简体中文版由Elsevier Inc.授权机械工业出版社在中国大陆地区(不包括香港、澳门特别行政区以及台湾地区)出版与发行。未经许可之出口,视为违反著作权法,将受民事及刑事法律之制裁。

本书封底贴有Elsevier防伪标签,无标签者不得销售。
北京市版权局著作权合同登记 图字:01-2019-6417号。

图书在版编目(CIP)数据

交通信息物理系统/(英)利皮卡·德卡(Lipika Deka),(美)马什鲁尔·乔杜里(Mashrur Chowdhury)著;国汽(北京)智能网联汽车研究院有限公司,国家智能网联汽车创新中心组译. —北京:机械工业出版社,2020.6

(智能交通先进技术译丛)

书名原文:Transportation Cyber-Physical Systems

ISBN 978-7-111-65869-6

Ⅰ.①交… Ⅱ.①利… ②马… ③国… ④国… Ⅲ.①交通信息系统 Ⅳ.①U495

中国版本图书馆CIP数据核字(2020)第108668号

机械工业出版社(北京市百万庄大街22号 邮政编码100037)
策划编辑:赵海青 责任编辑:赵海青
责任校对:王 欣 封面设计:鞠 杨
责任印制:常天培
北京虎彩文化传播有限公司印刷
2020年10月第1版第1次印刷
169mm×239mm・22印张・3插页・314千字
0001—1500册
标准书号:ISBN 978-7-111-65869-6
定价:180.00元

电话服务　　　　　　　　网络服务
客服电话:010-88361066　　机 工 官 网:www.cmpbook.com
　　　　　010-88379833　　机 工 官 博:weibo.com/cmp1952
　　　　　010-68326294　　金 书 网:www.golden-book.com
封底无防伪标均为盗版　　　机工教育服务网:www.cmpedu.com